六字明王様の真言

オン・ギャーチギャーチュー・ギャービチ・
カンジュー・カンジュー・タチバチ・ソワカ

◎六字明王様の絵姿には、この本を手にされてから1年間、あなたを守護してくださるように、下ヨシ子が1冊ごとに念を入れました。
◎絵姿は、目線より高い位置に貼って下さい。玄関、風呂場、トイレ以外なら、室内のどこに貼っても構いません。北向き以外ならどの方角でも結構ですが、東か南向きが最高です。
◎手にされてから1年経過しましたら、六字明王様にお礼を申し上げて、神社やお寺に納めてください。

2024年
あなたの
流生命《りゅうせいめい》

下ヨシ子

徳間書店

まえがき

私を導《みちび》いてくださっている六字明王《ろくじみょうおう》様は、誰もが福運《ふくうん》多き人生を歩めるよう、実に多くのことを教えてくださいました。中でも大切な知恵のひとつが「人の人生は二十年周期になっている」ということです。

このことは第一章の「人生の『流れ』を示す流生命」で詳しくご説明していますが、簡単にいえば、二十年前と現在はよく似た状況になりがちなのです。そのため『年度版　流生命』が二十年分あれば、自分の生涯はどのような流れにあるのか、浮《う》き沈《しず》みや注意点、チャンスの時などが明らかになります。当然、今をどう生きるべきかもわかるし、将来設計も立てやすくなりますので、迷いや過《あやま》ちの少ないスムーズな人生になるでしょう。さらに、今世《こんぜ》における自分に与えられた使命や、克服するべき課題もわかってきて、境涯《きょうがい》（魂《たましい》のレベル）を高めやすくなるため、来世にも好影響です。

それだけに神様の使いぱっしりを自認している私にとって、二十年分の『年度版　流生命』を書き上げることは責務であり、悲願でした。

まえがき

ありがたいことに、多くの読者の皆様に支えられ、『年度版　流生命』は、二〇二二年刊行された『2023年　あなたの流生命』をもって二十冊目に到達することができました。本当に肩の荷が下《お》りた思いがしたものです。

しかし、二十年分を書いたから、もうこれでおしまいというわけにもいきません。初期の年度版の本は入手困難なことや、霊視の精度も年を追うごとにむしろ冴《さ》えていっているので、私の体力・気力・霊力が続くうちは『年度版　流生命』を執筆し続け、「流生命」の教えを突き詰めていく所存です。

その意味では、本書は新たな二十年に向けた始まりの一冊です。そんな大事なスタートにふさわしいよう、今回の執筆に向けては、理趣経《りしゅきょう》を百反《たん》上げる（百回くり返しお経《きょう》を上げること）と決めました。

理趣経は長いお経で、読経《どっきょう》し慣れている人でも、一反上げるのに二十〜二十五分はかかります。しかし、その功徳《くどく》は絶大なもので、私自身も劇的に変わった経験があります。そのためメッセージをくださる六字明王様への感謝のしるしとして、また信者や読者の皆様の福運を祈念《きねん》するために、読誦《どくじゅ》することを自分に課したのです。

もちろん、執筆にあたっては例年通り、斎戒沐浴《さいかいもくよく》（飲食や行動を慎《つつし》んで心身を清《きよ》めること）もしております。

先にも述べたように「人の人生は二十年周期」でできています。これは時代においても同様で、二十年前と現在は共通点が多かったり、同じような流れになりがちです。

二〇二四年がどのような年になるのか、詳しい予知はプロローグでご紹介しますが、二〇〇四年（平成十六年）を振り返ることも、二〇二四年という年を把握するのに役立つはずです。

そこで二〇〇四年には、どのような事件や出来事があったのか、代表的なものをここで挙げておきましょう。

まず、自衛隊のイラク派遣が開始されました。陸上自衛隊の戦闘地域への初めての派遣です。また、当時の総理大臣であった小泉純一郎氏が北朝鮮を再訪問。平壌《ピョンヤン》で日朝首脳会談が行われ、拉致《らち》被害者の家族五人が電撃的に帰国を果たしました。

世界に目を向けると、ヨーロッパを中心とした経済的、政治的協力関係を結ぶ欧州連合＝ＥＵに新たに十カ国が加盟し、合計二十五カ国が加盟する大所帯になりました。

これらのことから、二〇二四年も平和のための軍事行動や、国家間の懸案《けんあん》事項が多少なりとも解決するなど、世界的に何らかのインパクトある国同士のアクションがありそうです。

二〇〇四年は、今や誰もが当たり前に使っているSNS（ソーシャルネットワーキングサービス）を本格的に世界に広めたFacebookが開設された年でもあります。ソニー・コンピュータエンタテインメント（SCEI）が携帯型ゲーム機「PlayStation Portable」（PSP）を世界に先駆けて日本で発売したことも話題になりました。

こうした私たちの生活に役立つアイデア、さらにいえば、生活そのものを変えるほどの新発明や新しいシステムが二〇二四年も登場するかもしれません。昨今話題のチャットGPTなど、AIのさらなる発展も期待できます。

二〇〇四年は大規模な自然災害に見舞われた年でもあります。まずマグニチュード九・三を記録したスマトラ島沖地震が発生し、津波などにより十四カ国以上で二十二万人以上が亡くなっています（邦人も四十四名が死亡）。さらにアメリカ合衆国や西インド諸島を、チャーリー、フランシス、アイバン、ジーンなどのハリケーンが連続で通過・上陸し、多大な被害や数百万人の避難者をもたらしました。

日本では新潟県中越地方で、マグニチュード六・八、最大震度七を観測した新潟県中越地震が発生し、死者六十八人、負傷者四千八百五人という甚大《じんだい》な被害が出ました。

詳細はプロローグに譲りますが、二〇二四年も地震や台風などの天災への備《そな》えと心構えは念入りにしておくに限ります。

ともあれ、歴史は繰り返されることを念頭に置いておきましょう。

自分自身の二十年前を振り返ってみることも、とてもおすすめです。今や未来をよりよいものにするためのヒントがきっと見つかるはずです。

私自身の二〇〇四年はテレビに出演した反響により、相談や依頼の電話が鳴り止まない状況でした。そんな合間に、初の年度版『2004年　あなたの流生命』の執筆を始めました。今となっては断食《だんじき》や斎戒など六字明王様との交信の方法を確立しましたが、当時はその方法を模索《もさく》しながらで、かなりの苦労をしたことをよく覚えています。多くの方に頼られ、期待していただけるのはうれしいことでしたが、あまりの忙しさに、まさにてんてこ舞いの一年でした。

これらのことを考えると、二〇二四年も多忙になったり、新しいことを始めたり、試行《しこう》錯誤《さくご》することになる可能性が高いでしょう。そのことを見越して、今のうちから時間の使い方を見直したり、何かしら骨を折ることにもなるだろう、とあらかじめ覚悟を決めました。なので、二十年前よりもっと上手に、スムーズに、毎日を過ごすことができると思います。あなたもぜひ過去から学び、今に生かしていってみてくださいね。

生かしていただきたいのは、もちろん、本書に記された内容もです。

本書は読んだだけで幸せになれる、といった類《たぐい》のものではありません。書かれている事柄をしっかり頭に入れて、日常の生活の中で実践していってこそ、福運に恵まれるようになるのです。

もうひとつ注意してほしいのが、流生命は占《うらな》いではない、ということです。本書に書かれている内容は、すべて霊視《れいし》によって六字明王様から教えていただいた未来の様子＝予知であり、その未来に対する適切な対応＝アドバイスです。占い的な表現になっている箇所もありますが、それは読みやすさやわかりやすさを優先した結果とお考えください。

表記に関しては、各流生命の項において、四季別に分けてご紹介している箇所がありますが、「流生命」の名のごとく、人生は絶《た》え間なく流れ続けていくものですから、起こる出来事や、その影響を季節で明確に区切ることは困難です。そのため春の出来事が夏にずれ込んだり、冬に書かれていたことが秋に前倒しになってしまったり、あるいはひとつの予知がふたつの季節にまたがる可能性も少なからずあります。これは日本や世界の予知においても同様です。念を入れて確認作業をしていますが、二〇二四年の予知が二〇二三年のうちに起きたり、逆に二〇二五年に先延ばしになることもままあります。これらの点はあらかじめご了承いただければ幸いです。

また、本書では神様から送られてきたメッセージ＝ビジョンや声、文字などを紹介すると同時に、それらが示すところの意味やアドバイスを解釈して記していますが、神様はひとつのメッセージに多くのことを含められることが少なくありません。ただ、限られたページ数ではご紹介できる内容に限りがあります。また、そのメッセージが意味する最も重要な事柄は、同じ流生命であっても少し異なるケースもあります。例えば、星のビジョンは、ある人にとっては天体観測が、ある人にとっては星のモチーフが福運につながるという感じです。さらにいえば、神様はあなたにしかわからない特別なメッセージを送っている可能性もあるのです。ですので、書かれている内容以外でも、「こんな意味もあるかも」「あのことかもしれない」とピンときたことは、その直感を大切にすることをおすすめします。

ともあれ、あなたの二〇二四年の運命は、すでに定《さだ》めづけられているのです。真摯《しんし》に受け入れましょう。「よいことだけ信じる」とか、「当たり外《はず》ればかり気にする」といった占い感覚でお読みになると、大事なことを見誤り、結局はあなた自身が損《そん》をしてしまいます。

実際、よいことがたくさん書かれていても、それに慢心《まんしん》して努力を怠《おこた》れば、吉兆《きっちょう》が現実のものになることはありません。まして自分の怠慢《たいまん》は棚に上げ、「全然当たらない、役に立たない」などと不平不満をもらせば、神様にそっぽを向かれてしまうことも必至です。また、不倫をしたり、ご供養《くよう》を疎《おろそ》かにするなど、神様に嫌われる行為を重ねることも絶対にいけません。本来の人生の流れから外れていき、自らを不幸なほう不幸なほうへと押しやってしまいます。

逆に、よくないことや厳しいことが書かれていても、むやみに怖がることはありません。よりよく生きようと自分を振り返って反省と懺悔《ざんげ》をくり返し、他者には思いやり深く接していく……そんな謙虚《けんきょ》で慈悲《じひ》深い生き方をしていけば、神様は必ずや救いの手を差し伸べてくださり、難局を乗り越えていけること間違いなしです。それどころか「災《わざわ》い転じて福となす」になったり、災い自体が起こらずにすむことも大いにあります。

要するに、与えられた運命を生かすも殺すもあなた自身なのです。そもそもこの世は修行の場。本書を手にされた今のこの瞬間から、二〇二四年がよき年になるよう精進《しょうじん》努力を重ねていきましょう。私や六水院《ろくすいいん》の教師たちも、あなたが多くの福運に恵《めぐ》まれることを日々願っています。

もちろん例年通り、一冊一冊に六字明王様のパワーを込め、毎月六日の縁日祭《えんにちさい》や、年に三度開かれる六水院の大祭（二月の「流生命　星まつり」、七月の「地蔵盆《じぞうぼん》供養祭」、八月の「盆大施餓鬼《ぼんおおせがき》供養」）でも、読者の皆さまのご多幸と破邪《はじゃ》を祈念しております。

お祭りといえば、新型コロナウイルスの蔓延《まんえん》によって、ここ三年に渡り、縁日祭も大祭も、参加できるのは六水院の教師と関係者のみで行なっていましたが、コロナ禍がだいぶ下火になったことで、二〇二三年二月の「流生命　星まつり」は、一般の皆様にも直接参列していただく形で、盛大に執《と》り行なうことができました。

しかも当日はＮＥＴＦＬＩＸの大ヒットドラマ「サンクチュアリ」に出演されていた元力士の方々が縁あって来てくださったのです。彼らが作ったちゃんこ鍋も振る舞い、その本格的な味わいに、多くの人がおかわりしていたのが印象的でした。元力士の方々には「流生命　星まつり」に欠かせない豆まきもしていただき、大いに盛り上がりました。

本書を執筆中の七月に行なった「地蔵盆供養祭」も、久しぶりに信者さんを迎え入れることができましたし、八月の「盆大施餓鬼供養」も一般参加ありで執《と》り行いました。コロナ以前の日常が徐々に戻りつつあるなと実感すると同時に、皆様と直接顔を合わせることができ、しみじみうれしく思います。

ただ、残念なことにコロナ禍とは別の新たな懸案事項も浮上しています。それは二〇二二年七月に起きた安倍元首相の銃撃事件後、宗教は怪《あや》しいもの、いかがわしいものという風潮が強くなってきていることです。特に頭に「新興」とつく宗教団体は、うさんくさいと、ひとまとめにされがちです。私たち六水院も、正統な仏教と修験道《しゅげんどう》の流れを汲《く》むものですが、宗教法人としては新しい団体ゆえ、肩身が狭い思いをしています。

もちろん、宗教をネタに悪事を働いたり、お金儲けをする人も後を絶たないのは事実です。しかし、宗教＝怪しい、怖いと頭から否定してかかるのは、いかがなものでしょう。「宗教とは何か?」という定義は宗教学者の数ほどある、といわれるほど膨大ですが、私としては、「朝になれば陽が昇り、夜になれば陽は沈む」「季節は春夏秋冬の順番で巡っていく」といった当たり前の自然現象や、周囲の人たちに対する感謝や反省の気持ちが、神様への信仰へとつながり、宗教になったと考えます。

宗教は私たちが生活するうえで欠かせない事柄や、ごく普通のことを「ありがたい」と思うことが始まりである、と言い換えてもいいでしょう。

神仏に祈りや懺悔を捧《ささ》げたり、ご先祖様に手を合わせることがない世の中は、私からすると、むしろ異様なことであるとさえ思います。神様にお礼やお願い事をいう、ご先祖様に語りかける、誰かのためを思って祈るなど、いたって自然なことです。

本書を手に取ってくださったあなたは、宗教に対して変な偏見などお持ちでないと思いますが、これからも神仏やご先祖様を敬《うやま》い、自分や他者の幸せを願う、当たり前の感覚を持ち続けてくださいね。

ちなみに、自分自身のお願い事は最後にするようにしましょう。最初から自分の欲ばかりを叶《かな》えようとガツガツするのはよくありません。そうしたエゴは魂《たましい》を穢《けが》すもとになるので、逆効果になってしまいます。世のため、人のためにと他者の幸せを願う利他《りた》の心を大切にしてください。そうすれば、あなたの幸せは、他の誰かが願ってくれます。何より神様が見ておられますから、感心なことだと喜ばれ、自分で自分の幸せを祈るまでもなく、福運を授《さず》けてくださいます。

少々話が逸《そ》れてしまいましたが、お時間がありましたら、あなたもぜひ六水院の大祭や縁日祭に参加してみてください。神様のパワーを直接受け取ることができますよ。仏事は堅苦しい印象があるかもしれませんが、先に述べたように、元力士の方々がちゃんこを振る舞ってくれたなど、六水院では老若男女《ろうにゃくなんにょ》問わずどなたにでも喜んでいただけるよう、毎回さまざまな趣向《しゅこう》をこらしていますので、きっと楽しんでいただけるはずです。六水院まで足を運ぶのは難しいという方も、事前に申し込んでいただければ、ご供養、ご祈禱《きとう》をお引き受けできます。申し込み方法や時期については公式ホームページをご覧ください。

また、『年度版　流生命』では、読者の皆様をお守りするべく、巻頭に六字明王様の絵姿をお付けしていますが、今回の六字明王様のお姿は、三重県熊野市出身の画家である新《しん》谷武文《たにたけふみ》さんの作品です。

実はこの作品、畳一畳ほどもある百号のキャンパスに描かれた大作であり、威力も素晴らしいものなのです。当然、絵姿には六水院のご祈禱をしており、例年以上のご加護がきっと得られるはずです。

あなたの二〇二四年が福運多き年になりますことを、私も六水院の教師一同も心から願っています。流生命の流れに沿った、幸せな人生を共に歩んでいきましょう。

令和五年八月吉日

下　ヨシ子

2024年 あなたの流生命 目次

写真　橋本雅司
ヘアメイク　菊池好美
編集協力　水谷麻衣子
装幀・本文デザイン　鈴木由華
DTP　キャップス

◆霊の種類

未成仏霊《みじょうぶつれい》 成仏していない霊。先祖霊、水子霊、他仏がある。このような霊は同魂《どうこん》の人に取り憑《つ》く。夫婦の諍《いさか》い、子どもの非行、原因不明の病気などを引き起こす。

先祖霊《せんぞれい》 供養《くよう》が足らず、成仏できないご先祖の霊。子孫に成仏していないことを気づいてほしくて、いろいろなサインを送ってくる。それが原因で体調を崩すことも。あり余るほどの供養をしていれば、守護霊にもなってくれる。

水子霊《みずこれい》 幼くして亡くなった子どもの霊。基本的に血縁だが、特に母親に取り憑《つ》くことが多い。たとえ、自分にいなくても安心はできない。系譜をたどれば、水子のいることがほとんどだからだ。母親ではなく、その子どもに取り憑くケースも少なくない。先祖供養と同じレベルの供養が必要。

他仏《たぼとけ》 赤の他人の霊。境遇や心根が似ている人に取り憑く。駅のプラットホームや墓地で、ひょいと乗り移ったりする。

邪気《じゃき》 「他人を陥《おとし》れよう」「足を引っ張ってやろう」などという邪悪な念のこと。邪気を受けると夫婦関係、恋愛関係、仕事に悪影響をもたらす。街角で見知らぬ人から受ける場合もあるが、自らの邪気で自分の首を絞めることも。

生霊《いきりょう》 「憎い」「妬《ねた》ましい」「恋しい」などの強すぎる思いが、マイナスのエネルギーとなって相手に取り憑《つ》く。悪口を言った相手から生霊を飛ばされて、大変な目に遭った人も多い。ストーカー行為も、この生霊の仕業《しわざ》であったりするので、非常に怖い霊。ただし、生霊を放った人も不幸に襲われる。したがって、自分が生霊を放つようなことが決してないようにすること。

地縛霊《じばくれい》 長い間、ひとつの土地に取り憑き、動けなくなった未成仏霊。古戦場、刑場、交通事故や自殺事件の現場、廃《はい》墟《きょ》などは危険。家を建てると、物が飛んだりするポルターガイスト現象に見舞われることもある。現場を通りかかっただけでも取り憑かれることもあるので、要注意。

動物霊《どうぶつれい》 狡《ずる》い人には狐、執念深い人には蛇が取り憑く。ご先祖や親の所業が乗り移ったりもするので、原因不明のことも多い。取り憑かれると挙動不審になったり、蛇のように床を這《は》ったりすることもある。

浄霊《じょうれい》 六水院の基本修法。取り憑いている未成仏霊や生霊、邪気を取り除き、魂を清める儀式。下ヨシ子師と得度《とくど》を受けた僧侶が行なう。一回一時間ほどかかる。

プロローグ　二〇二四年の未来予知

二〇二四年、時代はどう動く？

◎清々しい朝が一転、どんよりとした暗い夕方に

その年全体の流れについて、神様はいつも不思議なビジョンを送ってきてくださいますが、二〇二四年のビジョンも例外ではありませんでした。

まず視《み》えたのは、鳥がチュンチュンさえずり、朝もやの中、太陽の光が差し込んでくる朝のイメージです。空気が澄《す》んでいて、いかにも清々《すがすが》しい、気持ちのよいものです。

しかし一転、暗い夕方のイメージに変わりました。こちらは何だかどんよりしており、不穏《ふおん》さや寂《さび》しさが漂《ただよ》っています。どこか古びた空気感もあります。

何とも両極端なビジョンであり、また視えたビジョンをボリュームや時間で換算すると、朝は三分の一、夕方は三分の二と、夕方のほうが多いです。

朝は新たな始まりや喜びを、夕方は何かの終焉《しゅうえん》や悲しみを示している暗示です。先に述べた朝と夕方の割合からいくと、二〇二四年はポジティブなことが三割くらい、ネガテ

ィブなことが七割くらいと、残念ながら厳しい年回りになりそうです。

また、個人においては、自分なりのルールや信念のもと、周りの環境に惑《まど》わされず堂々と生きていける人が三割。不安や争い事を抱《かか》え、びくびくしながら日々を過ごしたり、気づくと疲れ切って一日が終わっているといった、心満たされずに生きていく人が七割と、明暗が分かれるでしょう。さらに七割の中には、お天道様《てんとう》に顔向けできず、こそこそ隠れて生きる人も少なからずいる気配《けはい》もしています。

当然ながら、三割のほうに入りたいですよね。それには相手や周りの状況がどうであれ、なびいたり、媚《こ》びたりと自分を安売りせず、ブレない芯《しん》を持つことが重要です。「私は私」という確固たる己《おのれ》を確立して、ドンと構えましょう。自分の得意なものを持つ、特技に磨《みが》きをかけるなど、自己研鑽《じこけんさん》に励《はげ》むこと。それが、たとえマニアックで小規模な世界でも、そのジャンルの一番を目指し努力していけば、突然世間の注目や関心を集めるといったことも。

「極《きわ》める」が、二〇二四年の大きなテーマです。

ただ、そういっても他者の目や評価が気になる世の中だけに、なかなか難しく不安に感じることもあるでしょう。そんな時は「自分は神様とどう向き合っているのか？」を意識していけば、次第に達観《たっかん》というか、周りを俯瞰《ふかん》で見ることができるようになりますよ。

「誰も信じてはいけない」という神様の声も聞こえてきました。冷たいような、自己中心的なような感じがしますが、この年は、詐欺《さぎ》事件や騙《だま》されることが多いからこその注意喚起です。それも個人レベルだけでなく、国レベルでも気をつけなければなりません。

欲が欲を呼び、犯罪に発展することも少なくありません。欲深さから事件に巻き込まれて被害者になるなど、被害者の欲が実は加害者を生んでいるなんてこともありそうです。また、デマや誤報など、間違った情報に振り回されることも多い気配。

ともあれ、何事も鵜呑《うの》みにせず、冷静に確認すること、また欲をかいてのめりこまず、いったん引くことも大切です。

◎満月と家系図のビジョンは世代交代を示す!?

満月が上下、半分に割れていて、上半分は青白くまだらで、下半分は黄色く、なおかつ全体的に黒い薄雲がかかっているビジョンも視えました。

これは国や企業、組織やグループなどで、意見が真っ二つに分かれることを示しています。対立するだけでは終わらず、内部分裂したり、袂《たもと》を分かつなど、完全に決裂する結果になることも。幸せそうに見える家族も、実は家庭内別居になるなど、個人でも揉《も》め事を抱える人が増えるでしょう。

家系図のイメージも浮かびました。ただ、親子や配偶者などの位置や順位が入れ替わっています。世代交代が進む暗示です。プライベートの印象が強めですが、政界や企業などオフィシャルな場面でも若手が台頭することが考えられます。

満月と家系図のビジョンから、よくも悪くも組織や集団に変化が起こりやすい時と言えそうです。

この年は、科学がますます進歩する可能性も高めです。ただ、喜ばしいことばかりではなく、ＡＩや遺伝子研究などの進化が、倫理《りんり》的、道徳的、あるいは法的な新たな問題を生み出す気配もしています。

また、科学や技術のあまりの発展に対抗してか、自然との共生や、神仏やご先祖様とのつながりといった、ナチュラルなもの、精神的なものを求める動きも出てきそうです。こうした動きは、よいことだと思います。

自然の恵みや、神仏やご先祖様の存在に感謝する、そうした当たり前のことを見失いがちになっているからこそ、ちょっと立ち止まってみるべきでしょう。あなたも、朝になれば太陽が昇る、といった当たり前のことを、改めて考えてみて、ありがたいと謙虚に思える自分でいてください。

◎霊を寄せつけない、三つの「整える」

コロナ禍が落ち着き、平常運転に戻りつつありますが、それゆえ、これまで抑圧されていた反動だったり、コロナ禍によって生じた闇《やみ》によって、この年は、「死にたい」という人が増える傾向にもあります。心が弱っている人が非常に多いとも言えます。

だからこそ、自分に嘘をつかずに、きれいに生きていくことを心がけてください。また、心が弱っていると、楽《らく》なほう楽なほうに流され、犯罪もゲーム感覚でやってしまいがちです。しかし、闇バイトなど犯罪に手を染《そ》めた人たちの末路は、ニュースを見れば一目瞭然《いちもくりょうぜん》でしょう。自分自身の人生を安売りしては絶対にいけません。

不安な世の中では霊障《れいしょう》に悩まされる人が増えるのも特徴です。六水院でも相談の数は増加傾向にあります。

霊障は、本当にさまざまな不運をもたらすので、何としても避けるべきですが、そのためのヒントは「霊障とずるさはイコールの関係にある」ということです。

ずるい考えを持っていると霊が憑《つ》きやすく、また霊が憑いたためにずるくなる、という二パターンがあります。鶏が先か、卵が先か的なところですが、霊障とずるさは切っても切れない仲なのです。

ここで大事なのは、ずるさを出さないことと、霊に隙《すき》を与えないことを同時に行なうことです。そのためには、まず心を整えること、身辺（人間関係）を整えること、家（部屋）を整えることの三点が重要になります。

心と身辺を整える方法は、本書をお読みになれば自《おの》ずとわかるでしょう。家を整える方法は、言うまでもなく掃除です。たかが掃除で?と思われる方もいるかもしれませんが、その効果は想像以上ですから、ぜひ家中ピカピカにしてみてください。拙著『浄霊家相』を参考にされるのもいいでしょう。

普段の生活から、三つの「整える」を意識してください。

中学生の男子が泣いているビジョンも視えました。陰湿なイジメや虐待、あるいはヤングケアラーなどの社会問題で、辛《つら》い思いをする子どもが後を絶たない予感です。「やっぱり」と周りも薄々気づいていたケースもあれば、「そういうことだったのね」と後から腑に落ちるケースもあるようですが、どちらにせよ、何らかのＳＯＳのサインは出ていたはずです。

もしあなたの身の回りにいる子どものことで「おや？」と思うことがあれば、行政機関などしかるべきところに連絡するなど、行動を起こしましょう。空振りで終わることもあるでしょうが、それならそれでよしですし、それこそ「やっぱり」ということであれば、その子は救われるのです。見て見ぬふりをせず、勇気を出すことが大事です。

中学生の男子のビジョンは、親子関係や学校関係でのトラブルが多発する、さらには社会問題化する恐れも示しています。

トラブルの原因は、ほとんどの場合、親や学校（先生）側のエゴによるものと推察されます。子どものため、生徒のためと言いながら、実は親の満足や、学校（先生）の面子《めんつ》のために、子どもを振り回し、成長を阻害《そがい》する感じです。

私のところにも「子どもをのびのび育ててきたのですが……」と、お子さんのことで悩まれて、ご相談にみえる方がちょくちょくいますが、よく話を聞くと、のびのびとではなく、ほっぽらかしだったり、子どもの意志を尊重すべき肝心なところは口うるさくなっていたりと、問題があるのは実は親御さんのほうであるケースが少なくありません。放任と放置、見守りと監視は違うことを、大人（育てる側）がしっかり認識することが求められます。

「大逆転」という文字も視えました。同時に、暗い古い閑散とした家に、太陽の光が燦燦《さんさん》と降り注ぐビジョンも。

この年は、苦労している人に、神様の力によるスポットライトが当たることを意味しています。例えば、思いがけない抜擢《ばってき》を受けたり、宝くじで高額当選したり、あるいは長年の研究が報《むく》われたり、コツコツ書いていた小説が大ヒットするなど、奇跡的な出来事が起こるでしょう。いきなり所有していた土地の値段が上がったり、生い立ちが複雑で辛い思いをしてきた人が芸能やスポーツのジャンルで有名になるといったこともありそうです。

スポットライトを浴びるのは、あなた自身である可能性ももちろんあります。それこそ、あなたの夢や求めていることが、いきなり叶《かな》う、それも複数叶うということもあり得るときです。だからこそ、苦労を嘆《なげ》いて、人生を諦《あきら》めてはいけません。自分にできることを必死にやっていく、その努力とひた向きさがミラクルを呼び寄せるのです。

日本はどうなる？　何が起こる？

◎がれきの上に立つ美しき女神の微笑み

一年の大きな流れがわかったところで、今度は二〇二四年の日本について視ていくことにします。

まず視えてきたのは、小川が流れていて、そのほとりに菖蒲《しょうぶ》の葉がスーッと伸びている光景です。のどかと言えばのどかですが、殺風景でもあります。寂しさや侘《わび》しさがあり、発展する印象はありません。チョボチョボですが草は生えているため、急に荒れ果てることはないはずですが、徐々に衰退していくだろうという印象です。

いわゆる田舎や郊外で、過疎化が目立つ暗示です。限界集落の問題がより深刻化したり、地域格差がさらに明確にもなりそうです。

ただ、ビジョンの景色をよく見ると、凜《りん》とした葉もあります。これは地域ごとに宝物はあるという神様の教えです。自分が住む土地の宝物……例えば観光資源だったり特産物だったり、あるいは昔から受け継いできた風習や技術など、売りになるもの、誇れるもの、守るべきものは何なのか、住民一人ひとりが考えることが大事です。

「地元愛」に「地域密着」、「住めば都」といった言葉も次々浮かんできたので、まずは自分が住んでいる土地に愛着を持つことが、この年の福運をつかむポイントのひとつになるとも言えます。町おこしや地元のイベントに積極的にかかわっていくのもとてもよいことです。ちなみに、地域を活性化させるには、若い人の意見やパワーが必要不可欠です。あなたがある程度の年齢であるならば、頭も心も柔軟に若者たちと接していき、素直に頼っていきましょう。逆にあなたが若者であるなら、地元のためにぜひとも一肌脱いであげてください。また、流生命ごとにタイミングなどには若干の違いがありますが、移住を考えている人は行動に移すといいでしょう。

美しい女神様が微笑んでいるイメージも浮かびました。さらに女神様の足元には、がれきが山積みになっています。

日本だけでなく、世界的な出来事である気配もしていますが、スクラップ&ビルドが起こる、つまり老朽化や陳腐化したものを壊《こわ》し、新しいものにする流れが目立つ暗示です。

世代交代も進むでしょう。ある意味、一つの時代の終焉と新たなステージの始まりの年になりそうです。

また、このビジョンは厭戦《えんせん》ムードが高まることも示唆《しさ》しています。世界中の人が、争い続けることに、いい加減うんざりする、争うことで生じるメリットよりデメリットがはるかに大きいことに改めて気づくとも言えます。思惑《おもわく》自体はそれぞれあるため、形だけになるかもしれませんが、何かしら和平に向けた動きが活発になるでしょう。

ただ、利権を渡さないなど、一部の国や人物が欲張る印象も受けました。そのせいで、丸く収まるものも収まらなくなることが……。

花のつぼみもふたつ視えました。しかし、咲く前に枯れてしまう気配がしています。今後の成長や発展が期待される組織や人物が潰《つぶ》されるなど、芽を摘《つ》む出来事も起こりそうです。社会全体で、出る杭を打つといった嫌な風潮になることも考えられます。

ともあれ、新しいきれいな景色を見るためには、エゴを手放すことが肝心です。執着や嫉妬《しっと》をなくすことが、次につながります。これは企業や政界における、合併や再編においても同様です。

政治に関しては「老いては子に従え」という神様の声が聞こえてきました。世の中的には若者に託すべきという声が広まるはずですが、高齢の政治家たちは権力の座にしがみついたままでしょう。若者たちの将来への不安は限界にまで来ていると言ってもいいほど切実です。老害をさらさず、年配者は若者を応援する姿勢で、今こそバトンタッチしてほしいものです。もちろん社会においても、若い人の力が求められます。

一方で、妙に遠慮がちだったり、自分の身近なこと以外は無関心な傾向にある若い人たちが少なくないことも、問題のひとつです。悪目立ちせず、安定した小さな幸せを求めるのもひとつの生き方ではありますが、それは自分の可能性を狭《せば》めてしまうことにもつながります。それに自分にできることの中で、社会貢献につながることもあるはずです。例えば、ＳＮＳを巧《たく》みに使えることだったり、得意なスポーツやゲームがひょんな形で周囲の役に立つかもしれません。ですので、少し視野を広げ、自分には何ができるかな?と考えてみる、ちょっと行動を起こしてみるという意欲は大切にしていってください。

◎「突然」という声と「崩れる」という文字

社会の動きや政治についての話が出たところで、この年の景気についても視ていきましょう。

貯金箱を割っているビジョンが浮かんでいるので、貯金を切り崩しながらやりくりしていくことになる暗示です。当然、景気はよいとは言い難《がた》いときです。

今現在、物価は値上がり続けていますが、給料はそれに見合うほど上がっていません。この状況は二〇二四年も変わらないでしょう。

もっとも、景気がパッとしない中でも、がっつり儲けて、貯蓄や利殖ができる人もいる様子。勝ち組と負け組の差はますます広がると言えます。

また、世の中になくてはない商品やサービスを提供している人は、例えば、低価格にするのか、量を増やすのか、サービスを手厚くするのかなど、どのような形で顧客に貢献していくかを工夫することで大きな成功をつかめるでしょう。会社員の方は、会社の中で代わりの利《き》かない存在になれるかどうかがポイントです。

逆に、なくなっても大して困らない商品や業務に携わっている人は厳しい状況になる恐れがあります。必要不可欠な物や事に昇華するよう尽力するか、早めに撤退して新たな道を模索するか、どちらにせよボンヤリしていてはいけません。

会社を出た後、どこにも立ち寄らず、まっすぐ家に帰る会社員のビジョンも浮かびました。日々の贅沢《ぜいたく》は避け、月に一度のご褒美《ほうび》デイを設けるなど、メリハリをつけることで、金銭管理と自分のやる気をうまくコントロールする人が増えるでしょう。ますます節約や倹約に努めるようになるとも言えます。実際、そうした方法を紹介するテレビや書籍などがブームになることも。

個人のお財布事情が苦しいゆえ、税金の使われ方などに厳しい目が向けられる気配もしています。しかも案の定、不正や無駄が見つかり、苦しい立場に追いやられる政治家や官僚もいるでしょう。また、すでに問題多発のマイナンバーカードのように、不備があったり、手続きが煩雑《はんざつ》だったりと、政策のトラブルも目立ちそうです。特に何かしらの優遇措置に関しては、批判噴出になる予感もしています。

神様が眉《まゆ》をひそめて、嘆かれている光景も視えました。この年は、心無い事件や事故も少なくない暗示です。特殊詐欺や集団での強盗といった組織犯罪、動機が不明な不気味な事件、自殺者の増加や性犯罪の低年齢化も懸念されます。

瓦《かわら》が壊れて、屋根の一部が剥げているビジョンも視えました。同時に「突然」という声も。突然に起こることの代表といえば、やはり地震でしょう。

場所は不明ですが、日本はいつどこで大きな地震が起きてもおかしくない国です。どこにお住まいであっても、この年も地震には細心の注意を払ってください。地震がいつ起きるのかを予測することは難しいですが、家屋や家具の耐震性を高めたり、防災グッズを用意しておくなど、備えることはできますので、万全の対策を。

また、突然やって来る突風や竜巻、ゲリラ豪雨や雷にも要注意です。こちらも予測は難しいものですが、注意報は出ますし、急に空が暗くなるとか、冷たい風が吹いてきたなど、おかしいなと思ったときは、すみやかに安全な場所に避難しましょう。

稲穂が倒れている光景も浮かんでいます。風でなぎ倒された印象なので、台風や強風に見舞われることもありそうです。農作物に被害が出て、お米や野菜のデキが悪かったり、高騰することもあるかもしれません。

「崩れる」という文字も視えました。地震や豪雨、あるいは地盤沈下による土砂崩れ、雪崩も心配です。自然災害とは別に、昔に作られた建物や道路が崩れたり、水道管やガス管などが壊れる恐れもあります。

◎「和」という文字が示す二つの意味とは？

何だか重苦しいような、気が滅入るような話が続いてしまいましたが、もちろん明るい話題もある年です。ここからはそういった予知を列挙していきましょう。中には話題になりそうなことや、ブームになるだろうことも含まれています。流行に乗ることは、時代の流れにうまく乗る方法のひとつですから、面白そう、取り入れられそうと思ったことは、あなたもぜひ挑戦してみてくださいね。

さて、まず視えたのは、同じボトルがふたつ並んでいる光景です。双子の芸能人やスポーツ選手などに注目が集まる、双子だから有名になる、双子を扱っている作品（小説や漫画、アニメなど）が大ヒットするなど、双子が何かしらフィーチャーされるでしょう。また、双子の出生率が例年より多いことも考えられます。

いわゆる刺繍枠という輪っかに布を挟んで、刺繍をしているビジョンも浮かびました。手作りのものや温《ぬく》もりを感じるもの、一点ものが人気を集める予感です。刺繍はもちろん手芸全般や、製造過程のほとんどを手作業で行なう伝統工芸がクローズアップされ、日本はもとより、海外でも高い評価を得ることも。また、手芸や手作業で何かを作ることを、趣味として始める人も増えそうです。

港に船を綱でつなぎとめているイメージも。船は漁船ではなく、旅客船のようです。船旅（クルーズ）や、船での遊覧観光、島巡りなど、船のレジャーが人気を集めるでしょう。飛行機や新幹線を使えば短時間で行けるところを、あえてフェリーでのんびり行くのが話題になることも。船のレジャーは、楽しいことはもちろん、クヨクヨする気持ちから解放されたり、ビジネスでのヒントが見つかったりと、予想以上に得るものが多い気配も濃厚なので、あなたも体験してみてはいかがでしょう?

カラフルなシャボン玉や駄菓子も視えました。ポップな物、キッチュな物が流行する暗示です。また、昭和レトロブームは、この年も続くでしょう。

アッと驚くような家電が登場する予感もしています。例えば、鮮度がこれまで以上に長続きする冷蔵庫とか、ひたすら利便性に特化した掃除機とか。いずれにせよ、実際に家事をする人のアイデアや知恵、観点が生かされた家電のはずです。

花や野菜に関しても、品質改良に成功し、ヒットする作物が登場しそうです。家庭菜園も含めて農業を始める人が増える気配もしています。高齢化により農家さんが減っているだけに、とてもよい傾向です。

馬が猛烈なスピードで走っているビジョンも浮かびました。競馬でものすごい強い馬が出てくるかもしれません。それこそ歴史に名を残す名馬ディープインパクトやオルフェーヴルを超えるレベルで、日本だけでなく、海外の凱旋門賞などビッグレースで優勝するかもしれません。

美しく光り輝く月の光景も視えました。これは太陽（主役）ではなく、裏方や脇役にスポットライトが当たることを意味しています。スポーツでいえば、コーチやトレーナーなどに、芸能界でいえばプロデューサーや脚本家などに注目が集まるでしょう。大谷翔平選手の通訳を務めるうちに、自身も人気者になった水原一平さんのような人物が、さまざまな分野で登場するとも言えます。

主役や作品、あるいは研究をサポートする人が世界的に高い評価を受ける気配もしているので、アカデミー賞やグラミー賞、さらにはノーベル賞といった世界最高峰の栄誉を受ける人もいるかもしれません。

「和」という字も視えました。これは2つの意味があります。

まず、ひとつはグループとしての「和」です。団体競技やバンド、アイドルグループなど、メンバーそれぞれが役割をきちんとこなし、見事なチームプレーやハーモニーでよい結果を出したり、高い支持を得たりするでしょう。

もうひとつは日本文化の「和」です。和食、茶道、華道など、日本ならではの文化が海外で人気を博す暗示です。これまでも日本の文化は世界的に評価されてきましたが、その文化に直接触れたいと、インバウンド（訪日外国人旅行者）もますます増えるでしょう。

コロナ禍で打撃を受けた観光業や飲食関係にとっても嬉しい展開になるはずです。また、「源氏物語」や「竹取物語」といった日本の古典が再び脚光を浴びる予感もしています。

あなた自身も周囲との「和」と、「和」の文化をぜひ大切にしていってください。すると思いがけない福運が舞い込む可能性が高いですよ。

世界はどうなる？　何が起こる？

◎「新世界より」は新たな世界の枠組みや秩序か

日本に続いて、世界の様子も視ていきましょう。なお、これからご紹介する予知は、海外で起こることを前提にしていますが、日本で起きたり、日本も何らかの形でかかわることもあり得ます。なぜなら日本も世界の一部だからです。ですので「自分には関係ない」とか「よそ事から、どうでもいい」などと決して思わないでくださいね。

まず、「ドボルザーク」「新世界」という声が聞こえました。ドボルザークと言えば、偉大な音楽家であり、「新世界」は彼の代表作である「交響曲第九番　新世界より」に相違ありません。タイトルだけだと、ピンとこない方もいるかもしれませんが、第二楽章は歌詞がつけられ「家路」「遠き山に日は落ちて」として知られていますし、第四楽章もＣＭなどで使われているなど、あなたも聴いてみれば「これか！」ときっとわかるはずです。

ともあれ、この年は、現代のドボルザークと呼べるような素晴らしい音楽家が登場する可能性が高めです。クラシック音楽そのものが、これまで以上に人気を集めたり、何らかの理由で注目されることもあるでしょう。

また、ドボルザークの「新世界より」の「新世界」はアメリカを指しますが、さらに霊視をしていくと、文字通り新世界の訪れ……、新たな世界の枠組みだったり、世界的な新しい秩序やルールが生まれることも示唆しているとわかりました。現実的なことだけでなく、世界中の人々の意識のあり方が変わるといった、精神的な変化も起こりそうです。

大きな柱のビジョンも視えました。大黒柱的な、リーダーシップに優《すぐ》れたしっかりした指導者が現れる暗示です。その人物は特定の国だけでなく、複数の国をまとめたり、改善する印象が強いので、グローバルな組織、特に国連（国際連合）の改革が期待されます。それこそ「新世界」の到来のひとつと言えるほどの改革になるかもしれません。もっとも、各国から不平不満が出て、意見をすり合わせるのは大変そうですが……。

この年は、ロシアとアメリカがよくも悪くも目立つ予感もしています。ちなみにロシアはプーチン政権が弱体化するのか、国内の政情が不安定になりそうです。また、アメリカは世界のリーダーとしての存在感に陰《かげ》りが出るでしょう。

いかにも中国を想わせる街並みに日が沈んでいく光景も視えました。「斜陽」という言葉がピッタリの印象です。中国は国内の経済が悪化するなど、厳しい状況になる予感。国民の政府への不平不満がたまったり、これまでの強気な政策が裏目に出て国際的にもバッシングされる恐れがあります。

いわゆる「大国」と呼ばれてきた国々がパッとしない年と言えそうです。それもあって先に述べた「新世界」に向けた動きが出てくるのかもしれませんね。

◎二〇二四年は世界的に「水」が注目される

真っ直ぐに、ひびが入った地面のイメージも浮かびました。異常気象による日照りによって発生した地割れのようです。

場所としては、オーストラリアやアフリカなどの印象が強いですが、干ばつに見舞われる国・地域があるでしょう。それに伴って起きる飢饉《ききん》や山火事、砂漠化も心配です。

ただ、幸いなことに、環境問題では各国が手を結ぶことになる気配が濃厚にしています。地球温暖化や環境汚染による弊害が世界規模で出ている、まさに待ったなしの状況ですから、当然と言えば当然ですが、良い傾向にあることは間違いありません。

ひびはあまりにも真っすぐで長いため、国境を示していることも考えられます。独立運動が起きたり、国家が分裂するといった領土問題や新たに国境が引かれることもあるかもしれません。深刻化した場合、戦闘状態に陥る恐れも……。「新世界」はよいことばかりでなく、新たな火種《ひだね》を生む可能性もあるようです。

ひび割れのビジョンに関連しますが、水道の蛇口から出る水、雨や水滴、海や川、滝といったビジョンが次々と出てきました。さまざまな水に関するビジョンです。二〇二四年は「水」に関することが目立つ年といえます。水は地球の財産であり、飲料水、生活用水、農業用水、工業用水と生きるうえで欠かせない存在です。まさに恵みの水というべきものですが、津波や洪水、豪雨や氾濫、土石流など突如として大きな災害となって私たちを襲う恐怖の存在にもなります。また海外では深刻な水不足に苦しむ国々も多く、世界人口の四割以上に相当する約三十六億人が水不足に悩まされているというデータもあります。

世界中で見られる水不足の原因はさまざまで、人口増加や産業発展に伴う水不足もあれば、気候変動による水不足、さらには開発による水源破壊が水不足を引き起こすケースもあります。

日本は水道の蛇口をひねれば水が普通に出ます。豪雨や地震などで断水することもありますが、それでも数日すれば復旧します。水があること。それは神様からのギフトであり、そのことを当たり前と思わず感謝する気持ちは失わないようにしましょう。

世界的に著名な方の不幸がある気配もしています。政治、文化、スポーツなど、ジャンルはわかりませんが、その人物の死により、ひとつの時代に区切りがつくと言えるほど、その分野でのレジェンドで、世界的なニュースになるはずです。

二〇二四年はパリ五輪が開かれますが、ヨーロッパの人だなとひと目でわかる方々がニコニコ喜んでいるビジョンが浮かんでいるので、地元（パリ）は活気づきそうです。ただ、五輪そのものの規模はこじんまりとしている印象です。パリ五輪はコンパクト五輪を謳《うた》っていますから、それが実現するのでしょう。あるいは、地元は別として盛り上がりには欠けるのかもしれません。

また、日本の選手があまり視えてこないのですが、時差があるため放映時間が深夜になるなど、リアルタイムでの視聴が難しいことが少なくないかも。また、ルール問題や誤審が話題になったり、何かしら納得できない結果になる予感もしています。一方で、日本の強さを世界に見せつけるスポーツもあるでしょう。

◎世界平和への第一歩は、あなたの幸せ

神様から教えていただいた二〇二四年の予知は以上です。残念ながら、いいことよりも、思わず眉をひそめてしまう内容のほうが多いと言わざるを得ません。

しかし、神様はこんなビジョンも送ってきてくださいました。それは、色とりどりの花がパッーと咲いている花畑のビジョンです。花の種類はさまざまで、文字通り百花繚乱《ひゃっかりょうらん》という感じ。

これは、一つひとつの花は小さな存在であっても、それが合わさると一面の花畑となり、圧巻の景色となるように、一人ひとりの幸せが、世界平和という壮大なテーマを実現させるカギであることを意味しています。また、誰もに花開くチャンスがあることも示唆しています。

そう、大切なのは、まずあなた自身が幸せでいることです。具体的な福運術は、各流生

命でも、エピローグでもご紹介しますが、自分は幸せになるために生まれてきたのだ、自分自身も世界も、この手でよくしていくのだと、己を奮《ふる》い立たせていきましょう。

さらに枯れ草の中にピンクの花が一輪咲いている光景も浮かびました。この花はあなた自身です。きれいで凜としていて、とても目立ちます。目立つということは、みんなに見られているということです。もちろん、神様もあなたを見ています。だからこそ、悪心や怠《なま》け心に負けず、それこそ凜とした姿勢、意識を大切に、周囲のお手本になるつもりで自分を律《りっ》していってください。

第一章　人生の「流れ」を示す流生命

神様のはからいによって生まれた「流生命」

「流生命」とは、神様がその人に与えた「生命の流れ」、つまり「人生の流れ」を示《しめ》すものです。「流れ」は「運命」、あるいは「使命」といってもいいでしょう。そこには基本的な性格や生まれながらの才能も含まれています。

人は自分の意志で生きているようで実は、「お釈迦《しゃか》様の手のひらの上」にあるので、自分の流生命が気に入らないからといって逆《さか》らったり、無視することはできません。

本書では試練や辛口アドバイスも多く記してありますが、それは魂《たましい》を磨《みが》くための、この世でなすべき課題です。玉《たま》を磨《みが》くには、ときに削《けず》ることも必要なのと同じです。どのような場面に遭遇しても、素直に流れに従って生きていけば、自然と幸せになれます。

ただ、現代は未成仏霊《みじょうぶつれい》の急増やその影響などによるモラルの低下から、自分の「流れ」を見誤りやすくなっており、自《みずか》ら不幸なほう不幸なほうへと歩んでいく人が非常に多いのです。神様はそれを憂《うれ》い、先に、「あなたに与えた人生はこれですよ」と知らせることにされました。これが、二〇〇〇年初夏に私が授《さず》かった、「流生命」の教えです。

私は四十四歳のときに六字明王《ろくじみょうおう》様と出会ってから啓示《けいじ》をたびたび受けてきましたが、流生命ほど鮮明かつ強烈に伝えられた教えはありません。東京から熊本に帰る飛行機の中での出来事で、あのときは言葉が降りてくるというレベルではなく、完全に私の身体と口を六字明王様が支配していました。次から次に言葉があふれ出て、困ってしまったぐらいです。今思い返してみると、そのぐらいの勢いで、多くの人に「流生命」を伝え広めていきなさいということだったのだと思います。

流生命が「十」タイプなのには理由がある

神様は、人間が生きていくうえで欠かせない聖数として「十」を示されました。流生命が全部で十タイプに分かれているのは、そのためです。

例えば、人が母親のお腹《なか》で「十月十日の間」過ごしてから、この世に誕生することこそ、「十」が特別な数字であることを象徴しています。ただの偶然や、生体学だけで語れるものではないのです。生まれたあとも十代、二十代、三十代と、十年ひと区切りの「世代」が常についてまわります。「十年ひと昔」と過去を振り返ったり、一カ月を約十日ごとに分けて、上旬、中旬、下旬と呼ぶのも、「十」が人生のリズムを整える数だからです。

人はそれぞれ違った人生を歩んでいるようで、神様の目から見れば、十通りの大きな運命の流れのいずれかに乗っているのです。もちろん、育った環境や時代によって、その人ならではの一生となりますが、支流にばかり気を取られて本流を忘れては、元も子もなくなると覚えておいてください。

自然のリズムと一致する流生命

各流生命には、それぞれ名前がつけられています。「水」や「光」など、どれも自然界を構成する要素です。「奏《そう》」は異色な感じもするでしょうが、これは「葉がさやさやと鳴る」ような自然界の音を意味しています。流生命の名称を通して神様は、「人間も自然の摂理《せつり》に則《のっと》って生きていくことが大事である」と伝えているのです。

このことをさらに詳しく説明するために、流生命の教えと一緒に、神様は左ページのような「流生命の図」も授《さず》けてくださいました。

各流生命は木・火・土・金・水のいずれかに属し、矢印の方向に向かって影響を与えて

―流生命の図―

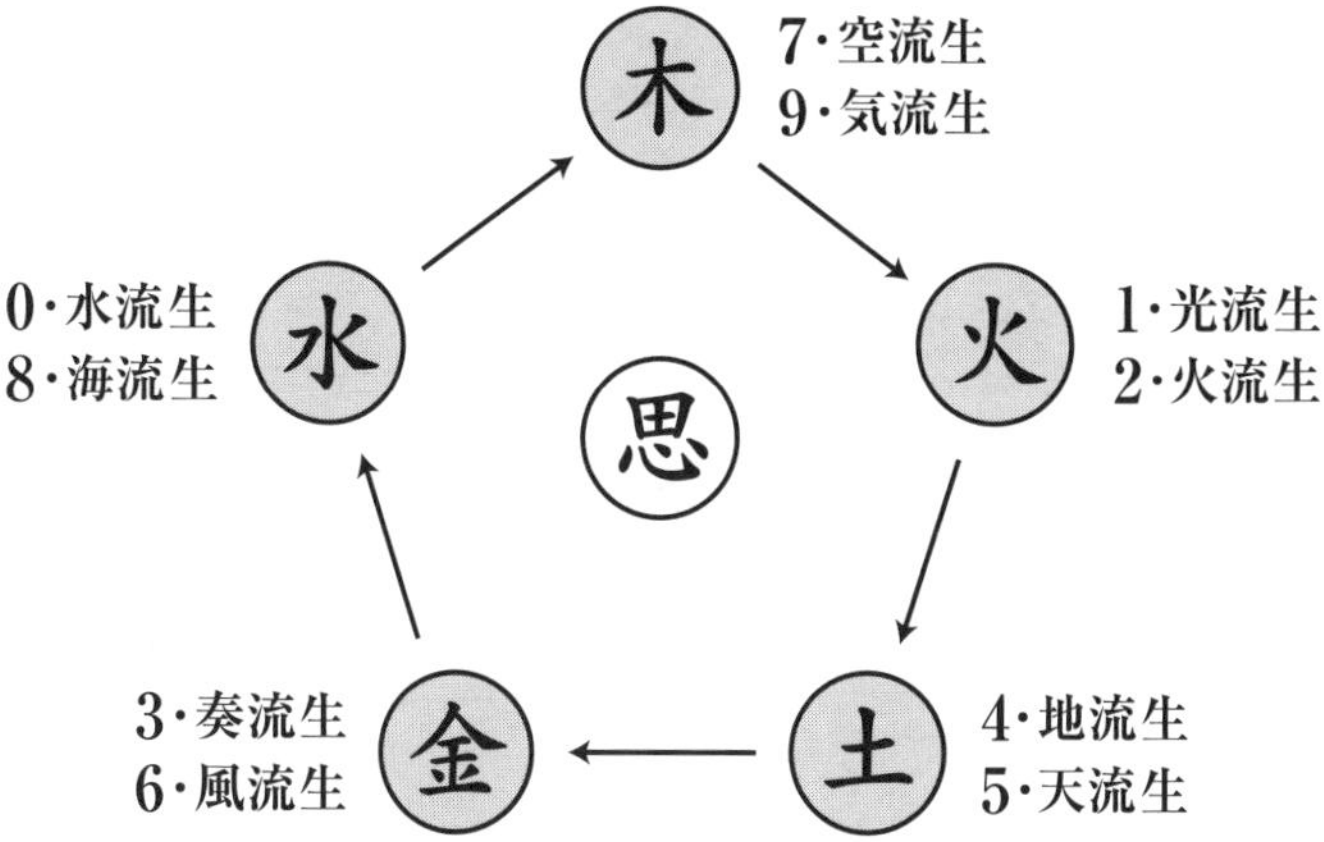

――――流生命の出し方――――

あなたの生年月日（西暦）の誕生年の末尾、誕生月の末尾、誕生日の末尾を全部足します。足した数の末尾の数字（０～９）と対応する流生命を以下から見つけてください。足した数が２ケタになった場合も、末尾のみを用います。

０＝水流生	１＝光流生	２＝火流生	３＝奏流生
４＝地流生	５＝天流生	６＝風流生	７＝空流生
８＝海流生	９＝気流生		

例）　1975 年 10 月 2 日生まれ→ 5+0+2=7　　末尾 7 は空流生
　　　1968 年 8 月 19 日生まれ→ 8+8+9=25　末尾 5 は天流生

いきます。エネルギーの循環は永遠です。

東洋思想の陰陽《いんよう》五行《ごぎょう》相関図によく似ていますが、流生命の図は中央に「思」があることに注目してください。これは、人生を豊かにするためのふたつの「思」を示しています。

ひとつ目の「思」は、神様と人間をつなぐ「思」です。神様は、「流生命の教えを生かして、幸せな一生を送ってほしい」と、人間を慈悲《じひ》深い「思い」で包み込んでくださいます。それに対して、私たちは神様に敬《うやま》いの「思い」を返し、志《こころざし》高く生きていくことが大事なのです。

ふたつ目の「思」は、自分と他人をつなぐ「思」、つまり「思いやり」の重要性を示しています。

ここでいう「他人」とは、生きている人間だけでなく、ご先祖様など魂《たましい》の存在も含みます。見えるものも見えないものも思いやれる人には、施《ほどこ》した以上のものが必ず返ってきます。逆に、自己中心的でケチくさい思いを抱《いだ》いていると、未成仏霊と同魂《どうこん》（魂のレベルが同じこと。非常に取り憑《つ》かれやすい）になり、福運をつかむことはできません。

神様と他人へのふたつの「思」を、どれだけ実践していくかで、その後の人生はまるで違ってきます。そのためにもときどき、この図を眺め、反省するといいでしょう。

男女の運命は違って当たり前

流生命は全部で十タイプですが、運命はさらに男女で分かれます。ですから流生命は、二十タイプあるといったほうが正しいかもしれません。

なぜ男女で運命が違うのかというと、神様は性別によって、この世での役割を異なるように定《さだ》めたからです。基本的に女性は男性を立てて家を守り、男性は働いて家族を養《やしな》うことが使命です。封建的な考え方だと思う人もいるでしょうが、それは違います。未婚で子どもがいないキャリアウーマンはまさに負け犬だとか、〝主夫〟になる男性は不幸だという意味でもありません。

ただ、男性は決して子どもを産むことはできませんし、女性は体力で男性に勝つことは困難です。体の作り自体が違うのですから、得意分野も違って当然。性別を意識しすぎて、変に肩肘《かたひじ》を張ることがいけないというだけです。

実は、私がそうでした。生家が貧しかったため、幼いころから一家の大黒柱として必死に働き、親と弟妹を養ってきました。その後は結婚・離婚も経験し、三人の子を育てるために、女であることなどは忘れ、しゃかりきに働き続けました。でも気づけば、心も身体もボロボロ。不平不満と愚痴《ぐち》の塊《かたまり》となって、幸せとはかけ離れた日々を味わいました。つまり、男女の違いを無視することは、人生の流れを混乱させるもとなのです。

同じ流生命であっても、与えられた役割が異なれば福運への道のりも異なってきます。女性は「女性らしさ」を、男性は「男性らしさ」を失わずに生きていくことが大事です。ただ、かつての私と同じように、さまざまな事情から性別を越えて頑張らなければならない人は、男女両方の流生命を参考にされるといいでしょう。「らしさ」を保ちつつ、よりよく生きるヒントが見つかるはずです。

人間関係を円滑にする流生命の相性

「四苦八苦《しくはっく》」という言葉がありますが、これは本来、人生の根源的な苦しみを表す仏教用語です。四苦は「生老病死《しょうろうびょうし》」の苦しみを示し、これに「愛別離苦《あいべつりく》、怨憎会苦《おんぞうえく》、求不得苦《ぐふとっく》、五蘊盛苦《ごうんじょうく》」の四つを足して「八苦」とします。

「愛別離苦」は愛する人と別れる苦しみを、「怨憎会苦」はいやな人と付き合わざるを得

―流生命による相性図―

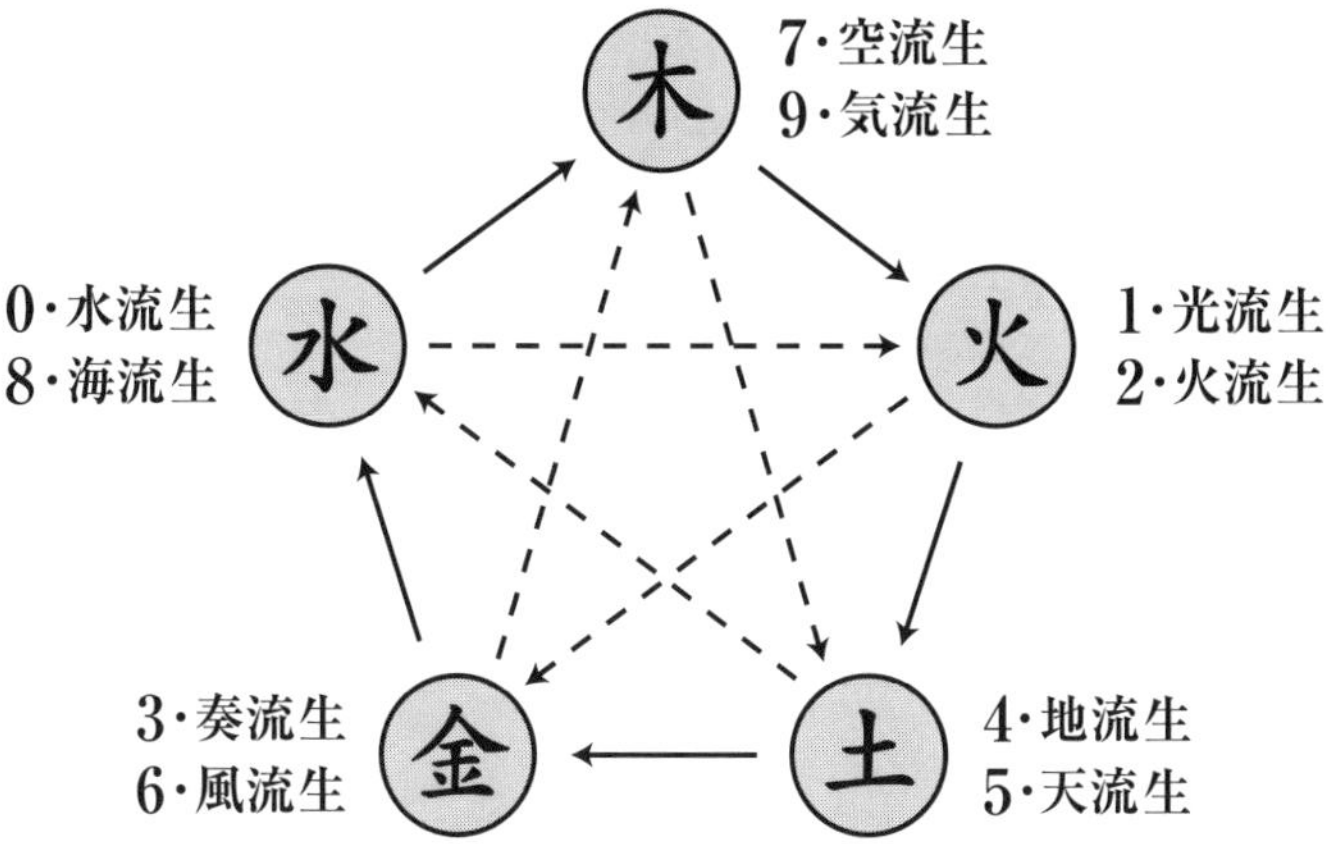

実線の矢印（――→）が生かし、生かされる関係で、対角線の点線の矢印（------→）があなたが甘えられる関係（逆に矢印があなたに向かってきている相手は、頼ってくる関係）を表します。

陰陽五行の相関図に似ていますが、まったく別ものです。流生命には、お互い消し合う「相殺《そうさい》」関係はなく、どの相手とも“魂の磨き砂”のような関係が築けます。そのため、相性を知って終わりにせず、日ごろからの付き合いの中で、相手との関係を見直していくことを忘れてはいけません。

ない苦しみを、「求不得苦」は求めるものが得られない苦しみ、「五蘊盛苦」は執着心など、人間として味わう精神的な苦しみを指しています。つまり八つの苦しみのうち、ふたつが人間関係に関する苦しみなのです。裏を返せば、人付き合いがスムーズにいくようになると、人生の苦しみは確実に減るというわけです。そこで流生命による、人間関係を円滑にする相性術をお教えします。

まず、「悪い相性はない」ということを頭に叩《たた》き込んでください。自分の期待に応《こた》えてくれない、自分を大事にしてくれないと思うから、「いやな奴」になるのです。対人トラブルの大半は、自身のエゴや甘えが原因です。だいたい、神様が「悪い相性」というものをお作りになるはずがありません。すべての相性は、「生かし合える関係」です。

さて、57ページの「相性図」を見てください。木・火・土・金・水を結ぶ、いちばん外側の矢印（―→）は、宇宙のリズムに沿《そ》ったエネルギーの流れで、生かし生かされる関係を示します。例えば、木のグループは火のグループを助け、水のグループに助けられるというわけです。長い人生を共に歩むにふさわしい、結婚向きの関係ともいえます。

対角線の矢印（⋯⋯→）が向かっている相手は、あなたが甘えられる人です。逆に矢印が向かってきている相手は、あなたに頼ってくる人です。対角線で結ばれた相手とは、魂の質が似ている半面、自分にないものを持っているので、新鮮なエネルギーをお互いに交換し合えます。刺激的な魅力に満ちた、恋愛向きの相性ともいえます。

自分と同じグループ（木のグループなら、空流生と気流生）は、似た者同士の相性です。鏡のような存在なので、近親憎悪《きんしんぞうお》的な反発を感じることもありますが、双子《ふたご》のように仲睦《むつ》まじく、共に成長していける相手です。

ぜひ周囲の人の流生命を割り出して、自分とどんな関係性にあるのか調べてみてください。そうすれば、最善の交際方法が自然とわかるでしょう。ただし、まずは「相手を幸せにしてあげよう」という姿勢が肝心です。相性は利用するのではなく、前向きに活用するものなのです。

人生は二十年サイクルということがわかる「迎神道盤《げいしんどうばん》」

流生命との出会いから数年後、神様は61ページの図・迎神道盤も私に授《さず》けてくださいました。迎神道盤は流生命の教えを視覚化したものです。私自身の流生命への理解がだいぶ進んだ時期でしたから、教えを広めていくにはよい頃合だと思われたのでしょう。実際、この図によって、より多くの人にわかりやすく神様のメッセージをお伝えすることができるようになりました。

図は太陽を中心に、右まわりで一年ごとにひとマス進み、二十年でひとめぐりします。迎神道盤の名前と同じ「迎神道」の文字がありますが、これは神様を自分のもとにお迎えする年であり、自分の流生命がここに当たる年は二十年に一度の大チャンスです。迎神道に相対する「送神道《そうしんどう》」とは、自分のもとから神様を送り出す年であり、やはり神様に出会えるチャンスが多くなります。

どちらの年も、懺悔《ざんげ》と感謝を忘れなければ、多くの福運に預かることができ、その後の十年もご加護《かご》が約束されますが、神様との距離が近いだけに、失礼があれば罰《ばっ》も強烈ですので、心して過ごさなければなりません。

とはいえ、神様は誰もに平等に、十年ごとに素晴らしい好機を与えてくださることは確かです。前述しましたが、神様は人の人生そのものを、十年単位で繰り返しになるように設定されたのです。現に、十年ひと昔というではありませんか。物事はよくも悪くも、十年経《た》てば何かしらの答えが出るものです。

スタート地点に戻るまで厳密には二十年かかりますが、これはまさにペアの法則です。

2024年・迎神道盤

【迎神道】9・気流生(女性)【送神道】9・水流生(男性)

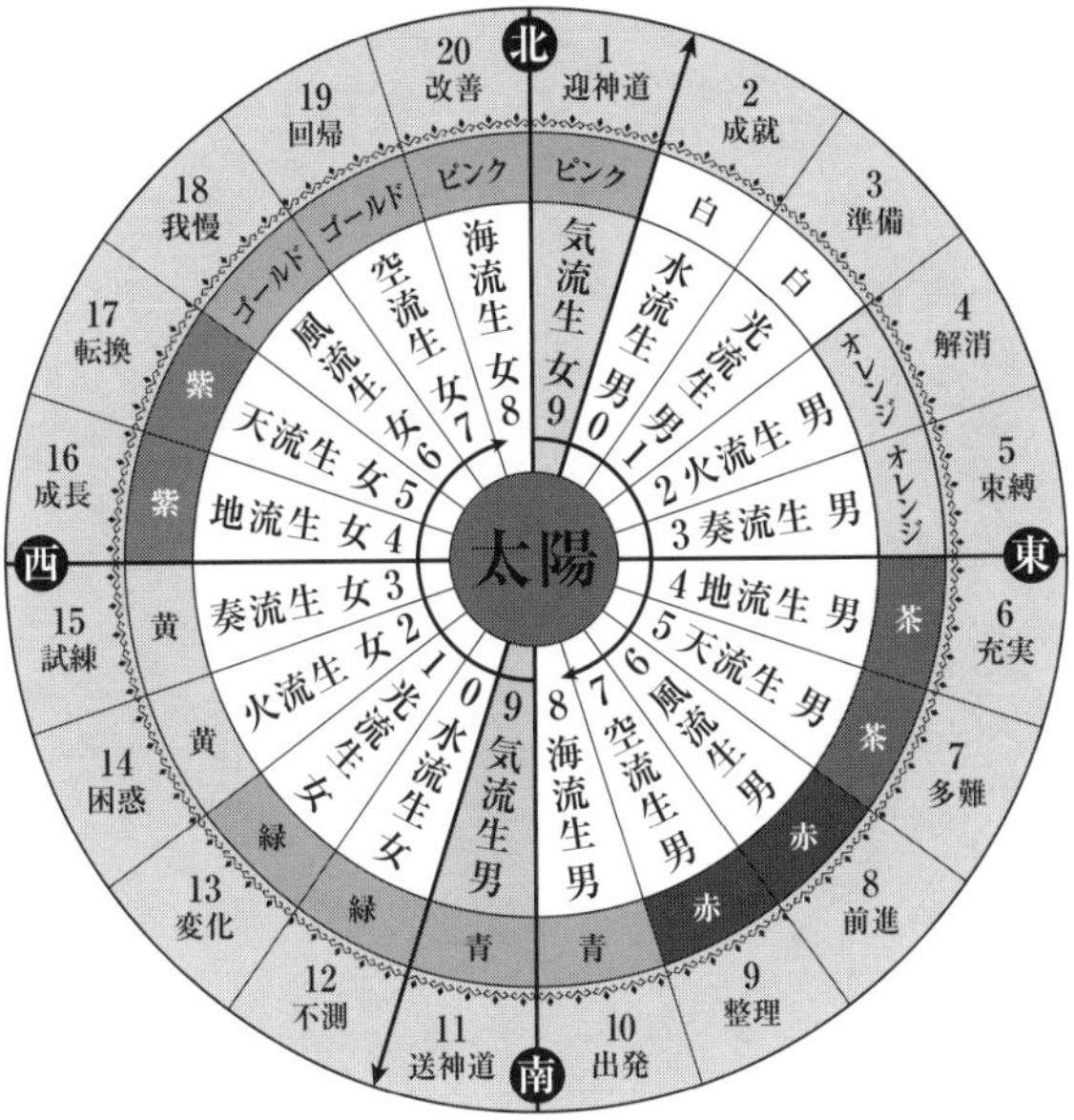

※迎神道盤は右まわりで1年ごとにひとマス進む

～2024年の守護色～

<女 性>

0・水流生	緑	5・天流生	紫
1・光流生	緑	6・風流生	ゴールド
2・火流生	黄	7・空流生	ゴールド
3・奏流生	黄	8・海流生	ピンク
4・地流生	紫	9・気流生	ピンク

<男 性>

0・水流生	白	5・天流生	茶
1・光流生	白	6・風流生	赤
2・火流生	オレンジ	7・空流生	赤
3・奏流生	オレンジ	8・海流生	青
4・地流生	茶	9・気流生	青

つまり、十年前と今とは表裏一体の関係なのです。そのため、たいてい十年前と現在はよく似ているか、正反対の状況になりがちです。また二十年前と現在とで、ハッとするほど酷似《こくじ》した体験をすることが多いでしょう。むろん、起こる出来事や細かい設定は異なりますが、同じような悩みや迷いを抱えたり、失敗をしやすいのです。

逆にいえば十年前、二十年前を振り返れば、今をうまく切り抜ける智恵が得られるというわけです。具体的には、十年前（今と同じ状況の場合）や二十年前に、「どうしようかな」と考えているうちに何かを逃《の》がしてしまい、後悔していることがあるなら、今度は「どうしようかな」と同じような気持ちになった瞬間、迷いを捨ててその何かをつかみ取るのです。反対に、「いいな」と思って手に入れたけれど失敗した体験があるなら、似たようなものが現れて心惹《こころひ》かれたとしても、今度は目もくれずにいるのです。このように過去を今に生かしていくことが、神様の御心《みこころ》にかなうことであり、人としての智恵です。

迎神道盤の位置で見る、その年の運勢

迎神道、送神道の年だけでなく、それぞれの年にも特徴があります。そのため、流生命

という個人の運命だけでなく、年まわりという運命も合わせて考えることが肝心です。

例えば、その年は活発な年まわりだったとします。この場合、もともと活発な流生命の人はリズムに乗りやすい半面、調子に乗りやすくもありますから、「勝って兜《かぶと》の緒《お》を締めよ」でいくことが大切です。逆に慎重な流生命の人は、チャンスを逃がさないよう、「見る前に飛べ」の勇気を出さなければなりません。

迎神道を1として、右まわりに各年の基本的な傾向と注意点をご紹介しますので、今自分はどこに当たっているのか、そして自分の流生命と照らし合わせてみてください。

1　迎神道――無心にいけば快調に事が進む年です。恵まれるゆえ、嫉妬《しっと》を受けやすくもあるので、例年以上の謙虚さ、思いやりも求められます。

2　成就《じょうじゅ》――余裕は生まれますが、棚ボタはありません。他者に奉仕するため、己《おのれ》を鼓舞《こぶ》するための余裕であり、自他に尽くしてこそ願いが叶《かな》う年です。

3　準備――多忙、煩雑《はんざつ》が続く年。目先のことにとらわれず、未来を信じて辛抱することが大切です。手放すことや許すことも、幸せへの伏線となります。

4　解消――日の目を見やすい年です。ただし、天狗《てんぐ》になってしまったり、「好事魔《こうじま》多し」で誘惑に負けたりして、停滞に陥《おちい》る危険性もはらんでいます。誠実さが問われます。

5束縛――対人面で問題が起きやすい年です。自分が未練がましくなることもあれば、逆に誰かに依存されることもあるでしょう。最低限のケジメをつけることが求められます。

6充実――安らぎと、思いがけないご褒美《ほうび》（福運）がやってくる年です。とはいえ計画性や実行力に欠けると、ほどほどで終わってしまいます。

7多難――トラブルが次々と起こる年ですが、その原因のほとんどは詰めの甘さや強引さなど、ご自身によるものです。潔《いさぎよ》さと自制、自重《じちょう》が必要です。

8前進――懸案《けんあん》事項が解決するなど、状況が一気に動きやすい年です。それだけに、ぼんやりしていると置いていかれます。目的意識を持つことが大切です。

9整理――よくも悪くも静かな年で、孤独を味わうことも多くなります。だからこそ過去を振り返って己《おのれ》を反省し、物心ともに整理整頓を心がけることが求められます。

10出発――新たなスタートの年です。覚悟を決めて一歩を踏み出さなければなりません。しかし、挑戦と無謀を取り違えると痛い目に遭います。欲を出しすぎないことです。

11 送神道――自由に器用に動ける年ですが、贅沢《ぜいたく》に溺《おぼ》れると事態は一変します。寛大さと真摯《しんし》さを失わずにいることが、平穏無事の年にする鍵《かぎ》です。

12 不　測――幸不幸が極端に出る年です。自分自身の魂が清まっていれば名声や名誉を得られますが、穢《けが》れていれば汚名・不名誉が……。初心と純粋さを忘れてはいけません。

13 変　化――よくも悪くも動きがある年です。よき変化には一気呵成《いっきかせい》の発展を求めず安定へと導くことを、悪い変化にはふてくされず、前向きに取り組むことが肝心です。

14 困　惑――事態が暗転したり、悶々《もんもん》とするような状況に置かれやすい年ですが、心を強く持ちましょう。あえて消極策を選ぶのであれば、大凶を大吉に変えることも可能です。

15 試　練――何かと負担が増し、不自由な思いをする年です。しかし、投げ出すことなく取り組み、また周囲との調和を図っていけば、目を見張るほどの躍進を遂げるでしょう。

16 成長——飛躍が期待できる年です。思わぬ成功を手にすることも。ただし、勢いづいて冒険すると裏目に出ます。手堅く、また縁の下の力持ちを厭《いと》わないことが大切です。

17 転換——自分を取り巻く環境から発想や視点まで、さまざまな転換が起こる年です。それゆえ混乱しやすくもありますが、守りに入らなければよい方向に道は拓《ひら》けます。

18 我慢——人との出会いの多い年ですが、束縛されたり責任を負わされたりと、辛抱を強《し》いられがちです。半面、努力がそのまま実る、やりがいのある年でもあります。

19 回帰——原点に立ち戻ることで、花開く年です。自分自身を見つめ直し、前向きに物事に取り組んでいきましょう。取り越し苦労や躊躇《ちゅうちょ》は禁物です。

20 改善——自分の成長が感じられる充実した年です。優遇される機会も増えるはずです。もっとも、そこで満足してはいけません。さらなる高みを目指して努力を続けるべきです。

流生命が示す吉方位と守護色

迎神道盤には方位も記されていますが、自分の流生命が対応している方位は、その年のいわゆる吉方位です。その方位に旅行をしたり引っ越しをすれば、新鮮なエネルギーを取り入れることができ、福運に恵まれやすくなります。

ただし、吉方位があるからといって、凶方位があるわけではありません。すべての方位は北極星の化身《けしん》・妙見菩薩《みょうけんぼさつ》様の管理下にあり、各方位には五大明王様が守り神として遣《つか》わされています。内訳は、中央が不動明王《ふどうみょうおう》様、東が降三世夜叉明王《ごうざんぜやしゃみょうおう》様、西が大威徳夜叉《だいいとくやしゃ》明王《みょうおう》様、南が軍荼利夜叉明王《ぐんだりやしゃみょうおう》様、北が金剛夜叉明王《こんごうやしゃみょうおう》様です。さらに、人が住む家には堅牢地神《けんろうじしん》様が必ずおられます。要するに、さまざまな神様によって方位はあまねく守られているのですから、悪い方位が存在するはずがありません。

しかしなぜ、特によい方位だけがあるのでしょうか。それは神様のおはからいによるものです。私たちは本来、三百六十度全方位に、そして天地に向かって常に感謝を捧《ささ》げていかなければなりませんが、広大な宇宙に対して、いかにもちっぽけな存在である人間が、くまなく拝するのは酷《こく》だろうからと、全方位をめぐるのに二十年かけることを神様は許してくださったのです。

つまり、吉方位は単に福を運んでくれる方位ではなく、影響力がもっとも大きい方位、注意すべき方位なのです。ですから、その年に吉方位に当たる家の箇所はいつも以上に清潔に保ち、また、その方位に出かけた際などは礼を尽くした言動を心がけましょう。

迎神道盤に記されている、自分の流生命に対応している色は守護色です。その色を日々の暮らしの中に取り入れることで福運を招きやすくなります。とはいえ、漫然と取り入れるだけでは効果が期待できません。自分自身で、「これが自分の守護色なんだ」と意識を高めていかなければ、色のほうもやる気を出してくれないからです。特に人からプレゼントなどで守護色の物をいただいたときは、大喜びしてください。その喜びは色に伝わり、ますますパワーを発揮してくれます。

守護色は二年ごとに変わりますが、お札《ふだ》やお守りのように使用期限はありません。期限が過ぎたからといって、その色の物品を捨てなくても結構です。よいパワーを持つものは引きずっていくのが福運人生を歩むコツ。ただし、心機一転したい場合は処分しても構いません。

第二章　流生命別、人生の流れと二〇二四年の運勢

第二章では、各流生命の二〇二四年の「全体運」、「恋愛運・結婚運・家庭運」、「仕事運・金運・対人運」、「健康運」と、四季（春・夏・秋・冬）ごとの運命についてお伝えしていきます。いずれも神様に一つひとつお尋《たず》ねしたもので、あなたがよりいっそう幸せな一年を送るための智恵がたくさん詰まっています。

さて、ここでひとつ覚えておいていただきたいことがあります。それは、流生命における年の切り替わりは元日ではなく、二月三日または四日の節分《せつぶん》（立春の前日）ということです。ごく簡単にいうと、流生命のリズムは「旧暦」に近いのです。

ただ、節分を境にガラリと運命が変わるわけではなく、前年十二月末から二月にかけて「調整期間」が設けられているのが、流生命の特徴です。この期間を無為《むい》に過ごすと、過去のマイナスをマイナスのまま引きずったり、プラスが高じて天狗《てんぐ》になったりして、新たな運命をまっとうすることができなくなってしまいます。

二〇二三年があまりよい年ではなかったと思う人は、この間に心身の大掃除をし、悪因を断《た》つことが大事です。また、福運に恵まれた年だったと思う人は、今にあぐらをかいていないかを省《かえり》みて、奉仕精神と謙虚さをより発揮しましょう。最高の状態で新たな運命に移行すれば福運は倍増し、試練も楽しみのひとつに変わることは間違いありません。

水流生　女性の運命

流生命的性格

直観力に優《すぐ》れ、世渡り上手

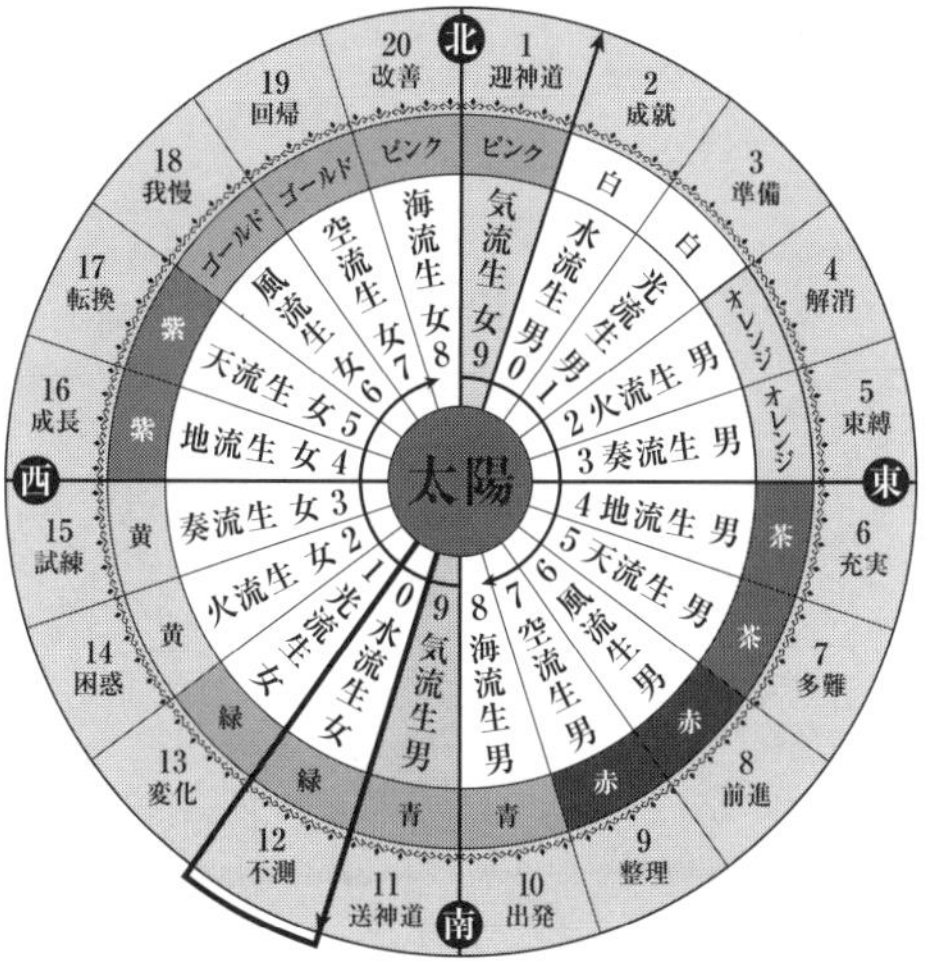

二〇二四年 福運格言

仰《あお》いで天に愧《かい》じず
天もその自信をあと押しす

0 水《すい》流《りゅう》生《せい》・女性の人生の流れ

神の山から流れ落ちる滝の、輝く飛沫《ひまつ》のようなオーラに包まれた女性です。派手な美人ではなく、華奢《きゃしゃ》なタイプの和風美人が多いのも特徴。目立たなくても、必ずどこかに美を隠し持っている人です。仕事でも恋愛でも、自分がもっとも心地よい状態を器用に作り出していけます。父親や兄、先輩や上司など、年上の男性に可愛《かわい》がられるので、同性からやきもちをやかれることも多いはず。しかし、あからさまな態度を取らなければ、生霊《いきりょう》を飛ばされることもありませんので、安心してください。

優《すぐ》れた直観力と、「嘘《うそ》も方便《ほうべん》」で切り抜けるしたたかさもあるので、多少の困難はスイスイと乗り越えていける世渡り上手な人です。たとえ自分の夢や目標から外れてしまっても、外れたなりに人生を楽しめそう。

美しいものや本物を見抜く力を神様から授《さず》かっていますので、宝飾関係やコスメ、フラワーアーティスト、ジュエリー店のオーナー、パティシエ（洋菓子職人）、着付の先生など、女性の感性を生かせるジャンルを選ぶと成功するでしょう。

ただ、パートナー選びに限っては直観が鈍《にぶ》りがちで、甘えん坊の甲斐性《かいしょう》なしを選ぶ傾向があります。一度好きになったら、彼ひと筋になってしまうこともあるので注意してください。あなたはパートナー（主に配偶者）次第で福運の量が増減する運命にありますから、男性を見る目をしっかり養《やしな》うことが必須です。一方、結婚後も外食を好んだり、料理や掃除などの家事はあまり得意ではないようです。

三十歳前後の異性トラブルは、その後の人生を大きく左右するものとなります。すべてを捨てるか、自分を押し殺すかのつらい二者択一を迫《せま》られるでしょうが、潔《いさぎよ》く決断できれば一気に世界が広がります。ここが人生の正念場と心得て、乗り切ってほしいものです。この壁を乗り越えれば、いきなり視界が開け、自由自在の人生が待っています。

水流生女性は、「昔はモテたのよ」などと過去の栄光に浸《ひた》ったり、いつまでも不倫関係を続けたりするのは、絶対にNGです。水は常に流れていれば問題ありませんが、一カ所にとどまっていると濁《にご》ってきます。流れに沿った生き方を心がけないと、つまらない人間になって孤立することにもなりますので、常に謙虚さを忘れないでください。

二〇二四年の全体運

「前門《ぜんもん》の虎《とら》、後門《こうもん》の狼《おおかみ》」ということわざが聞こえてきました。二〇二四年はトラブルが重《かさ》なる暗示です。また、大きな落とし穴のビジョンも視《み》え、あなたの行く手を阻《はば》んでいるようです。しかし、落とし穴は大きいものの深くないため、落ちたとしても容易に這《は》い上がれそうです。ここで大切なのは、立ち止まって歩みを止めないこと。あなたがオロオロしたり、イライラしたりすると、相手に疑心を抱《いだ》かせたり、周囲を不安にさせます。たとえ不安や不満に思っても表に出さずに、堂々と構えていれば、問題は自然と解消していきます。まずは気持ちを落ち着かせ、一つひとつ対処していきましょう。

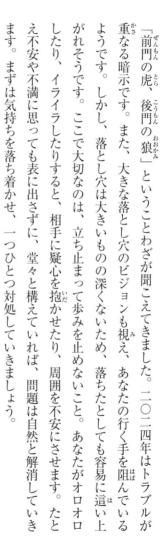

困難やトラブルが多い一年になりそうですが、「悩みは尽《つ》きないもの」という声も聞こえてきました。これは神様からの「ここが正念場《しょうねんば》」というメッセージです。「どんな状況になっても、幸せになるんだ」と確固たる自信を持てば、悩みやトラブルはあなたを成長させる肥《こや》しとなり、それらを経験することであなたはひと回りもふた回りも大きくなります。「ピンチはチャンス」という気概で、立ち向かってください。

数人のグループの中、あなただけがキラキラと輝いているビジョンが視えました。周りからはあなたは幸せそうで、キラキラ光って見えますが、あなたの自己評価は低く、自分を卑下《ひげ》しては落ち込みがちです。そのような姿勢ではせっかくの福運も宝の持ち腐《ぐさ》れに。自分を叱咤《しった》激励《げきれい》しましょう。

あなたにとっての一番のご褒美《ほうび》は、他者に認められることですが、二〇二四年は、あなたが最も尊敬している人や憧《あこが》れの人から認められることがありそうです。それがあなたの自信となるでしょう。また、「どうしたらあの人に好かれるか」「あの人に褒《ほ》められたい」を行動指針にすると、自己採点基準が明確になり、ブレがなくなりますよ。

他人から注意を受けたり、小言を言われると敏感に反応して萎縮《いしゅく》し、臆病《おくびょう》になるのも難点です。注意されるのは伸びしろがあるからと捉《とら》えるべきです。

「もったいない」という文字が出てきて、すぐにスッと消えました。これは何もかも取っておくことへの注意喚起です。もったいないからと捨てられずにいると、いつまでも片付けられず、本当に必要なものが見つかりません。大切なものやチャンスを逃《のが》すことになっては本末転倒です。もったいない精神は立派ですが、何が本当に必要か何が大切かを、今一度吟味《ぎんみ》して、思い切って断捨離《だんしゃり》しましょう。

前年の送神道《そうしんどう》のよい流れを生かし、奮起していきましょう。

二〇二四年の恋愛運・結婚運・家庭運

出会いは多く、恋愛を楽しめる年です。しかし恋愛運が支配し過ぎると二股《ふたまた》や略奪愛など不誠実な恋愛に走ることも。こうした不義理は自身の魂《たましい》を歪《ゆが》め、友人や家族すべて失うでしょう。一時の感情に惑《まど》わされてはいけません。

結婚運を神様に尋ねると、パートナーが寝ている姿が視えました。これは相手の仕事や体調、家族問題などの事情により、結婚へと進めない暗示。ただ、恋人関係が終わるわけではなく、諸事情がクリアされ次第、結婚へとステップアップするでしょう。

抱《だ》っこしている赤ちゃんに摘《つ》んだ花を見せているビジョンが現れました。子宝に恵まれる暗示で、子どもや孫の誕生が期待できます。不妊治療をしている人や高齢での出産など、〝待望の〟または〝よもや〟の赤ちゃん誕生といったことも。

熱した鉄を槌《つち》で打ち付ける鍛冶《かじ》の様子が視えました。これは夫婦間や親子間での争いや衝突《しょうとつ》を意味しますが、鉄は打たれて強くなるように、強い絆《きずな》をつくるには多少の衝突は必要なことです。ただ、長年連れ添った夫婦や年齢がいった親子関係では、このビジョンは関係が一気に冷めたり、ヒビが入る恐れを暗示するのでご注意を。

二〇二四年の仕事運・金運・対人運

熟《う》れた柿が木になっているビジョンが視えました。仕事面で秋に大きな成果が得られるでしょう。ただ、焦《あせ》ると熟れる前に収穫してしまったり、渋柿を手にしてしまうことに。時期や様子が肝心ですので、しっかり見極めて。

紐《ひも》がグシャグシャに絡んでいる様子が視えました。また散らかっている部屋のビジョンも。この年はいろいろなことが次々と舞い込み、てんやわんやの状況に陥《おちい》りそうです。まずは優先順位をつけることですが、その際は自分がやりたいことを最後にまわし、やらなければいけないことや頼まれ事を先に終えてください。

金運は昇給や売上アップが期待できますが、交際費や設備投資などの経費もかかりそう。無駄遣いせずに、しっかりお金の管理を。

対人面では邪気《じゃき》や邪念に注意してください。「隣の芝生《しばふ》は青い」のことわざがあなたに向けられる様子がうかがえます。また、近所の噂話やゴシップに安易にのってはいけません。これらに対しては、あっけらかんとしておくのが一番です。さもないと、あなたのせいにさせられることに。トラブルを避けて、中立な立場、平和主義を貫《つらぬ》いてください。

二〇二四年の健康運

顔色が悪く、ゼイゼイと肩で息をしているあなたが視えます。ストレスや悩みからくる過呼吸のようです。この年はメンタル面でのダメージが体調不良を招きます、胃腸の不調や神経症、不眠症に注意を。「スペース、スペース」という声も聞こえましたので、スケジュールの空白期間＝休みはきちんと確保しましょう。

ケガや事故では大きいものは感じられませんが、「下を見なさい、下を見なさい」というメッセージが聞こえました。ガラスを踏《ふ》む、つまづくなど足元に注意を。

たけのこのビジョンが視えました。旬のもので特に根菜類や山菜など、土をイメージできるものが吉。芋堀りや農作業、ガーデニングも癒《いや》しとなります。

この年のラッキー食材はトマトです。トマトジュースやトマトソースにしてもいいでしょう。心身の疲れには鶏肉のささみやうなぎをうまく取り入れてください。

首に鈴をつけているキリンが視えました。とても可愛らしく、オシャレをしている様子です。これは美に目覚める、才能が開花する暗示。ファッション誌や他人の意見を取り入れて、新しいファッションにチャレンジしてみましょう。

【二〇二四年】春　三月〜五月

船出のイメージが浮かびました。この春は、仕事なら異動になったり、新規プロジェクトを任されたり、プライベートなら家族が増えたり、結婚が決まるなど、何かしら新しいスタートを切ることになる暗示です。あなたの笑顔も視えるので、いずれにせようれしい事柄でしょう。新しいことを始めるにもよいタイミングなので、以前から考えていた計画を実行に移すのも吉です。

親戚や友人の挙式に出席するなど、自分のこと以外でもお祝い事が多い様子がうかがえました。夫の会社の上司や同僚、親兄弟の知り合いなど、おもてなししなければならないお客さんが家にやって来る機会も増えそうです。それらの予定や準備に追われ、休日はないも同然かも。もっとも体力も気力もある時なので、むしろ楽しく過ごせるでしょう。

基本的に充実して過ごせる時期ですが、家族の誰かが悩みや迷いを抱《かか》える気配《けはい》もしています。いつもよりピリピリしたムードが漂《ただよ》っているとか、「おや？」と思った時は、さりげなく話を引き出し、相談に乗るなど、サポートしてあげてください。

サポートといえば、身内はもちろん、それ以外でもお年寄りには親切に。その思いやりが意外な福運を呼び込みます。

二〇二四年 夏 六月～八月

ずいぶんと顔色の悪いあなたが視えました。春に溜《た》め込んだ疲労がドッと出るのか、健康運がダウンする暗示です。夏風邪《なつかぜ》や熱中症には十分気をつけてください。できれば5月ぐらいから栄養バランスや睡眠の質を整えるなど、体調管理に力を入れるのがベストです。婦人科系と貧血も気になるので、心当たりがある人は早めの検査や対策をしましょう。また、この夏は海水浴などレジャーに出かけること自体は構いませんが、ヘトヘトになるまで遊ばないこと。夏休みも予定を詰め込まず、自宅でのんびり過ごす時間も確保して。ともあれ、無理は禁物です。たとえ仕事中であっても、あまり体調がよくないと思った時は、変に遠慮せず、早退するなど、すぐに休むべきです。

ベランダに干された洗濯物が突然の雨でビショビショになるビジョンも浮かんでいます。まさにビジョン通りのことが起こりそう。出かける時は、洗濯物や布団は干したままにせず、取り込んでおきましょう。火の消し忘れや落とし物など、「しまった！」と思うミスも目立つ気配なので、緊張感と慎重《しんちょう》さを大切に。また、些細《ささい》なことで友人とケンカしてしまう暗示もありますが、焦《あせ》って仲直りをしようとするより、流れに任せたほうが丸く収まるでしょう。

【二〇二四年】秋　九月～十一月

夏の「しまった！」というミスの流れは、この秋も続き、高価な物や大事な物を壊《こわ》してしまう予感がしています。あなた自身が壊すだけでなく、お気に入りのブランドバックに傷をつけられるなど、被害に遭《あ》うケースも考えられます。いずれにせよ、高価な物や大事な物の取り扱いには用心深くなることです。スマホやパソコンといった公私における必需品も丁寧《ていねい》に扱いましょう。

ウエディングドレス姿のあなたもはっきりと視えました。この秋は結婚運が非常によく、以前から結婚を考えてカップルはもちろん、出会ってから間もなくてもとんとん拍子で話がまとまる可能性が大です。また、披露宴を行わなかった既婚者は、遅ればせながらのお祝いパーティーを開くことになったり、ウエディングフォト（写真だけの結婚式）をすることになりそうです。子宝に恵まれる人が多い暗示も。十年ぶりなど久しぶりに赤ちゃんを授《さず》かったり、不妊で悩んでいた人にうれしい知らせが届く気配もしています。

くじ運がかなり盛り上がっている印象も受けました。普段は興味がない人も宝くじを購入してみては？　懸賞に応募するのもおすすめです。ちなみに、くじ運とギャンブル運は別物です。リスクの高い投資も含めて、ギャンブルには手を出さないのが賢明です。

【二〇二四年】

冬 十二月〜二月

大きなリュックを背負って雪山を登っていく男性を、あなたが心配そうに見つめている光景が視えました。あなたにとって大切な存在（夫や恋人、父親や息子など）が目標や夢に向かって進んでいくことになるでしょう。その目標や夢は、まさに雪山のごとく厳しいものですが、それが達成された暁《あかつき》には、あなた自身も福運に預かれます。ですので、自分にできる精一杯の応援や援護射撃をしてあげてください。

また、夫が海外出張を命じられ、一緒についていくことになったり、逆にあなたは日本に残って留守を守ることになるなど、何かしら生活環境や家族の形に変化が起こる予感もしています（独身の人も）。その変化はあなたに不安や寂《さび》しさをもたらすでしょうが、その気持ちはグッと抑え、パートナーや家族の安寧《あんねい》を第一に考えてあげることが、将来の幸せにつながります。

いずれにせよこの冬は、自分のことはあと回しにして、常以上に利他《りた》の精神でいくことが肝心《かんじん》です。自分の満足ばかりを求めたり、自分をよく見せようと見栄《みえ》を張ったり、あるいはミスを誤魔化《ごまか》すなど、エゴやずるさを出すと、一つひとつは些細な内容であっても、マイナスエネルギーが雪だるま式に増えていき、自分で自分の首を絞《し》めることになりますよ。

0

水流生　男性の運命

流生命的性格

パワフルで個性的

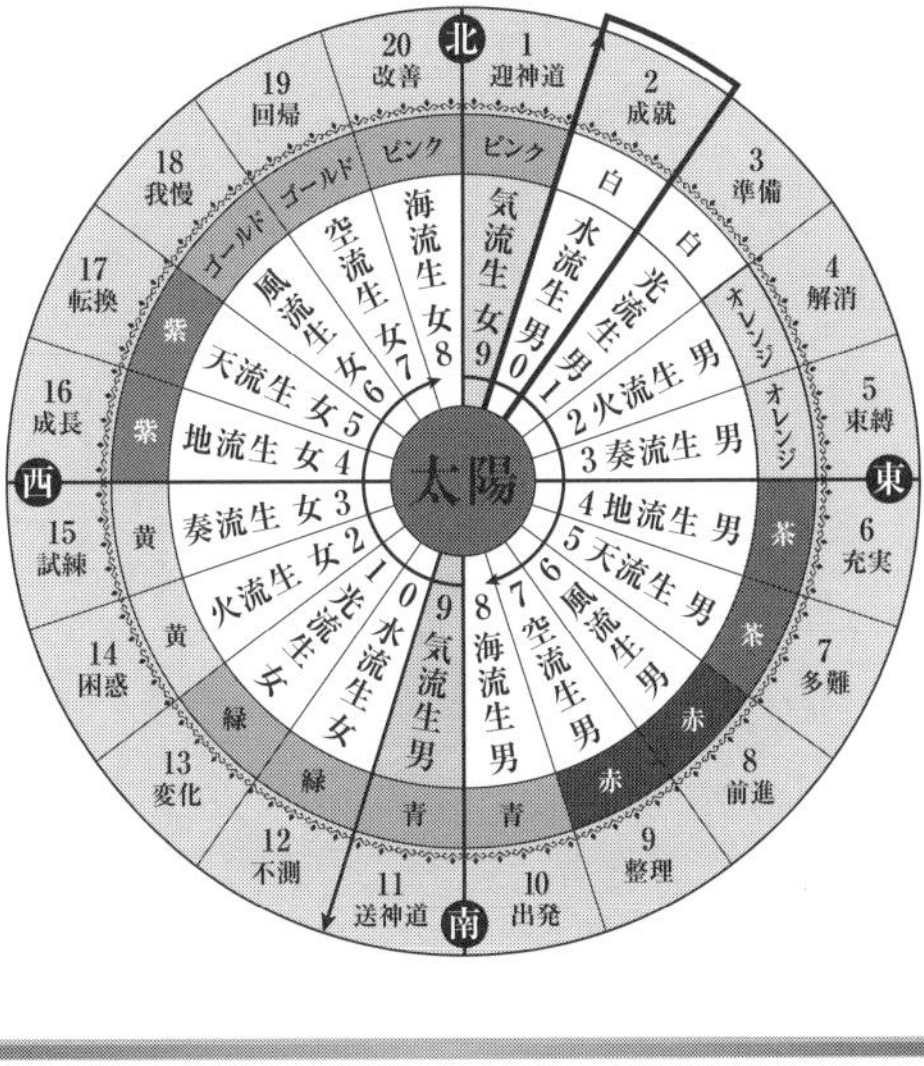

二〇二四年 福運格言

過《あやま》つは人の性《さが》、許すは神の心
許すは神に近づく第一歩

0 水《すい》流《りゅう》生《せい》・男性の人生の流れ

あなたは濁流《だくりゅう》に飲まれ困難にまみれながらも、人生の荒波を見事に泳ぎ切れる人です。すべてを飲み込んでさらっていく鉄砲水に比肩《ひけん》するパワフルな性格でしょう。しかし、悪い面が出てしまうと強引になりがちです。それさえ注意すれば、並外れた強運の持ち主でもあるため、企業などのトップや指導者となると、才能を発揮します。

人望はありますが、非常にアクが強く個性的な性格なので、敵と味方がはっきりと分かれるはず。あなたの魅力に惹《ひ》かれる人がいる一方で、二度と会いたくないと思われたりもします。人間関係には、十分に気をつけてください。

面倒な人間関係を極力避けたいと考える性格が、生霊《いきりょう》やあなたの足を引っ張ろうとする邪気《じゃき》を引き寄せる可能性があります。強引なマイペースは、時と場合を考えてください。

敵を減らして成功をつかむコツは、人の話に耳を傾ける鷹揚《おうよう》さを身につけることです。神様は他人の口を通して、メッセージをあなたに送ることがありますので、聞き上手を目指してください。特に親の意見には、素直に従うべきです。また、思い違いから大失敗しやすいので、何事もメモをする癖《くせ》をつけたり、毎日欠かさず日記をつけるのもいいでしょう。とにかく、反省する時間を持つことです。三年に一度、あるいは五年に一度、自分を見つめ直してください。特に十年ごとの節目《ふしめ》の年は、さらに真剣に見つめ直しましょう。

恋愛面に関しては、自分がいちばん好きな女性には好かれないという、悲しい宿命を負っています。プライドの高さゆえ、自分のマイナス面を隠したがりますが、相手にはその嫌なところを見抜かれてしまっているものです。つらい別れを経験するかもしれません。

ただし、「結婚が早い」のも、水流生男性の特徴です。財産を妻子のために残そうとするため、仕事面ではプラスですが、「家族のために」と思ってバリバリ働く姿を家族は、「家族より仕事が大切なんだ」と思い込みやすいため、寂《さび》しい思いをするかもしれません。それもあって、愛情豊かなあなたは妻以外の女性に走ることもたびたびです。でも泥沼化することは、ほとんどないでしょう。

気をつけてほしいのは、甘えてくる同性に心を許すことと、親をないがしろにすることです。どちらも、あなたの運命を狂わせ、破滅に向かわせる原因になります。

二〇二四年の全体運

蛇口《じゃぐち》から水が勢いよく流れるビジョンが視《み》えました。これは「水の流れのごとく」という意味です。水流生の男性の特徴は、勢《いきお》いよく流れる水のように、アクティブに活動することで自身の力をフルに発揮させ、周囲の人を巻き込みながら成功へと導くことができます。立ち止まると水は淀《よど》み、流れはせき止められるように、あなたのよさが失われるでしょう。前年の迎神道《げいしんどう》での神様からの置き土産《みやげ》として、二〇二四年はひらめきやアイデアに富《と》むため、あれこれ悩んだり考えたりするよりも即行動あるのみです。とんとん拍子に事が進んでいくでしょう。

蛇口のビジョンは、「水に流せ」＝「許す」といった意味もあります。この年は人間関係のトラブルや他の人のミスを被《こうむ》ることも多いですが、相手を責めても解決には至りません。失敗は誰にでも起こることと割り切って、基本は「水に流す」スタンスでいきましょう。相手はそれに感謝して、今まで以上にあなたに尽くすはずです。また、長年のわだかまりや疎遠《そえん》になっている関係も、「水に流す」姿勢により解消できるでしょう。あなたの胸のつかえも取れ、心が清《きよ》まって一石二鳥です。

目の前に大きなスイカが置かれて驚いているあなたが視えました。あなたの好物の品や欲しかったもの、うれしいものなど、予期せぬ大きなプレゼントがありそうです。評価や成果といった可能性も大。ともあれ、それらは誰かからのあなたへの贈り物ですので、素直にお礼と感謝の気持ちを伝えましょう。

一方、あなたがいじけながらも気取っている様子が視えました。周囲があなたと距離を取っているようで、どこかよそよそしい様子です。あなたはそれに気づいていながらも認めたくない気持ちもあり、気取った態度を取っています。これは職場や学校、家庭でも起こりそうで、あなたの知らぬ間に事《こと》が進められたり、あなた抜きで終わってしまっているケースも。あなたは疎外感《そがいかん》を抱《いだ》くでしょう。しかし、実のところは、あなたが忙しそうで、些末《さまつ》なことは相談をせずに遠慮しているだけのこと。本来はあなたに対する思いやりや慮《おもんぱか》りによるものです。寂《さび》しさを感じたり、腹立たしく思ったりするのはあなたの独り相撲で、意思疎通のズレが関係を悪くすることに。「よきにはからえ」ぐらいのスタンスがちょうどいいでしょう。

お世話になった人との別れの暗示も出ています。遠方に旅立ったり海外移住したりする場合も。気になる方がいれば、早くお会いすることをおすすめします。

二〇二四年の恋愛運・結婚運・家庭運

棚がいくつもの並んだロッカーが視えました。これは「きちんと収まるところに収めなさい」という意味で、恋愛面でのあなたの姿勢が問われます。真摯《しんし》で真面目《まじめ》な交際を望むならば、ふさわしい相手に巡り会えて両思いに発展しますが、女性関係がだらしなかったり、乱れた生活や態度の場合は実ることはないでしょう。それこそ、不倫や略奪愛といった誰かを不幸にする恋愛に至ると、仕事運や金運にも大きなダメージを被ることに。

神様が大きな袋を担《かつ》いでいるビジョンが視えました。大きな袋には夢や喜びだけでなく、試練や責任も入っています。あなたがそれに応《こた》える覚悟があるならば、結婚運は上昇している時。神様も味方になってくれるため、とんとん拍子《びょうし》に事が進むでしょう。縁結びの神様の印象が強く、お見合いや紹介から結婚に発展することもありそうです。

激しく怒っているあなたが視えました。一方的に感情的になっている様子で、険悪《けんあく》な空気が流れ、家庭内は殺伐《さつばつ》した雰囲気です。怒りは負の扉を開きますので、自重《じちょう》して。

家族が増えるイメージも。赤ちゃんの誕生もありますが、知人の子どもを預かったり、海外からのホームステイのホストファミリーになったりといったこともありそうです。

二〇二四年の仕事運・金運・対人運

表彰台の真ん中に立つあなたが視えました。コンテストやコンクールなど何かで表彰されることがありそうです。また、あなたの才能や技術が評価されることも。自分の新たな才能に気づいたり特殊な才能を磨《みが》く機会に恵まれることもありそうです。ただ、「能ある鷹《たか》は爪《つめ》を隠す」のことわざのように自慢したり有頂天《うちょうてん》になってはいけません。

鉄道のビジョンが視えました。この年は出張が多い印象です。転勤や留学をすることも。環境が変わるものの、やることは変わらないので自信を持って突き進んでください。

「金は天下のまわりもの」ということわざが聞こえました。金運は非常によい時ですが、独り占めをすると運気は下降します。儲《もう》けた分は周囲に振舞《ふるま》いましょう。誰かへのプレゼントに工夫することが金運アップにつながります。逆に惜《お》しむと、「ケチは天下の笑い者」となり、評価は下げることに。他人に尽《つ》くせば、新たな支援者が現れますよ。

竹馬を乗った二人の男の子が視えました。これは「竹馬《ちくま》の友」を意味し、幼馴染《おさななじ》や同級生との再会がありそうです。一方で、あなたや家族に対して攻撃を仕掛けてくる人もいそうです。むやみに対抗せずに、平然とやり過ごすことが自身や家族を守ることに。

二〇二四年の健康運

立て続けにアイスを何本も食べているビジョンが視えました。お腹《なか》をこわす原因にもなりますし、冷えは万病を呼ぶ元になりますので控えてください。

無呼吸やいびき、また寝ている時に足がつるなど睡眠の質が低下している模様。睡眠不足は仕事や日常生活に影響を及ぼすので、睡眠環境を整えましょう。

雨の日に車をぶつけられるビジョンが浮かびました。雨の日の運転には十分注意を。

ラッキーフードはサンマやアジなどの焼魚、煮物（タケノコ、里芋）、ナス、味噌汁です。ただ、全体的に塩分を摂《と》り過ぎているようなので減塩を。

懐《なつ》かしいもの、レトロなものが癒《いや》しとなります。駄菓子屋に行く、昔の友人や親戚と昔話に花を咲かせる、ベーゴマやメンコ、フラフープ、縄跳びなど昔ながらの遊びに興じると、予想外の楽しさを味わえます。また新鮮さを覚え、新たな学びや発見がもたらされます。魚釣りも福運アクションです。

靴を磨《みが》いているあなたが視えました。足元のオシャレを意識し、スニーカーにこだわるのも◎。逆に外出の際にサンダルで出かけるのは運気を下げることになります。

二〇二四年 春 三月〜五月

　遠くのほうに黄金《こがね》色に輝く稲穂《いなほ》が視えました。稲穂はお金や成功、出世を意味しています。あなた自身の努力が実を結ぶのか、人から与えられるものなのかはわかりませんが、金銭面や仕事上で確かな手応《てごた》えを感じられるでしょう。ただ、稲穂はまだ遠くにあるように、確実に結果を手にするのは、少し先になるかもしれません。また、高嶺《たかね》の花的存在やあきらめかけていた人からアプローチされるなど、恋愛面でもうれしいことがありそうです。

　フクロウのビジョンも浮かんでいます。仕事は夜行性のフクロウのように、夜勤や徹夜が増えたり、さらには昼夜逆転の生活になる予感がしています。しかし、かえって効率は上がり、成果を上げられるでしょう。時間帯だけでなく、一般的なこととは逆の手を打ってみる、あえてセオリーから外《はず》れた作戦を取ってみるのもおすすめです。

　ムクムクした可愛い鳥が止まり木で休んでいる光景も。この春は休みもちゃんと取れ、特にGWはレジャーも楽しめてリフレッシュできるはずです。また、疲れと感じた時は、熱帯魚や金魚、クラゲといった水の中でユラユラする生き物を眺《なが》めるのが◎。ラジオ体操やジョギングといった軽めの運動を習慣づけるのも健康運アップに効果的です。

二〇二四年

夏

六月〜八月

何かが形になりつつあるイメージと、「実《みの》りの吉報《きっぽう》が入る」という神様の声が聞こえました。これまで携《たずさ》わってきた仕事がいよいよ大詰めを迎え、例えば商品化が決まったり、研究結果が出たりしそうです。また、就活で内定をもらえる、結婚の許可が出る、何かの賞を受賞した知らせが入る、思いがけず遺産が転がり込んでくる、といったうれしい出来事も。いずれにせよ、春の「稲穂」が実際的な形として手に入る可能性が非常に高いと言えるでしょう。

つくしが芽を出す光景もビジョンも浮かびました。この夏は、先に述べたように得るものがあると同時に、新しいことがスタートする暗示です。特に仕事は期待できます。何が芽生えるのか、大きく育ちそうなのかは、あなた自身でピンとくるはずです。その直感に従って、手塩にかけていきましょう。また、人に任《まか》せられる部分は任せることも大事です。

かなり好調な時ですが、心配なのが体調です。特に胃腸が弱っている様子がうかがえるので、冷たいものや生ものは避け、消化吸収のよいものをバランスよく食べましょう。もちろんドカ食いはダメ。腹八分目を守ること。霊障《れいしょう》の気配《けはい》も若干《じゃっかん》感じるので、お盆《ぼん》は当然として、常日頃からもご供養《くよう》に励《はげ》んでください。

恋人がいる人は結婚を迫《せま》られることが多いでしょう。あなたにも結婚の意志があるなら、さっさと話を進めるべきですし、結婚の意志がないなら、その旨、ハッキリ伝えるべきです。ともあれ煮え切らない態度でグズグズするのは一番ダメ。相手から恨《うら》みを買い、悪くすると生霊《いきりょう》を飛ばされかねません。また、あなたが既婚者であるなら、恋人＝不倫相手は強行手段に出て、あなたの家族や仕事にも害が及ぶ恐れがあります。それに、実は子宝に恵まれる気配もしているのです。独身の人で授《さず》かり婚になったり、奥さんに子どもができるぶんには何ら問題ありませんが、不倫相手を妊娠させたら大事ですよ。早めに清算してください。というか、最初から不倫はしないに限ります。

仕事運は今ひとつで、ミスを犯して、上司や取引先からこっぴどく怒られることがありそうです。夏の成功で気が緩《ゆる》んでいるのでは？　緊張感を失わないようにしてください。

この秋は懐《なつ》かしい人と再会できて、心がしみじみ癒《いや》される予感もしています。実家や昔住んでいたところを訪ねてみるのもおすすめです。あなたが署名を集めている姿も視えました。どうやら平和に関する署名活動のようです。何かをきっかけに平和について本気で考えるようになり、そのための活動に熱心になるでしょう。非常によい方向性です。

本格的な望遠鏡《ぼうえんきょう》が視えました。天体観測が趣味になるなど、宇宙について興味を抱くようになる暗示です。宇宙の広大さを知ることで、あなた自身の器も広がり、目先の小さなことでクヨクヨ悩まなくもなるでしょう。また、どんな形であれ、宇宙や天体に関わる仕事をしている人は活躍できるときです。

二〇二四年 冬 十二月～二月

さらに妙見《みょうけん》菩薩《ぼさつ》様＝北極星のように、星は神様の化身《けしん》でもあるので、神様との距離も縮まるはずです。あなたが赤い布のようなものに包《つつ》まれるイメージも浮かびました。これは神様に守られている証拠です。やはりこの冬は、神様とのご縁が特別に深まると言えます。ですので、初詣《はつもうで》や節分《せつぶん》といった節目《ふしめ》はもちろんのこと、それ以外でも、近所やお気に入りの神社仏閣にこまめに足を運び、礼を尽くして参拝することを強くおすすめします。もちろん同時に、ご先祖様のご供養もしっかり行なうこと。そうすれば、ますますのご加護《かご》を得て、これまで好調だった人はその流れをしっかりキープでき、低調だった人もマイナスを少なくともゼロにまでは回復できますので、来年に向けてよいスタート切れます。もっとも、神様がおそば近くにいるからこそ、調子に乗るとたちまち罰《ばつ》が下ります。他者への感謝と、自分自身を反省する気持ちは常に忘れないことが大事です。

1

光流生　女性の運命

流生命的性格

無邪気で人に好かれる

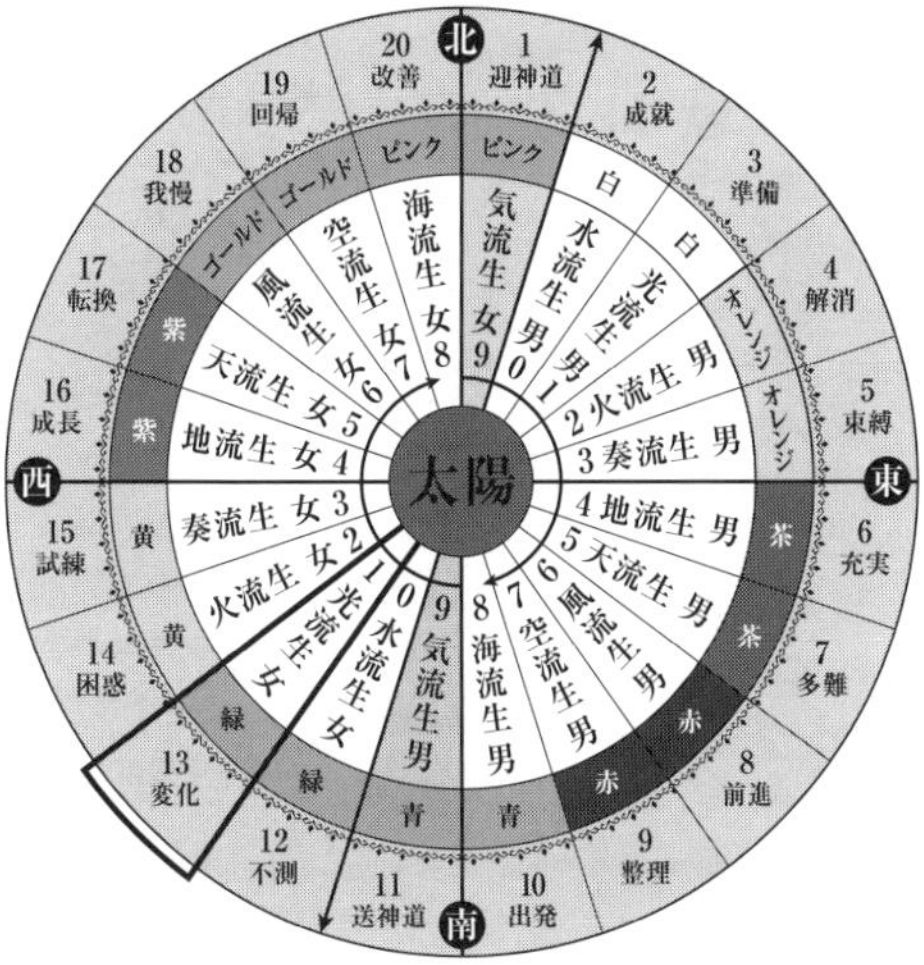

二〇二四年 福運格言

己《おのれ》を知りうる者は賢者《けんじゃ》なり
己を偽《いつわ》る者は愚者《ぐしゃ》なり

1 光《こう》流《りゅう》生《せい》・女性の人生の流れ

誰に対しても自然体で、温かく包み込むような光を放つあなた。さまざまな色の美しい光を放つ女神に守られているようです。女性特有の湿《しめ》っぽさがなく、いくつになっても少女のような雰囲気を失わない、可憐《かれん》な人です。

欲もなければ邪気《じゃき》もなく、無意識のうちに人に親切にしてあげられる女性でしょう。いつも光のプリズムのようにリズミカルに動いているることが好きなので、さまざまな場に出かけて、交友関係を広げます。

光流生の名前のごとく暗いことは大嫌いなので、悲しいことやつらいことがあってもあまり落ち込まず、すぐに心を切り替えて晴れやかな顔になれる人です。周囲の人から好かれる性格のため、とことん落ち込む前に、必ずあなたを救ってくれる人が現れますから安心してください。

ただし、あまり器用ではないため、技術系やクリエイティブ系の仕事より、人と接する仕事のほうがいいでしょう。例えばデパートの店員、銀行の窓口業務、図書館司書、受付などが向くはず。また遊園地の係員、保育士など、子どもたちを喜ばせながら、自分も楽しめる仕事もピッタリです。あなたの明るさが存分に発揮できます。

恋愛も面倒なゴタゴタを起こすことは稀《まれ》で、愛らしい魅力で恋人に可愛《かわい》がられるでしょう。ただし、結婚に結びつく恋愛はそれほど多くありません。あなたを本気で愛してくれる人は、生涯にひとりかふたりのはず。自分にないものを求めて、あなたを愛する人です。

結婚生活も基本的に安泰《あんたい》ですが、ふたつだけ注意してほしいことがあります。ひとつは、「子育て」です。子どもに対しては厳しい目で見るだけではなく、自分も子どもと一緒に成長するつもりで、伸び伸びとした教育を心がけてください。もうひとつは、「パートナーの健康管理」です。あなたは楽天的にものを考える人ですが、その調子で夫が不調を訴えるのを聞き流していると、必ず後悔することになります。愛する男性に積極的に尽くすことが、あなたの心と身体を浄化《じょうか》すると考えてください。

チャンスを確実につかむポイントは、盆暮《ぼんく》れの挨拶《あいさつ》や四季折々のご機嫌うかがいといった日本の昔ながらの習《なら》わしを欠かさず、敬老の精神を発揮していくことです。

六角形の時計が視《み》えました。その時計の二時のところに本人のフィギュアがピタッとついています。この二時とは午前二時の丑三《うしみ》つ時を指し、魔がさす時間帯を表します。不《ふ》浄《じょう》なものや未成仏霊《みじょうぶつれい》、生霊《いきりょう》の注意せよという神様からの警告です。

邪気《じゃき》や邪念《じゃねん》から身を守るには、プラスのエネルギーをしっかり蓄《たくわ》えることです。逆にトラブルや困難から逃げたり諦《あきら》めたりするなどのネガティブ思考になると、不浄なものが入ってきて取り憑《つ》かれやすくなります。そのため、この年は結果を求めずに突き進む強い心を持ってください。

時計のビジョンでは丑三つ時から寅《とら》の刻《こく》で止まっています。これは何らかの縛《しば》りがあり、自由に動けないことも意味しています。あなたは人に言えない罪を抱《かか》えており、それが心のつかえを生み、行動を妨《さまた》げているのです。まずは反省し、過去の過《あやま》ちを懺悔《ざんげ》すること。そして罪障消滅《ざいしょうしょうめつ》を行い、魂の浄化をしてください。

「わきまえる」という文字が出ました。この年は現状認識と謙虚《けんきょ》さが大きなテーマとなります。自分のできる、できないの範囲をしっかり把握《はあく》すること。そしてできることのみ、手を上げることです。できないことをやると言ってできずに、評価を下げてしまうことがありそうです。チャレンジ精神は評価しますが、現実では二度手間三度手間となり、周りにも迷惑をかけることに。あなたは自己採点を間違えやすく、時には過大評価、時には過小評価とまちまち。能力や技術、想定時間など現状の自分を理解することが大切となります。背伸びしたり、見栄を張る必要はありません。素直なあなたを評価します。自分を取り繕《つくろ》うことをせずに、ありのままの自分でいいのです。

引っ越し作業中にもかかわらず、ロングドレスを着ているあなたが階段で転《ころ》ぶ光景が視えました。どうやら、引っ越しパーティーを想定してドレスアップしたようですが、引っ越し作業にはあまりにも不釣り合いです。これは「TPOをわきまえて」というアドバイスです。先に備えることはよいですが、〝今〟を無視しすぎです。「今、何をすべきか」を第一に考えてください。また、楽しさや遊ぶことを優先して、現状を疎《おろそ》かにしがちな面も。目標の達成や夢の実現には足固めが必要であることを忘れてはいけません。

打ち上げ花火を見ているビジョンが視えました。誰かのために特注花火を準備し、打ち上げている様子。恩師やお世話になっている方に、あなたが中心となってお祝いの会や席を催《もよお》すことがありそうです。日ごろの感謝を込めて、趣向を凝らした会にしましょう。

二〇二四年の恋愛運・結婚運・家庭運

人形の顔に「雫《しずく》」という文字が書かれています。この年の恋愛は、うれし涙も多少はあるものの、全体的には悲しいことが多そうです。チャンスがあれば恋をしていたいあなたですが、この年は自分が求めるより相手に求められることが成功率が高く、追いかける恋愛は控えたほうがよいでしょう。なぜなら、あなたは舞い上がると相手に好かれるために尽くしモードに入り、相手からうざがられることに。交際中の人もパートナーを束縛しがちです。あまり相手に求め過ぎてはいけません。

結婚運はとてもよく、特に若い年齢での早婚と高齢での晩婚が多い印象。どちらもスゥーと決まるので自然に任せてよいでしょう。逆にあまりガツガツすると拒絶されることもありそうです。

穏《おだ》やかな海が視えました。家庭運は家族それぞれが自分のことをしているイメージで、平和な印象です。悲しみや寂《さび》しさはなく、束縛しない関係が信頼の上で成り立っています。だからこそ、不倫や借金など信頼を損なう行為は禁物です。凪《なぎ》だった海は突如荒れ狂い、家庭に甚大《じんだい》な被害を及ぼすでしょう。こうなると取り返しがつきませんよ。

二〇二四年の仕事運・金運・対人運

「生」の字が現れました。これは仕事面でも全体運同様に、「今」や「生《なま》」の出来事を大切にしましょうという意味です。結果や将来のことをあれこれ考えるよりも、今やるべきこと、現場での作業を疎《おろそ》かにしてはいけません。また、生意気な態度をとって反感を買うという意味もあります。特に後輩やできない人を小馬鹿にする様子もうかがえますので、教え方には注意してください。後輩の仕事ぶりを自分のことのようにしっかり見て、成功した際には一緒に喜んであげる。よい関係を築くには、そうした「生」の感情や反応を惜しまずに見せることです。

金運自体は悪くないですが、数年前の借金や損害の穴埋めに苦しむことに。そういう時に儲け話の誘いに乗ったり、ギャンブルで一発逆転といった夢を見がちですが、絶対に手を出してはいけません。一攫千金《いっかくせんきん》はないと肝に銘じてください。

あなた一人がポツンと立っている姿が視えました。あなたの悪い面やクセが出て、離れていってしまう友人がいそうです。交友関係は浅く広くが楽《らく》でいいやと考えがちですが、広げることより深める、ご縁を大切に扱うことを覚えましょう。

二〇二四年の健康運

目がクローズアップされたビジョンが視えました。視力低下やものもらい、緑内障《りょくないしょう》などに関する病気やケガが心配です。二重にぼやけて見えるといった場合も放っておかずに、病院で診《み》てもらってください。また、睡眠時間が足りていない様子。その原因のほとんどが夜更《よふ》かしのようで、三日に一度は早寝する習慣を。

海苔《のり》や昆布などの海藻類が健康の源になります。佃煮《つくだに》や甘露煮《かんろに》、漬物も。また、白菜やゴーヤが出てきましたので、鍋物や炒め物にして食べると健康と家庭円満に。フルーツではレモンやみかんなどの柑橘系が気分転換に役立ちます。肉食に偏《かたよ》りがちで、それに伴ってご飯の量も増えるので、バランスを考えて。

癒《いや》しには映画鑑賞や観劇がおすすめです。ハラハラドキドキのスリルや感動を味わえるはず。また、あなたが求めているヒントや解決が得られることも。

家族や友人たちとのグループ旅行が吉。縁を深めます。特にスキーやスケートなどのウインタースポーツがおすすめです。旅行はマイカーでの移動よりも、飛行機、電車、バスなどの公共の乗り物を利用したほうが和気藹々《わきあいあい》としたものになります。

二〇二四年 春 三月〜五月

　この春は、前半は公私共にかなり多忙になる暗示です。具体的には、仕事はあなたにしかできない業務が重《かさ》なったり、人手が足りないところに新規案件を任《まか》されたりと、キャパオーバー気味になり、プライベートは家族の誰かが体調を崩《くず》したり、何らかの問題を起こしてその対応に追われたりと、とにかく手かせ足かせ状態になるでしょう。あなた自身の体力・気力も心配なので、休める時は休むこと。また、お酢を使った料理やドリンク、柑橘類《かんきつるい》は健康運を守るため、また余計な邪気を寄せ付けないために有効なので、意識して摂《と》るようにしましょう。

　春も後半（四月半ば）になると、運気は一転、非常に穏《おだ》やかなものになります。夕焼けを浴びながら、大きく手を伸ばして深呼吸しているあなたの姿も視えているので、リラックスして過ごせる暗示です。実際、仕事はひと段落つき、病人は快方に向かうなど家庭内も落ち着きを取り戻すでしょう。自分自身のことに時間やお金をかける余裕も出て、オシャレや趣味も楽しめるはずです。

　なお、前半はあまりの忙しさから、どうしても恋愛や遊びはあと回しになりますが、そのせいで恋人や友達との関係性が悪くなる気配《けはい》はないので、その点はご安心を。

二〇二四年 夏 六月〜八月

ペース自体は遅いようですが、自分の望みや夢に向かって進んで行ける暗示です。例えば結婚を望んでいるなら、婚活パーティーで素敵な出会いをつかんだり、すでにお付き合いしている人がいるならプロポーズされたり、両家顔合わせの食事会をしたりという感じ。仕事でも、自分の企画が通ったり、希望の部署に異動できたり、あるいは転職や独立を考えているなら、そのための準備が整っていくでしょう。

スピード感には欠けがちですが、一歩一歩着実に前進できるし、途中で邪魔が入る気配もないので、あなたは安心して、自分のやるべきことをやっていけばOKです。言い換えれば、「人事を尽くして天命を待つ」でいけば、それでいいのです。逆に、あれこれ変に心配するなど、取り越し苦労をすると運気が下がるので、ドーンと構えていてください。ただ、ちょっと気になるのが、ひょんな場面で素敵な男性と出会う予感もしていることです。しかも相手のほうからあなたにアプローチしてくる可能性が大。フリーの人は渡りに船ですが、結婚話が進んでいる人と既婚者は軽はずみな行動は慎《つつし》むべきです。今の彼（夫）より、こっちこそが運命の相手だと思うなら、まずは今の彼（夫）ときっちりケジメをつけること。二股をかけたり、不倫をすると、すべてを失う結果になりかねませんよ。

二〇二四年 秋 九月〜十一月

あなたがプレゼントをいくつも用意しているビジョンが浮かびました。感謝の気持ちを贈り物と共に伝えたくなる暗示です。とてもよい傾向ですし、神様にも褒《ほ》めてもらえるので、ぜひ実行に移してください。特にお世話になりながらタイミングを逃《のが》していた人には、しっかり恩返ししましょう。また、お菓子や青果など、あなたが何かをけっこうな量、人からいただくこともありそうです。この場合も独り占めせず、ご近所や職場の人にお裾分《すそわ》けすると◎。

公私は不明ですが、それほど親しくはないけれど、毎日顔を合わせていた人が、引っ越しや退職によって去って行く予感も。思いのほか寂しい気持ちになりそうなので、新しい連絡先は聞いておいたほうがいいでしょう。別れがある一方で、今までにないタイプの同性との出会いもある時です。お互いに違うからこそ長所を引き出し合える素敵な友情を築けそう。年齢差があることも予想されますが、それもまたよい刺激になるはずです。

この秋はレジャー運も好調です。ただ、うっかり落とし物をしたり、置き引きやスリに遭《あ》う恐れもあります。レジャーを楽しみつつも、身の回りの品には十分注意を払いましょう。レジャー以外でも外出する時は（通勤通学も含めて）、ぼんやりしないこと。

二〇二四年 冬 十二月～二月

会いたいに人に会える予感がしています。その人物が芸能人や有名人の場合は、個人的にコミュニケーションが取れるとまではいかないようですが、プラチナチケットが手に入るとか、テレビなどの企画でご対面できるなど、間近で接することができるでしょう。また、疎遠になっている親兄弟や友人、あるいは初恋の人なども望めば会える時ですし、会ったことで必ずしも交流が復活するとは限りませんが、心のモヤモヤは晴れるはずです。ですので、連絡先がわかるなら、勇気を出して働きかけてみて。まったくの音信不通なら、探偵などプロに調査をお願いするのも手です。

仕事はまずまず問題ない時ですが、自分より好調な人に対して嫉妬心が出やすい様子。しかし、妬《ねた》みそねみは魂《たましい》を汚す元です。まして相手に意地悪などすれば、あなたの評判はガタ落ちになります。そもそも、あなたが思う以上に相手は実際にできるのです。嫉妬する前に、自分の実力を高めるよう精進《しょうじん》努力してください。

この冬は健康面もやや心配です。特に温度差が体に障《さわ》る印象があるので、ヒートショック対策はしっかりと。また食べ過ぎから、すっかりぽっちゃり体型になる気配も。生活習慣病にかかりやすくなりますから、菜食中心の腹八分目を心がけましょう。

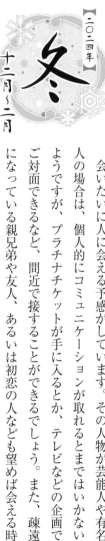

1

光流生　男性の運命

流生命的性格

穏やかだが行動力あり

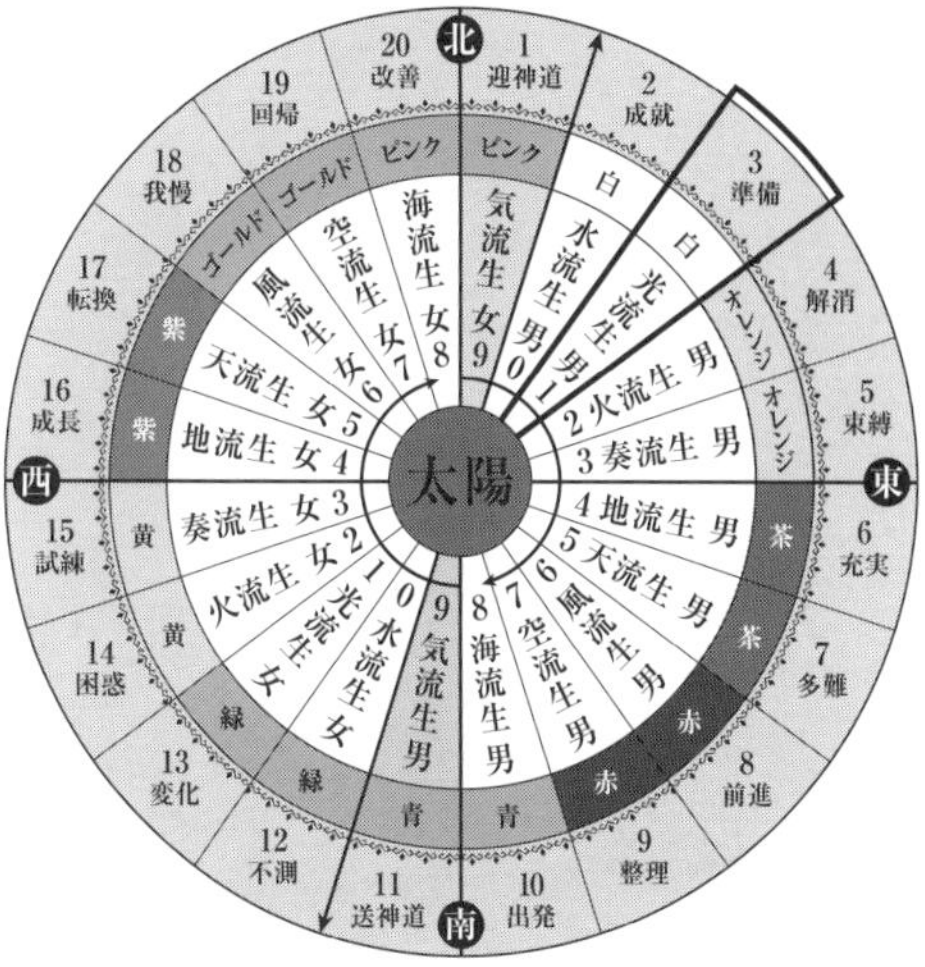

二〇二四年 福運格言

意志のある所《ところ》には道がある
光のように一直線に突き進むがよし

1 光《こう》流《りゅう》生《せい》・男性の人生の流れ

光流生男性は、たいていはいい家柄の生まれで、たとえ財はなくとも智恵があるタイプです。ルックスもよく、外見はプレイボーイ風ですが、意外に古風な面もあります。育ちのよさからか、普段は陽《ひ》だまりのように穏《おだ》やかですが、確信を持つとレーザーのように鋭く動いてチャンスをモノにしていきます。また、執着はエネルギーの無駄遣いとわかっているので、引《ひ》き際《ぎわ》のよさも見事です。

対人関係は保守的です。ただしそれは、自分からいろいろとアプローチをかけるのは、格好がよくないと思っているため。本来は人の魅力を見つけるのがうまく、心惹《こころひ》かれた相手のためには、何かをしてあげたくなるようです。そのため、自分と異なったタイプから、エネルギーを吸収したいと考えます。しかし飽《あ》きっぽい性格のため、すぐに疎遠《そえん》になる傾向も。多くの人に頻繁《ひんぱん》に連絡を取ることを心がけましょう。

仕事もあれこれと手をつけるより、専門分野に進んだほうが福運をうまくつかめます。職種としては、例えば弁護士や医師、企業でも企画部のような頭脳労働がベストです。確固《かっこ》たる地位や肩書きが、あなたの才能をさらに伸ばします。ただしそういった分野でも、持ち前のプライドが邪魔をして一匹狼を気取ったりすると、成功のチャンスを失うことになるでしょう。縁のある相手を大事にすることで、大きな商談が成立したり企画が通ったりと、ビッグチャンスをつかむことにつながります。

私生活では愛する人には甘えたいため、結婚は早めの予感です。子煩悩《こぼんのう》なよい父親になるでしょう。ただし、亭主関白になりがちで、父権を過剰に主張する傾向も見られます。家族と幸せを分かち合うことで、あなたに福運が降りてくると考えてください。

健康面では、若いうちから持病に悩まされることもありそうです。ストレスを溜《た》めやすい仕事を選びがちなので、タバコやお酒の量には気をつけましょう。

友だちからのビジネスや金銭絡みの誘いは、断ったほうが吉です。お金に汚くなると、あなたは一気に転落します。あなたの金運は地道なコツコツ貯金でこそ、アップしていくものです。ギャンブルで得たあぶく銭や遺産など、予期せぬお金はみんなで分かち合ってこそ、福運につながります。

二〇二四年の全体運

黒いスーツに身を包《つつ》み、胸に赤いバラを差したあなたが視《み》えました。あなたはこの年、何らかの結果を出して出世をしたり、コンテストでよい成績を収めたりしたため、あなたが主役となる祝賀会が催《もよお》されるようです。これを機にあなたは進むべき道が定《さだ》まり、自信に満ち溢《あふ》れた表情をしています。しかし、それは過程に過ぎません。さらなる上を目指せますので、満足せずに驕《おご》らず昂《たかぶ》らず、その後も努力する姿勢が求められます。

光流生の男性はひらめきやビジョンがあってこそ輝き、決めると一直線に突き進めます。逆にひらめきやビジョンがないと確固たる目標が定まらず、あちこち彷徨《さまよ》う羽目に。そうならないためにも、自分の感性を信じること。ピンとこないものや納得しないものに手を出してはいけません。また長い時間チマチマと悩むのは、失敗のシグナルと捉《とら》えて。

祝賀会のビジョンは、あなたの引退式の場合も。自分自身やり尽《つ》くした、もう後進に譲りたいと考えるならば、今が一番よい潮時《しおどき》でしょう。逆にしがみついたり、立場を固執すると、自分に満足がいかない結果を残して晩節《ばんせつ》を汚すことに。ともあれ、この年は何かしらの区切りを自分でつけることになりそうです。

「敵に塩を送る」ということわざが浮かびました。本来の意味は敵の弱みにつけこまず、苦境から救うですが、ここでは重要な話やアイデアをむやみに人に話してはいけないという意味に変わります。ライバル企業への情報漏洩など処罰の対象になることもあるからです。「数」という文字が出てきました。数字を意識してというアドバイスです。コストやスケジュール、発注など数字の間違いにはくれぐれもご注意を。目標や計画は数字化することが大切です。さらには数に分の悪いほうに味方しなさいという意味もあります。多数決の意見よりも少数意見に耳を傾《かたむ》けること。「量より質」の考えでいきましょう。「年中無休」の看板が視えました。この年は休んでいても考えなければいけないことがたくさんありそうです。休日でも家庭の行事やＰＴＡの会合などのイベントがあり、ゆっくり休まる時間がない様子。

小さいころに着ていた古い服が現れました。これは思い出の場所や家族旅行で訪れた土地に行くと、新たな発想やヒントが得られるという暗示。また、悩みや憂《うれ》いがあっても、頭を切り換えられたり、頭の中のホコリを払う効果も。「リゾート」という言葉も聞こえましたので、夏には避暑地や海、観光など家族サービスを兼ねて旅行に行きましょう。自分へのプレゼント、骨休めにもなりますよ。

二〇二四年の恋愛運・結婚運・家庭運

恋愛運はあまりよいとはいえない時期です。友人関係の延長から恋愛に発展するなど、新しいの出会いよりもこれまでの関係の中から進むケースが多いでしょう。

恋人が不満気の表情を浮かべているビジョンが視えました。あなたは仕事が忙しく、彼女に寂《さび》しい思いをさせているようです。しかし、実は根本的に価値観の違いがありそうで、破局を迎えることも。お付き合いしなければなかなかわからないこともあるので、割り切るのが正解です。

親子三人で「川」の字で寝ているビジョンが視えました。結婚を考える余裕がない時期ですが、授《さず》かり婚や海外転勤が決まったなどの環境変化によって結婚話が進むことも。結婚後のあなたは生活スタイルやペースを変えないため、普段どおりの生活を送れますが、それは奥さんが合わせてくれるから。感謝の気持ちを忘れずに。

家族間はよいリズム、よい距離感でうまくまわるでしょう。無理して自分から歩み寄ったりする必要はありません。家族の誰かが助けを求めた時にはサポートをしてあげて。その際は、相手の考えに耳を傾けること。自分の意見を押し付けるのはＮＧです。

二〇二四年の仕事運・金運・対人運

仕事運はとてもよいですが、仕事上の人間関係に苦心しそうです。目上の人に対しては自分から仕掛けるよりも相手が求めているものは何かをよく観察し、「後《ご》の先《せん》（相手の攻めを利用して反撃する）」の戦略を取りましょう。また、あなたは集団行動が苦手なタイプですが、この年はチームプレーが求められます。うまくいくコツは、それぞれの得意分野をうまく引き出してあげること。また、こめかみに青筋を立てているあなたが視えますので、ヒステリックや言葉遣いには注意を。考えを押し付けることに躍起《やっき》になると周囲に煙《けむ》たがられますよ。

後ろ姿のあなたが視えます。この年は金まわりが悪く、出費のほうが多い印象です。節約を意識しないと、気づくと財布の中の金が消えているといった、目に見えない出費がかさみそうです。棚ぼた的な臨時収入もあまり期待はできませんので、贅沢《ぜいたく》は慎《つつし》んで。

あなたを先頭に列をなしているビジョンが視えました。あなたは少々偏屈《へんくつ》で変わり者に見られることが多いですが、それがあなたの個性であり魅力として評価されそうです。あなたは後ろをあまり意識せずに「だまって俺の背中についてこい」の姿勢で構いません。

二〇二四年の健康運

この年は悩みが多いため、心労によるめまいや睡眠不足が心配です。意識して休憩を取るなどの自己管理を。食生活においては、バランスのよい食事を心がけてほしいですが、食事制限など義務感にかられるのはかえってマイナスです。

腰に手を当てている様子も浮かびました。ぎっくり腰や腰のケガに注意。胃・十二指腸潰瘍《かいよう》、胆石《たんせき》、尿路結石《にょうろけっせき》、腎盂腎炎《じんうじんえん》など内臓疾患《しっかん》の恐れもあります。痛みがひどい場合は病院で検査してください。

多忙な日々ですので、ピーナッツが栄養補給食品としておすすめです。また、フルーツジュースやスムージーが気分をリフレッシュするのに役立ちます。

無理をしてでも休息を取ることを意識してください。できれば、リゾート地に行って、のんびりと脳と体を休めて。景観のよい場所やお笑いのライブ、遊園地のジェットコースターなど、瞬時に脳を切り替えられるもの、脳がオフできるものがおすすめ。

家にこもって考え事をするより、散歩やウォーキングしながら行うと、違う考えやひらめきが出やすくなります。お試しを。

二〇二四年 春 三月〜五月

「寿《ことぶき》」の文字が大きくはっきり視えました。この春は、自分自身や家族に、何かしらお祝い事がある暗示です。女児のイメージも浮かんでいるので、子宝（孫も含めて）に恵まれることも。緋毛《ひもう》せんが敷かれた野点《のだて》の会場のようなビジョンも浮かんでいるので、格式あるお茶会や野外でのパーティに招かれることもありそうです。

仕事は「心機一転」という言葉が聞こえました。新たな気持ちで仕事に取り組むことができ、労働意欲がわく時です。転職や転勤、独立をする人も少なくないようですが、いずれにせよよい方向に向かうはずです。また、独身の人は仕事を通して恋のチャンスをつかめたり、既婚者は支えてくれる家族（特に奥さん）の存在の大切さに改めて気づけるでしょう。

幸先のよい春ですが、体調面は黄色信号が灯《とも》っています。疲れや肩こりから、頭痛や自律神経の不調などを引き起こす恐れがあるので、休める時はしっかり休み、マッサージやストレッチも心がけて。体調不良は霊障《れいしょう》の影響もある気配《けはい》がしているので、ご供養《くよう》にも力を入れてください。法事がある場合は必ず参加を。また、恩人や旧友とのお別れがあるかもしれません。思い当たる相手がいるなら、早めに会っておくことをおすすめします。

二〇二四年 夏 六月〜八月

花嫁さんが家にやって来るイメージが浮かびました。この夏は、ゴールインする人が少なくない予感。ただ、以前から結婚を考えていた場合のみで、電撃婚はまずないようです。また、あなたの息子や男の子の孫が結婚することも考えられます。ちなみに家庭運も好調で、一家団欒《だんらん》の時間も増えるでしょう。

定時きっかりに仕事を切り上げ、のんびりウインドーショッピングをしたり、一杯ひっかけているあなたの姿も視えました。あなたの顔が明るいのも印象的です。仕事は無駄な雑用や残業が減り、おかげでストレスも減る暗示です。仕事そのものは、まぶしいほどに真っ白な洗濯物と、素晴らしくきれいな大根が視えています。完璧な仕上りで、あとはもう取り込むだけ、出荷するだけという感じ。そのとおり、携《たず》わっていた仕事は、予想以上の完成度になるでしょう。その完成品は大ヒットしたり、誉《ほま》れな賞を獲ることもあり得ます。何よりあなた自身が心から満足いき、自信がみなぎるはずです。

波の音が聞こえる自然豊かな場所で、深呼吸しているあなたの姿も。夏休みは取れ、アウトドアレジャーを楽しめる予感。リフレッシュでき、心に余裕も生まれるので、自分からもぜひ山や海に出かけてみてください。早朝の涼しい時間帯に散歩をするのも◎。

二〇二四年 秋 九月〜十一月

夏の完璧な仕事ぶりのおかげか、この秋は出世する暗示です。新人の教育係になることも。当然、新しい業務も増えるでしょう。ある意味、改めてスタートを切ることになるわけですが、独りよがりになってはいけません。自分が考える目標やペースを押しつけたりせず、周囲の能力や性格をよく考えながら、丁寧《ていねい》に進めていくことが大事です。

プライベートでも、例えば子どもの部活のコーチになるなど、何かしら人を育てたり勝利に導く役目に就《つ》く可能性が高めです。この場合も、自分が前に出すぎず、一歩引いたところから相手やチームを支えていくことがポイントです。

プライベートに関しては、家庭運と恋愛運が急降下し、離婚や失恋に至る恐れもある時です。変なプライドから相手の気持ちを試して失敗するケースが多いので、自分から「もう離婚だ」とか「別れよう」など、心にもない言葉は絶対に口にしないこと。さらに相手から指摘されたこと、注意されたことは、素直かつ真摯《しんし》に聞き入れるべきです。

一方、複数の人からプレゼントをもらえる予感もしています。また、車の購入を考えている人は、このタイミングが◎。ただし、中古車は失敗する結果になりがちなので、ランクを下げてでも新車にするのが正解です。

二〇二四年 冬 十二月〜二月

この冬は、公私共に新しい出会いが多い暗示です。また、リフォームや模様替え、家具の購入なども行なうことになりそう。人にしろ物にしろ、「新しさ」は運気を活性化させ、よい流れを引き寄せる効果があるので、自分からも新しいご縁を求めたり、カーテンのひとつでも新調してみることをおすすめします。

仕事は浮き沈みが激しい気配がしています。とはいえ、元来仕事ができる光流生の男性ですから、打たれ強さを発揮して、うまく乗り切っていけるはずです。

笑顔のあなたも視えました。もっとも、心からの笑顔ではなく、「相手は何もわかっていない」「この程度のことも理解できないのか」という苦笑や失笑、さらには嘲笑《ちょうしょう》に近いものです。優秀さが仇《あだ》となり、鼻につくというか、嫌らしさも出やすくなっている様子。当然、周囲に嫌われますので、下手をすると孤立してしまいます。そもそも相手にはあなたにはない長所や才能が必ずあります。自分を誇る前に、まずは相手を認めること、相手を立てることが大事です。また自分の主義主張を押しつけず、譲れる部分は譲ること。そうやって謙虚さや協調性を発揮していけば、邪心《じゃしん》のない笑顔が甦《よみがえ》るうえ、あなた本来のよさも引き出されていき、周囲のほうで勝手に評価してくれますよ。

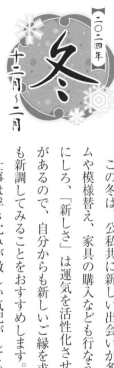

火流生　女性の運命

流生命的性格

ナイーブな安定志向

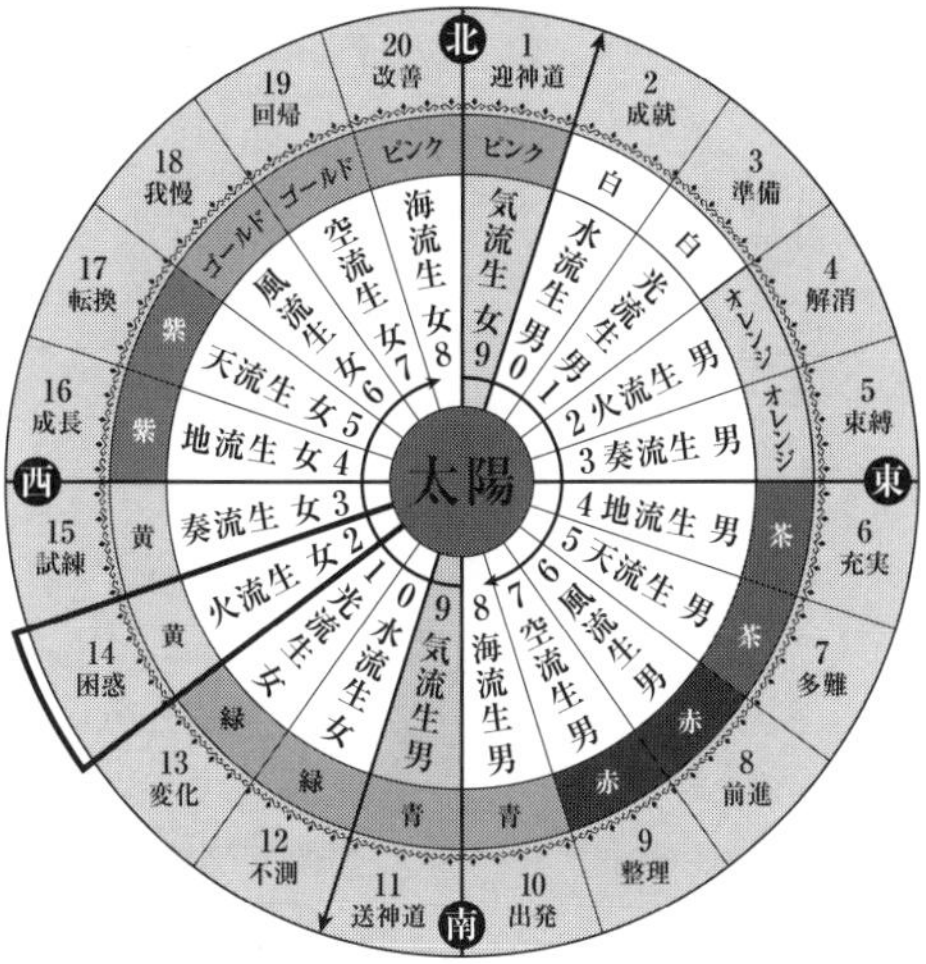

二〇二四年 福運格言

玉《たま》磨《みが》かざれば光なし
玉《たま》使わなければただの石

2 火流生《かりゅうせい》・女性の人生の流れ

心の中に、「自分」という種火《たねび》を大事に抱《かか》える、安定志向派です。その種火は幸せな結婚や仕事の成功などで得たプラスの感情が支配すれば、美しいオーラを発する炎として燃え上がります。しかし、未練や恨《うら》みといったマイナスの念により、煩悩《ぼんのう》の暗い炎に焼き尽くされる危険性もあります。

本来はポジティブな性格ですが、落ち込むとなかなか立ち直れないのが難点です。とてもナイーブなため、自分を守ろうと保身に走って、苦手な相手を徹底的に排除しようとすることも。食わず嫌いや苦手意識を捨てて、寛容や思いやりというプラスの念を種火に与えましょう。そうすれば、邪悪なものを燃やし尽くす清浄なオーラを身にまとえます。

「火」は、あらゆる業《ごう》を焼き尽くす力を持っています。本来持っているポジティブなエネルギーに自分自身、一刻も早く気づくことです。そして、マイナスの感情へと傾きがちな自分の心を、コントロールする術《すべ》を身につけたいものです。

嫌いな人には冷たい半面、好きな人にはどこまでも尽くすので、恋愛や結婚はわりとスムーズです。ただし意外に執念深い面もあり、傷つけられたことをなかなか忘れずに、自分が生霊《いきりょう》になったり、縁が切れたはずの人の生霊を呼ぶこともあります。

神様のはからいによって、あなたは愛情深い誠実な男性にめぐり会うことが約束されていますので、結婚生活に問題はありません。実際、恋愛より結婚が向く性格のようです。よき妻、よき母として、優しい夫と素直な子どもに囲まれた幸せな生活を送れるでしょう。専業主婦や自営業の夫の手伝いをするなど、家庭でなくてはならない存在になれます。

倹約家で財布の紐《ひも》は固いので、お金もそこそこ貯まります。金銭面で苦労することは、ありありません。

夫の親と同居することになった場合、ナイーブなあなたは慣れない相手に対して、一歩引いてしまいがち。お姑《しゅうとめ》さんなど夫の家族となるべく会話をしたり、手伝いを率先《そっせん》して行なうことで、明るくて可愛《かわい》いお嫁さんという印象を与えましょう。

あなたの持つ種火は子どもに受け継がれ、激しく燃えるでしょう。子どもが将来、大出世を果たしたり、著名人になったりするケースもあります。

二〇二四年の全体運

「通知」という二文字が浮かんできました。とてもよい知らせがあなたの元に届くでしょう。それは就職や転職の採用通知や懸賞などの当選通知、お子さんの受験結果かもしれません。いずれにせよ、喜んでいるあなたも視えますので、何かを勝ち取るはずです。しかし、それはゴールでもあると同時に、新たなスタートでもあります。そのため、準備やワンランクアップ高めるための精進《しょうじん》が求められます。

二〇二四年は学びの年で、資格取得や語学勉強、または若い時にやり残したことにチャレンジしてください。これは年齢問わず、何歳から始めても遅いことはありません。

また仕事と家庭の両立が難しく、どちらかの選択を迫《せま》られそうです。ただ、それは一時のことかもしれませんが、あなたにとっては結構重要な決断になるかも。その際は一人で決めることはせずに、ご主人や親とよく話し合って、納得する形で決めてください。

「大黒柱《だいこくばしら》」のビジョンが視えました。本来のあなたは人に尽《つ》くす親分肌で、何でも「任《まか》せといて!」と引き受ける肝っ玉母さん気質。その原動力は褒《ほ》められたいという思いです。しかし、うつむいているあなたが視えますので、この年は自信喪失に陥《おちい》るような出来事がありそう。ただ、あなたの自己採点より、家族や友人、職場の同僚といった身近な周囲の評価は変わらず高く、あなたの存在を必要としています。もっと自信を持ってください。もし、落ち込んだ時には、同性の年上の方に相談を。特に海流生の女性に頼ってみて。よいアドバイスをもらえるはずです。また、長い将来を考えると不安が先立ちますので、できるだけ短いスパンで物事を考えたほうがイメージしやすいです。

料理を作って並べているビジョンが視えました。あなたの周りに四~五人いるので、料理を教えているようです。料理教室や手芸教室、絵手紙やマナー講座の講師など、自分の特技を人に教える機会に恵まれそうです。また、ＰＴＡの役員やボランティア活動に励《はげ》むことも。公私ともに頼られることが多いですが、人好きのあなたですので楽しく、やりがいがあり積極的に活動するでしょう。ただ、あなたの帰るべき場所は家庭や家族であることも忘れずに。それらを疎《おろそ》かにすると後悔しますよ。

遊園地のビジョンとはしゃいでいるあなたが視えます。カルチャーショックを受けるほど感激している様子。童心に帰ることができ、エネルギーの充電ができるでしょう。また、あなたが過去に訪れたことがある場所を、家族に案内する様子も視えました。懐《なつ》かしさもあり、家族の絆《きずな》も深まりますので、ぜひ。

二〇二四年の恋愛運・結婚運・家庭運

アパートの一階に住む若い男性が、二階の住人であるあなたに向けて、ハーモニカを吹いている様子が視えました。どうやら、愛の告白のようです。この年は恋愛運は好調で、相手からのアプローチが多そうです。あなたは軽い付き合いはできないタイプだけに、相手をよく知るためにも何度かデートを重ねてから交際へと進んだほうがよいでしょう。

結婚運では「格差」という言葉が出てきました。あなたは相手に対してコンプレックスがあり、それが負い目となり結婚へと踏み出せない様子です。逆に相手の親から反対されるケースも。当人同士の問題と簡単には割り切れないため、苦労しますが乗り越えられますよ。

「長女」という言葉が聞こえてきました。子どもや孫の誕生が期待できます。すでに長女がいる人は、その子があなたをサポートしてくれるでしょう。

家族関係ではあなたが主導権をとるのが家庭円満の秘訣です。率先《そっせん》してコミュニケーションを取りましょう。あなたの家庭では会話がないのが危険の兆候《ちょうこう》となります。コミュニケーションをバロメーターと考えて。

二〇二四年の仕事運・金運・対人運

時を止めたかのように微動だに動かないあなたが視えました。仕事は思うような結果が出ず、厳しい時期です。またあなたも家庭での問題や健康面から仕事に集中できていない様子も。中には退職や引退、撤退を考える人もいるでしょう。もし、あなたが今抱えている仕事に意欲を感じなくなったり、設定した売上目標を下回ったならば、速《すみ》やかに退《ひ》くことをおすすめします。しかし、脱サラして独立しようと考える人は、この年ではありません。この一年は積極的に動かず、準備期間と捉《とら》えるべきでしょう。

その一方で、金運は安定しています。もともと無駄遣いをするタイプではなく、家計簿をつけている人も多いですが、仕事運が低迷している時期のため、いつも以上にお金の管理はしっかりと。また、遺産や生前贈与、親からの支援がありそうです。

人間関係は良好で、特に後輩や年下から慕《した》われるでしょう。しかし、姉妹や兄弟との関係がギクシャクしそうです。それは他人には気を使い、身内に厳しいあなたの性格が原因です。親しさと甘えをはき違えてはいけません。血縁関係の場合、こじれると溝が深くなり、修復にも時間がかかりますよ。

二〇二四年の健康運

病院のベットで寝ている姿が視えました。この年は入院することがあるかもしれません。単なる風邪だとしても、ひとたび寝込むと長引くので注意してください。また、血糖値が高い印象も受けました。糖尿病などの生活習慣病の気配《けはい》も感じますので、こまめに検査を。食べ過ぎや飲み過ぎによる胃腸の不調や腸閉塞《ちょうへいそく》にも気を付けましょう。

ヒジやヒザ、肩、股関節など関節に痛みや違和感が出そう。捻挫《ねんざ》や脱臼にも注意を。

事故の暗示はないですが、自動車の運転でヒヤッとすることがあるかも。近距離の移動なら、健康のためにも自転車を使いましょう。

ラッキーフードは豚肉、ゴーヤ、キュウリ、グリーンピースです。豆ごはんも出てきましたので、季節に合った豆を使ったり、お祝い事の赤飯も吉。

あなたの最大の喜びは家族が喜ぶことです。そのため、ご主人や子どもの趣味に付き合う、家族が出場しているものに応援や観戦へ行くことが活力アップ&癒《いや》しとなります。家族共通の趣味を見つけたり家庭内でテレビゲームをしたり、トランプや麻雀などの娯楽を楽しむのも◎。コミュニケーションができ、家族全員の健康管理もチェックできますよ。

二〇二四年　春　三月〜五月

　グルグル巻いたバネが中に入った弾力あるクッションのイメージが浮かびました。公私共にクッション役になることが求められる暗示です。その役を上手にこなすには、あなたの中にバネ＝遊びの部分を持つことがポイントです。周囲の不平不満を受け止めたり、仲を取り持ったりとコミュニケーションを円滑《えんかつ》にすることが目的ですから、あなた自身に余裕がなければならないのです。また、白黒つけようとせず、グレーゾーンを残すことや、何事も決めつけてかからないことも大事です。

　さらに、閉じ込められる印象も受けました。この春は長い時間拘束《こうそく》されることになる気配も濃厚です。例えば大量に仕事を任され残業続きになるとか、家族の誰かが体を壊《こわ》し、寝ずの看病が続くとか。いずれにせよ、誰かに交代してもらうことは難しいようです。

　クッション役にはなるわ、拘束はされるわで、体力的にも精神的にもきついでしょうが、ここを乗り越えれば、あなたはグンと成長でき、福運にも恵まれやすくなるので頑張って。また、神様は「噛《か》むことがよい」とおっしゃっているので、イラついた時はガムを噛《か》んだり、よく噛んで食べることを意識してみてください。

　なお、GWはそれなりに休みは取れ、遊園地やスポーツ観戦など楽しめそうです。

二〇二四年 夏 六月〜八月

「よくやった」という神様の声が聞こえてきました。春の頑張りが報《むく》われ、神様に褒《ほ》めてもらえる暗示です。現実的にも周りからの評価が高まったり、昇給やお礼の品をいただけるといったうれしい出来事がありそう。ただ、神様と呼吸を合わせることができず、せっかくのチャンスを逃《のが》してしまう人もいる様子。そんな事態を避けるには、何があっても愚痴《ぐち》をこぼさないこと、ふてくされないことが重要です。また、人に対しては感謝、自分に対しては反省の姿勢を崩《くず》さないようにしましょう。

この夏は、巳年《みどし》生まれの人とご縁がある予感もしています。相手が女性ならば生涯の友に、男性ならば運命の相手である可能性も大です。ことによると、その人物は性格的に問題があるかもしれませんが、あなたにとってはよい反面教師になるなど、とてもよい気づきを与えてくれます。実は神聖な生き物である蛇＝巳を通して、神様はあなたに生きる知恵を授《さず》けようとしているのです。なので、年齢性別を問わず、巳年生まれの人とのご縁は大切に。また、弁才天《べんざいてん》様など蛇と縁が深い神様のところに参拝に行くのもいいでしょう。

なお、この夏は家を購入する人も少なくないはずですが、安いからと中古物件を選ぶと後悔することになりがちです。ケチらず新築を選ぶことをおすすめします。

【二〇二四年】秋 九月〜十一月

夏の疲れが出るのか、体調がすぐれない日々が続きそうです。ホルモンバランスが乱れている様子もうかがえるので、更年期障害や生理不順などに悩まされることも。いずれにせよ、おかしいな?と思ったら、きちんと病院で診《み》てもらいましょう。また、体調不良は水子《みずこ》の障《さわ》りである可能性も拭《ぬぐ》えません。水子に心当たりがない人も、ご先祖様の中には幼くして亡くなった方が必ずいるので、しっかりご供養《くよう》を。

あなたが机に向かってせっせと何かを学んでいるイメージも浮かびました。仕事にしろプライベートにしろ、次のステップに入るために自分を高めていけるでしょう。だからこそ体調を整えることが大切ともいえます。

この秋は家族の誰かが多忙になる予感もしています。期間としては二週間程度ですが、その間に推《お》しも含めて、あなたの大好きな人や懐《なつ》かしい人に会えるチャンスが回ってくるでしょう。ここは忙しくしている家族に悪いなと思わず、会いに行くのが正解です。自分を抑えて断念すると、あとで家族に八つ当たりしたり、クヨクヨしたりと、結局はマイナスになるからです。なお独身の人は、好みじゃない相手からしつこくアプローチされて困惑する暗示も。冷たく振ると恨《うら》まれるので、「恋人がいるので」などとやんわりお断りを。

二〇二四年 冬 十二月〜二月

あなたが雪景色を眺《なが》めながら、歓声を上げているビジョンが浮かびました。冬ならではの光景を眺《なが》めたり、イベントに参加することがこの時期のあなたにとってラッキーアクションです。雪景色はいうまでもなく、冬限定のイルミネーションを楽しんだり、クリスマスやお正月といった行事は自分から積極的に盛り上げていくようにして。

公私共にもう少しで終わりそうなもの、例えば仕事なら資料整理とか、プライベートならローン返済といったことは、できるだけ年内に片づけることも福運を引き寄せるポイントです。もちろん今年の汚れは今年のうちに落とすことも大事なので、大掃除も頑張りましょう。

身内の印象が強いですが、同性との間で、トラブルが発生する予感もしています。火流生の女性は自分を過大評価しやすい傾向があるので、「自分こそが正しい」と思いがちですが、一歩立ち止まって、相手の意見も聞くようにしてください。聞く耳持たずになると、関係性はかなりこじれてしまうだけでなく、あなた自身の器《うつわ》も小さくなってしまいます。また、とりあえず問題を収束しようと、アバウトにすませるのもよくありません。それではどうせ再燃します。お互いに納得できるまで、真摯《しんし》に話し合ってください。

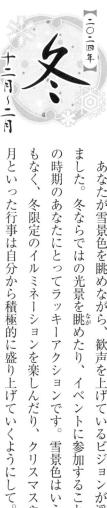

2

火流生　男性の運命

流生命的性格

義理人情に厚い熱血漢

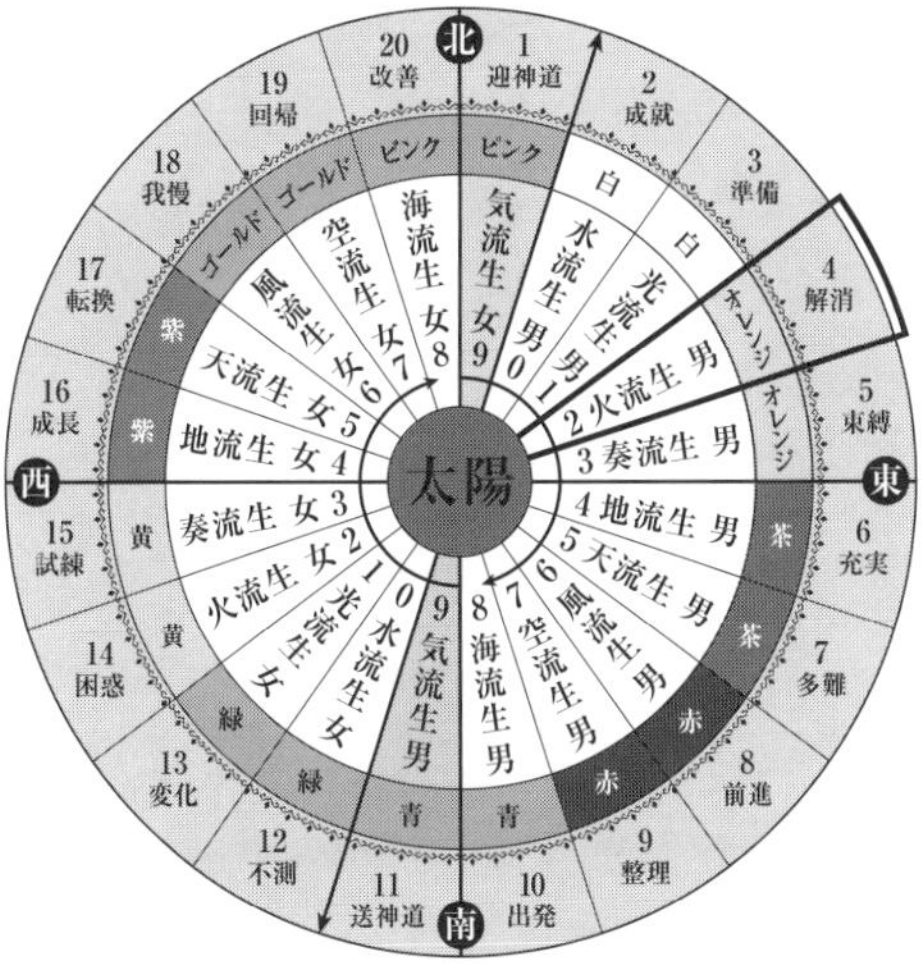

二〇二四年 福運格言

休息を侮《あなど》るなかれ
休息するは労作《ろうさく》せんがためなり

2 火《か》流《りゅう》生《せい》・男性の人生の流れ

情熱の炎を燃え上がらせる、あなたの姿が視《み》えます。義理と人情に厚く、仕事も私生活も「男のロマン」に生きる人です。親分肌で、いつも人に囲まれ、熱血漢《ねっけつかん》丸出しで進んでいく、パワフルな一生を送るでしょう。ただ、いいときと悪いときの差が激しい波瀾万丈《はらんばんじょう》の人生ともいえます。

いったん落ち込むと、消えた炎のようになってしまうのも火流生男性の特徴です。一度消えた炎を再び灯《とも》すには、時間も精神力も相当に必要となります。熱い炎がすっかり消えてしまわないように、粘り強さと根性で自分の心をコントロールしてください。

夢に向かって最後まで諦《あきら》めず、情熱を持って突き進んでいく性格なので、例えば映画監督やテレビ番組のディレクター、大企業の企画部門など、自分の思いを遂《と》げられる仕事を目指すといいでしょう。冒険家や考古学者といった、ロマンを追いかける仕事も福運をもたらします。アイデアも豊富ですから、目標を実現するためのノウハウを自《みずか》ら考え出し、夢を叶《かな》えていきます。また、目上の人を尊敬してきちんと立て、目下の人は可愛《かわい》がるといった仁義にも厚いため、たくさんの仲間にも恵まれます。

恋愛面では母性本能をくすぐるタイプなので、女性からはモテるでしょう。ただし、ひとりの女性に縛《しば》られることを嫌ううえ、「据《す》え膳《ぜん》食わぬは男の恥」的な考えがあるため、恋愛中も結婚後も浮気は当たり前。二股や行きずりで関係を持つことも、決して珍しいことではありません。そのくせ、相手の愛情を独占したがるという身勝手さがあります。こうした不誠実さと嫉妬《しっと》心は生霊《いきりょう》を呼び、あなた自身の魂《たましい》を歪《ゆが》ませる原因にもなりますので、誠意ある行動を心がけてください。

お酒に飲まれて、ひどい失態を犯《おか》しがちな点も要注意です。いわゆる「絡《から》み酒」になりやすく、せっかく築いた信頼関係を宴席などで壊《こわ》してしまったり、最悪の場合は暴力沙汰《ざた》にもなるため、自分の適量をよく知ることです。酔って正体をなくしたとき、未成仏霊《みじょうぶつれい》や生霊に憑《つ》かれやすいので、自重《じちょう》するようにしてください。

金運は、波があることを避けられないようです。お金を儲《もう》けたら、親や妻など信頼できる人に預けておきましょう。あとで必ず、あなたを救うことになります。

二〇二四年の全体運

帰宅途中に寄り道をして土手で夕焼けを眺《なが》めているビジョンが視《み》えました。一日の終わりを振り返っている様子です。二〇二四年は公私共にとても充実した一年となるのでしょう。自分の才能が発揮できる仕事や大きなプロジェクトに参加でき、やりがいを感じますし、プライベートも自分のやりたいことが望む形で事《こと》が進みます。お金や時間にも余裕が生まれ、とてもバランスが取れています。この状態を維持するにはオンとオフの間に、切り替える時間をしっかり確保することです。通勤の場合は帰宅途中にジムに通ったり、喫茶店や居酒屋に立ち寄ったりと比較的楽《らく》ですが、在宅勤務や自営業の場合はオンとオフの切り替えが難しいでしょう。そのためストレッチをする、読書をする、散歩をするなど切り替えのための何かしらのルーティンをつくるのがよいでしょう。

大きな木がある小さな神社で、二人の子どもが木に登っているビジョンが視えました。その子どもたちを、あなたは羨《うらやま》しそうに眺めています。これは幼少期を思い出し、ノスタルジックに浸《ひた》ることを意味します。社会の世知辛《せちがら》さや不条理さに直面し、怒りややるせなさを抱《いだ》くでしょう。とはいっても、解決できるわけでなく、ささくれだった心を癒《いや》すために、幼少期の純粋さや自由さを懐《なつ》かしんでいるのです。実際に里帰りしたり、旧友に会って昔話に花を咲かせると心がリフレッシュでき、やる気を引き起こすができますよ。

顔の右半分が真っ黒、左半分が真っ白ののっぺらぼうが視えました。あなたに対して半分は憧《あこが》れ、半分は嫉妬心《しっとしん》を抱いている人がいるようです。あなたのことを尊敬して近づいてきますが、平気で裏切ったり、アイデアや技術を盗むので取扱いには注意です。少しでも「?」がつく人は、ある程度の距離感を取るのが無難。特に話がうまい人に対して安易に愚痴《ぐち》をこぼしたり、自慢話をひけらかすのはやめましょう。

高齢者の男性が寝込んでいるビジョンが視えました。父親や祖父の健康状況が気になります。実際に看護や介護で世話を焼いたり、医師との相談や施設の手配など、いろいろと行動・決断を迫《せま》られることになるでしょう。

子犬の赤ちゃんが視えました。この年はペットとの縁があるようです。一軒家やペット可のマンションに引っ越した、知人のペットに赤ちゃんが生まれたので譲り受けた、子どもたちがペットを飼いたいと望んだなど、ペットを飼うべき理由や条件が重なりそう。初めて飼う人も多いですが、あなたにも癒《いや》しとなり、家族が増えた喜びを実感することでしょう。

二〇二四年の恋愛運・結婚運・家庭運

「毒」という文字が視えました。これはあなたが発するひと言で恋愛関係が終わることを意味します。あなたはユーモアと毒舌を勘違いしている節《ふし》があり、相手を平気で傷つけてしまうことも。これはあなたの認識の甘さと相手への甘えによるもので、もう少し気持ちに寄り添い、労《いたわ》ってあげてください。さもないと、我慢の限界から別れを切り出されますよ。この年は出会いは多く、恋愛のチャンスはありますが、それを生かすも殺すもあなたの立ち振る舞い次第。心の中での天使と悪魔の争いでは、天使が勝つように応援して。

結婚運が高まり、ゴールインできる年。相手からためらいや反対もありそうですが、あなたの誠意で押し切ってください。あなたは結婚したほうが人生が好転します。そのため、若いうちでも結婚のチャンスがあればしたほうがよいでしょう。

子どもと楽しそうに遊んでいる様子が視えました。子煩悩《こぼんのう》で優しいパパとして愛されるでしょう。ただ、遊ぶだけでなく、勉強を教えたり、スポーツや習い事にも積極的に協力している様子も。非常によいことです。出港する船に旗を振って見送っているビジョンも視えましたので、子どもが進む道を信じて応援してあげて。

二〇二四年の仕事運・金運・対人運

仕事運は絶好調ですが、「好事魔多《こうじまおお》し」のことわざどおり、さまざまな邪魔が入りそうです。あなたがキレて感情的になっているビジョンが視えました。取引相手やお客さんの理不尽な態度に堪忍袋《かんにんぶくろ》の緒《お》が切れてしまったようです。しかし、たとえ相手に非があったとしてもキレてしまっては、あなたがこれまで築き上げてきたものが崩れてしまいます。その場は他の人に任《まか》せて変わってもらう、後日冷静に話し合うといった対処を。怒りが怒りを呼ぶ性格ですので、まずその炎を鎮火《ちんか》させましょう。

お金には縁がない一年になりそうです。秋になるとようやくメドが立ちますが、そこで派手に使うとあっという間になくなることに。お金がない時は自制しますが、少しでも入ってくるとその反動で使ってしまうもの。お金で失敗する人のパターンですのでご注意を。

コツコツ貯めていた人はマイホームや新車購入など大きな買い物ができます。

ビュッと矢が飛んでくるビジョンが視えました。それもごく近いところからの印象です。敵が味方、味方が敵だったなどもあるので、決め付けや先入観で判断してはいけません。ドローンも視えましたので、全体を俯瞰《ふかん》で見る視点を持ってください。

二〇二四年の健康運

持病や弱点、古傷が悪化する恐れがあります。これまで経験した以上の痛みが襲ってきそうですので、病院に行き、早めの対処を。長引かせると入院や通院など面倒なことになりますよ。お酒の飲み過ぎ、タバコの吸い過ぎ、夜更《よふ》かしも目につきます。ストレスが病気のストレスを呼ぶことになりますので摂生《せっせい》を。

スポーツ障害やスポーツ中のケガの暗示も出ています。準備運動せずにいきなり走って肉離れを起こしたり、転倒してケガをするということも。スポーツ後のストレッチも忘れずに。自動車の自損事故を起こしそう。特に駐車場や路地には要注意です。

ラッキーフードはエネルギーと活力アップの赤身の肉（牛・豚）と、ストレス軽減の桃です。フルーツゼリーやチョコレートも気分の切り替えにひと役買いそうです。フランス料理店にて食事をすると、新鮮な体験が得られそう。テーブルマナーも学べるのでぜひ。

滝のビジョンが視えました。見ているだけで浄化《じょうか》され、その迫力は心を打たれるものに。その際、虹が見えたらさらなる福運を得られるでしょう。また、ペットが癒しとなります。自分が必要とされているうれしさ、喜びを感じるでしょう。

二〇二四年 春 三月〜五月

仕事運は新しいプロジェクトや、これまでとは違った業務にも取り組んでいる様子がうかがえました。仕事は拡大傾向にあり、多忙になるはずですが、楽しく働けるでしょう。また、「やってみたい」と思っていたことが実現する暗示も。いざやってみてみると、自分より仕事相手や顧客のほうがメリットは大きいようですが、喜んでもらえてあなたの評価は高まり、次のチャンスにつながっていきます。

プライベートは、疎遠《そえん》になっていた身内や友人と再会する機会がある予感。それをきっかけにわだかまりは解消し、次からは普通に会えるようになりそうです。身内に関しては、米寿《べいじゅ》のお祝いや結婚式などおめでたい席に招かれることも。恋愛運も盛り上がっており、素敵なご縁に恵まれやすい時です。特に相手が巳年《みどし》生まれなら、生涯のパートナーになる可能性が大。既婚者も家庭運は良好で、多少のトラブルはあってもうまく乗り越えられるでしょう。この春は子宝（孫も含めて）に恵まれる人も少なくないようです。

公私共にスムーズな時ですが、健康運はやや低下しています。飲み過ぎや激しい運動は避け、睡眠時間を多めに取るようにしましょう。また、人間ドックに入るなど、病院でじっくり検査をしてもらい、自分の健康状態を把握しておくこともおすすめします。

二〇二四年 夏 六月〜八月

あなたが漁船に乗っている光景が視えました。仕事の印象が強いので、接待絡みかもしれませんが、釣りに出かける機会があるでしょう。思った以上に楽しめるうえに、周囲とのコミュニケーションもグッと深まり一石二鳥です。また、漁業や船と縁のある仕事をしている方は、ここ数年のうちでもトップクラスの満足いく働きができる暗示です。

それ以外の職種の人も、スピーディーに仕事をこなせるでしょう。

仕事に関しては栗拾いのイメージも。実際のシーズンよりずいぶん早いですが、これは早々に収穫が見込めることを示しています。「ありがとう」という声も聞こえたので、あなたの働きぶりが評価され、実を結ぶはず。さらに、早々に収穫したことで、次の種をまくこともできます。この年は「二毛作《にもうさく》」を望めるお得な流れにあるといえるでしょう。

プライベートでは、以前から行ってみたいと思っていた場所や国に行くチャンスが回ってくる予感です。この夏は家庭運、結婚運共に良好なので、家族旅行や新婚旅行なのかもしれません。ともあれ、とてもよい学びを得て、視野が一気に広がり、仕事にも好影響なので、ちょっと無理をしてでも時間とお金を捻出《ねんしゅつ》して、実現すべきです。また行った先の「食」に親しむこともおすすめします。

二〇二四年 秋 九月〜十一月

仕事は相談を持ちかけられたり、協力を求められたりと、何かと頼りにされる暗示です。プライベートでも家族や恋人が甘えてくることが多く、公私共によく言えば引っ張りだこ、悪く言えば負担が多い時です。ともあれ、周りに期待されていることや、周りが困っていることは確かなので、できる範囲で応《こた》えてあげてください。感謝されることで、あなたはパワーがより増しますし、頼まれ事をこなす中で学ぶことも多いからです。もっとも、本当にできないことははっきり断って構いません。また、奢《おご》ったり、贈り物をする機会も増えるはずですが、最初から太っ腹になりすぎると、あとでやりくりが大変になるので、あまり見栄《みえ》は張らないように。

面接やコンペなど、あなたが人や企画、あるいは作品を審査する立場になる予感もしています。責任重大な役目に抜擢《ばってき》されるとも言えます。「自分なんかが」と不安に思うかもしれませんが、それだけ信頼や実績がある証拠ですし、きちんと判断できるはずです。

この夏は多忙ながらも自分の時間も持て、趣味を楽しむこともできるでしょう。特に好きなスポーツは自分でやるのも観戦するのも◎。なお家庭運も良好ですが、孫も含めて赤ちゃんがいる人はちょっと用心が必要です。様子がおかしいと思った時は、すぐ病院へ。

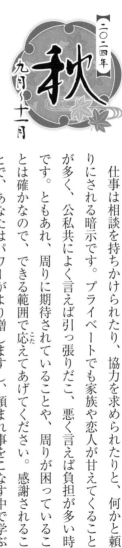

二〇二四年 冬 十二月～二月

北風が吹きつける寒い中、あなたがあっちにこっちに足早に動き回っているビジョンが浮かびました。仕事は相変わらずかなり忙しく、それこそ席を温める暇《ひま》もないほどかも。しかし、中身の濃い毎日で、得るものも大きい時ですから、ここが正念場と思い、張り切っていきましょう。また、期間は短いかもしれませんが、年末年始は休みを取れるはず。さらに既婚・独身を問わず、家族（親族も含めて）と一緒に、のんびりお正月を楽しむのが福運アップのコツであり、年明けからまた頑張れる活力も養《やしな》えます。特に元旦は家族水入らずで過ごすことをおすすめします。

この冬は、家庭内の問題がひと段落つき、家族仲がさらに深まる気配もしています。特に嫁姑《よめしゅうとめ》問題で板挟みになっていた人、反抗期など子ども（年齢問わず）のことで悩んでいた人、夫婦仲にすき間風が吹いていた人は、これまでが嘘のように、平穏な家庭が戻ってきて、安心できるでしょう。問題解決の糸口になるきっかけは人それぞれですが、実は目に見えないところで、あなたのことを心配したご先祖様があと押ししてくれているのです。ですので、ご供養《くよう》にいっそう力を入れることはもちろん、ご先祖様に深く感謝も捧《ささ》げましょう。特にこの時期、命日を迎える方がいるなら、常以上に手厚く弔《とむら》うこと。

奏流生　女性の運命

流生命的性格

ビジネス向きで才色兼備

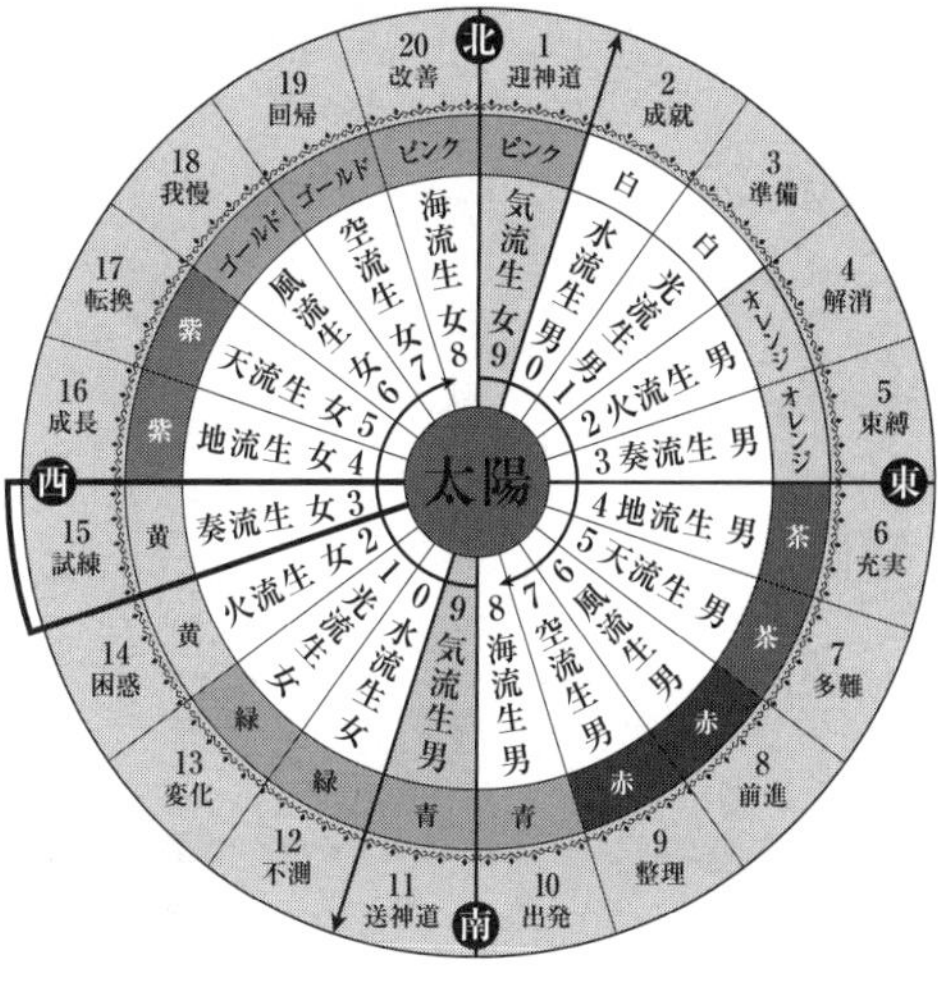

二〇二四年 福運格言

早起きは三文《さんもん》の得
その得を活用して徳《とく》とせよ

3　奏流生《そうりゅうせい》・女性の人生の流れ

「神様が描《えが》く絵のモデルになる女性」といってもいいほど、華やかなオーラをまとった才色兼備タイプです。楽しいことや、美しいものを見たり触れたりするのが大好きで、音楽や美術など、アーティスティックな場面と縁のある人生を送ります。音楽家や芸術家の妻となる人も多いでしょう。美しいものに囲まれ、豊かな人生を歩んでいきます。

奏流生は男女を問わず、人との触れ合いによって人生を開拓していくタイプです。あなた自身が学んだり感動したりしたことを、人に教える仕事に就《つ》くと成功します。例えば学校の先生やピアノ教師などの職業が向くでしょう。さらに損得勘定《そんとくかんじょう》をしっかりと行なう一方で、物腰は柔《やわ》らかく、人当たりもソフトであるため、ビジネス向きな性格といえます。専業主婦より、仕事を持ったほうがいいはず。上司や部下、取引先などから信頼されます。仕事ひと筋《すじ》に見えて、エレガントな装《よそお》いや仕草《しぐさ》を失わず、大物の下で力を発揮します。

マイナス面としては、妙に気を遣《つか》いすぎてしまう点が挙げられます。仕事ではプラス面のギブ&テイクの関係をプライベートにまで持ち込んでしまい、それが少々クールに見えるため、人との縁を薄くしてしまうこともあります。親しい間柄では相手が寂《さび》しさを感じることもあり、友だちを失うことにもなりかねません。時には甘える勇気を持ちましょう。

恋愛面では言い寄ってくる人が多いものの、自分が尊敬できる相手以外は見向きもせず、遊びの恋とは無縁でしょう。実際、パートナーと高め合う関係を築くことで、神様はあなたにより多くの福運を授《さず》けてくださいます。

逆に依存し合う成長のない交際になった場合は、人生の本流から外《はず》れた証拠です。反省して身辺整理をすべきです。ただ、単刀直入に別れを切り出すと、相手がストーカー化したり生霊《いきりょう》となる恐れがあるので、徐々に距離を置くようにしたほうが賢明です。

そのため結婚は、恋愛結婚よりも、お見合いのほうが向いているかもしれません。信頼できる人からの紹介でもいいでしょう。結婚後も仕事を続けますが、家の中のことも手抜きをしないので、夫の理解を得られます。

健康面では、身体はあまり丈夫なほうではないため、よくよく注意してください。特に、胃腸の調子を悪くしがちな点が、とても心配です。

二〇二四年の全体運

森の中でリスや小鳥があなたに近づいてくるビジョンが視《み》えました。子どもや小動物に頼られる暗示です。後輩や子どもから相談を受けたり、世話を焼いたりと何かと求められるでしょう。童話「親指姫《おやゆびひめ》」のビジョンも視えました。この年は里親になったりボランティアに参加したり、学童保育や子ども食堂を手伝うなど、子どもと縁がありそうです。

朝早く起きてカーテンをシャーっと勢いよく開けるビジョンが視えました。これは福運《ふくうん》を得るには早起きして朝日の光を部屋に取り入れ、新鮮な空気を換気しなさいという神様からのメッセージです。三十分早く起きて深呼吸するなど、一日の始まりを整えると、ゆとりや余裕が生まれ、やるべきことが明確になります。発想やひらめきが鋭《するど》くなるでしょう。ファッションや化粧も時間をかけて丁寧にすることで身ぎれいになれ、何より忘れ物が少なくなるなどいいこと尽《づ》くめです。

一方、この年は理不尽なことや突然のアクシデントが起こる暗示も出ています。その際は自分一人で対応せずに、信頼できる誰かに相談してください。あなた一人だと物事を単純に考えてしまったり、逆に簡単なことをずっと悩む羽目に。「三人寄れば文殊《もんじゅ》の知恵」

ということわざも聞こえてきましたので、相談することで解決できますし、あなたの心も楽《らく》になりますよ。

畑の中でおばあさんが立っているビジョンが視えました。困ったこと、不安なことに対して、年上の女性が知恵を授《さず》けてくれます。新たな発想のヒントをもらえたり原点回帰を促《うなが》してくれたりと、先に進めるでしょう。もし、挫折したりスランプに陥《おちい》ったら、故郷に帰ることで気持ちをリフレッシュできますよ。

この年はズルズル、ダラダラとした生活スタイルが心に隙《すき》を生み、未成仏霊《みじょうぶつれい》や邪気《じゃき》につけこまれることになります。そのためには先延ばしをせずに、その場その場での即断即決が求められます。失敗やミスも即座に認め、謝罪することです。時間が経《た》つと、タイミングを逃《のが》したり大きな問題へと発展してしまいます。何がリスクで何をすべきかをしっかり把握してください。

鯉のぼりのビジョンも視えました。男の子の出産、孫の誕生が期待できます。また、あなた自身が人生で遭遇《そうぐう》する難関を鯉のように突破するという意味もあります。たとえ、問題が起きても、あなたの誠意ある姿勢で対処することにより乗り越えられますよ。壁を越えれば、あとはスムーズに事が進みますので頑張りどころです。

二〇二四年の恋愛運・結婚運・家庭運

出会いのチャンスが多く、楽しい一年になりそうです。ただ、二〜三人の黒い影がよからぬことを企《くわだ》てながらあなたに近づいている様子も。女性もグルになって、あなたを持ち上げている様《さま》も感じますので十分注意を。あなたは恋愛モードのため、男性を見る目が緩《ゆる》くなっています。もしお付き合いするなら、信頼できる友人や親に会わせること。もし、相手が拒否するようなら別れを決断すべきでしょう。縁が多い年だけに見極めが大切です。きれいな砂浜で片膝《かたひざ》をつき、指輪を差し出す男の人が視えました。旅先やロマンティックの場所でのプロポーズを受けそうです。結婚運は非常によい時期ですが、結婚後にＤＶやヒモに豹変《ひょうへん》する可能性も若干《じゃっかん》感じられます。恋愛同様に友人への紹介、両家へのご挨拶などきちんとした順序を立てて進めていってください。

家庭内では子どもに対して厳しい教育ママとなっている様子が視えました。理想を押し付けたり、レールを敷くなど過干渉気味。子どもの希望に耳を傾ける姿勢を持ちましょう。また、この年の引っ越しは避けたほうがよいでしょう。どうしてもの場合は賃貸から分譲、立地や広さなど、現状よりグレードアップすることを意識してください。

二〇二四年の仕事運・金運・対人運

下を向いてうなだれているあなたが視えました。遊びを優先するあまり、仕事で大失敗を起こしそう。仕事を終えてから遊べばいいことで、「明日、やればいいや」という考えは捨ててください。また、寝坊して「ヤバい」「ヤバい」と慌《あわ》てている様子も視えました。大切な時や大事な日の前日は夜遊び、夜更《よふ》かしはやめて、早寝を心がけてください。

金運はまずまずで、あまり困らない様子です。しかし、お金にルーズになったり、支払いをあと回しにすると一気に金運を下がります。必要な支払いは先にすませ、残ったお金でやりくりを。使うことを優先すると、あとで苦労する羽目に。この年は借金もＮＧです。

人間関係は新たな気の合う友人ができるなど、交際運は高まっています。ただ、シャッターを閉めたお店のビジョンと、仏頂面《ぶっちょうづら》したあなたの表情が視えました。あなたは日によって機嫌がコロコロと変わるため、周囲もあなたの機嫌をうかがっている様子です。たとえ虫の居所が悪くてもそれを表に出すのは、損《そん》にしかなりません。人との触れ合いが奏流生の福運のカギであり、自分から笑顔で声掛けすれば、自然とあなたのもとに人は集《つど》います。縁を広げ、深めるには笑顔が最高の武器となります。

二〇二四年の健康運

アレルギーという言葉が浮かびました。この年に初めて花粉症になったり、化粧品が合わなかったり、食べ物でのアレルギーが発症するといったことがありそうです。新しい物でなく、使い慣れたものや食べて平気だったものでも発症しそうで、たぶん免疫力の低下によるものかと。免疫力を高める食事や運動を意識しましょう。片頭痛に悩まされる暗示も。原因はさまざま予想できるため、ひどいようなら検査を。

虫歯や口内炎、歯周病など口腔《こうくう》ケアも。親知らずが腫《は》れたり、歯が欠けることも。

そら豆やうずら豆、枝豆などの豆類全般は栄養素をバランスよく含むうえ、食物繊維やポリフェノールなどの機能性成分も豊富なため、毎日の健康づくりに役立ちます。また、豆を原料とした納豆、味噌、しょう油もおすすめ。海藻類の海苔《のり》、わかめ、もずくでミネラル補給を。キッシュやミネストローネスープなどの野菜が詰まっている料理、カレイなどの白身の煮魚もよいでしょう。

音楽鑑賞がよい癒《いや》しになります。家事をしながらの「ながら鑑賞」でもOKです。好きなジャンルの音楽を流しておきましょう。

二〇二四年 春 三月～五月

あなたがひと回り大きくなった印象を受けました。奏流生の女性は瞬発力はありますが、持続力に欠けるところがあります。しかし、前年から精進《しょうじん》努力を重《かさ》ねたのでしょう、この春はその弱点を克服し、これまでなら諦《あきら》めたり、投げやりになっていたことにも辛抱強く取り組んでいけるようになるでしょう。そんな自分が誇らしく、自信を持って前に進んでいけるし、自然と周囲にも優しくできて、また評価が高まるという、よい循環も生まれるはずです。

「デビュー」という言葉も浮かびました。春にふさわしく新しい環境でスタートを切る人が多い暗示です。芸能界や文壇などに文字通りデビューする人や、仕事や趣味で今までの実績が認められ、抜擢《ばってき》されたり、脚光を浴びる人もいそう。自分を売り込むにもよいタイミングですので、オーディションを受けたり、何かの賞に応募したりするのも◎。

古い町並みも視えました。日本っぽくないので海外と思われますが、歴史ある国や地域を訪ねることになる予感。仕事絡みの印象ですが、旅としても楽しめるでしょう。

好調な時期ですが、体調面が少し気になります。特に夜更かしは百害あって一利なしになるので、早寝早起きを心がけてください。

二〇二四年 夏 六月〜八月

この夏は、前半と後半で運気の勢いにけっこうな違いある様子がうかがえました。まず前半は穏《おだ》やかといえば穏やかですが、暇《ひま》といえば暇な、変わり映《ば》えのない毎日になりそうです。もっとも仕事や家庭はさしてトラブルなく、平凡ながらも平和なわけですから、それはそれで恵まれているといえます。しかし恋愛はベタ凪《なぎ》といった感じで、進展はまるで望めないよう。実際、ガッカリすることが多いでしょうが、焦《あせ》ったところで何にもなりません。こんな時は仕事や趣味に打ち込むのが賢明です。

一方後半になると、公私共にどんどん忙しくなっていき、人が休んでいる時も仕事や用事に追われる日々になるでしょう。「何で自分ばかりが」とぼやきたくなることもあると思いますが、やればやったぶんだけ実力が身につきますし、どのような形になるかは不明ですが福運もちゃんとついてきます。特に人に尽くしたことは何倍にもなって戻ってくるので、不満や怠《なま》け心はグッと抑えて頑張りましょう。

なお、春に引き続き、夏を通して夜更かしはダメです。また、目の疲れを放っておくと、視力低下やドライアイ、さらには本格的な眼精疲労に発展する恐れがあるので、目を労《いた》わるようにしてください。スマホやパソコンを長時間使用する人は特に気をつけて。

二〇二四年 秋 九月〜十一月

この秋はよくも悪くも愛情問題がメインになる暗示です。独身の人は素敵な出会いがあったり、狙っている相手とデートができたりとチャンスに恵まれるでしょう。既婚者も夫婦仲をより深める機会があるはずです。ただ、そこで相手に尽くしすぎると、相手は調子に乗って、あなたのことを軽んじ始めます。愛するより愛されること、追いかけるより追われることを目指してください。

また、独身で恋人との関係性がこじれてしまった人はもちろん、うまくいっていると思っていた人でも、二股をかけられていることがわかるなど、寝耳に水の出来事がある気配《けはい》もしています。特に相手が十月生まれなら要注意。もっとも不倫中の人は清算するのに絶好の機会ですから、未練がましくならず、さっさと別れるべき。既婚者も夫の不倫が発覚するケースが少なからずありそうです。基本的にはあなたが夫を許せるかどうかにかかっていますが、子どもがいる人は事を荒立てずに淡々と対応する、子どもがいない人は離婚も辞《じ》さないといった強気の態度に出るのがいいでしょう。

愛憎劇から体調を崩しやすくなっている時期でもあります。特に自律神経や婦人科系、循環器系の不調には敏感になり、おかしいなと思ったら、早めに診《み》てもらって。

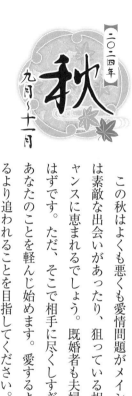

二〇二四年 冬 十二月〜二月

秋のショックを引きずっている人が多いようですが、そんなあなたを心配して周囲がバックアップしてくれる予感です。特にプライベートでは、普段はそれほど仲よくない意外な人物が力を貸してくれたり、子どもがいる人は年齢を問わず子どもに助けてもらえるでしょう。仕事面でも、協力者やフォローしてくれる人物が現れるはずです。ただ、それらの援助は、あなたにとって百パーセント満足できるものではないでしょう。しかし、そこで不平不満をもらせば、さらに悲惨な状況になるだけです。孤立無援ではない、というだけでもありがたいのですから、感謝の念を決して忘れずに。

また、あなたが相手にしてあげられることは、積極的にやってあげること。特に身内で介護など何かしら手伝う必要がある人物がいるなら、せっせと世話を焼きましょう。人に尽くすことで、神様から褒《ほ》めてもらえることはもちろん、自分のことでモヤモヤ考える暇がなくなり、ある意味、いい気分転換になって、一石二鳥です。

ちなみにお正月は、一人暮らしをしている人や自分の家庭がある人も、実家で過ごす時間を持つのが◎。実家暮らしの人は祖父母やお世話になった親戚の家に顔を出してみて。思った以上に心が安らいで、新しい年も頑張ろうとやる気も出るはずです。

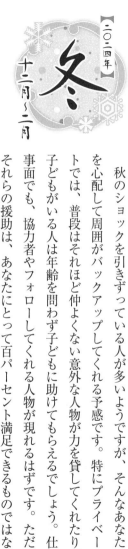

3

奏流生　男性の運命

流生命的性格

社交性に長《た》けた癒《いや》し系

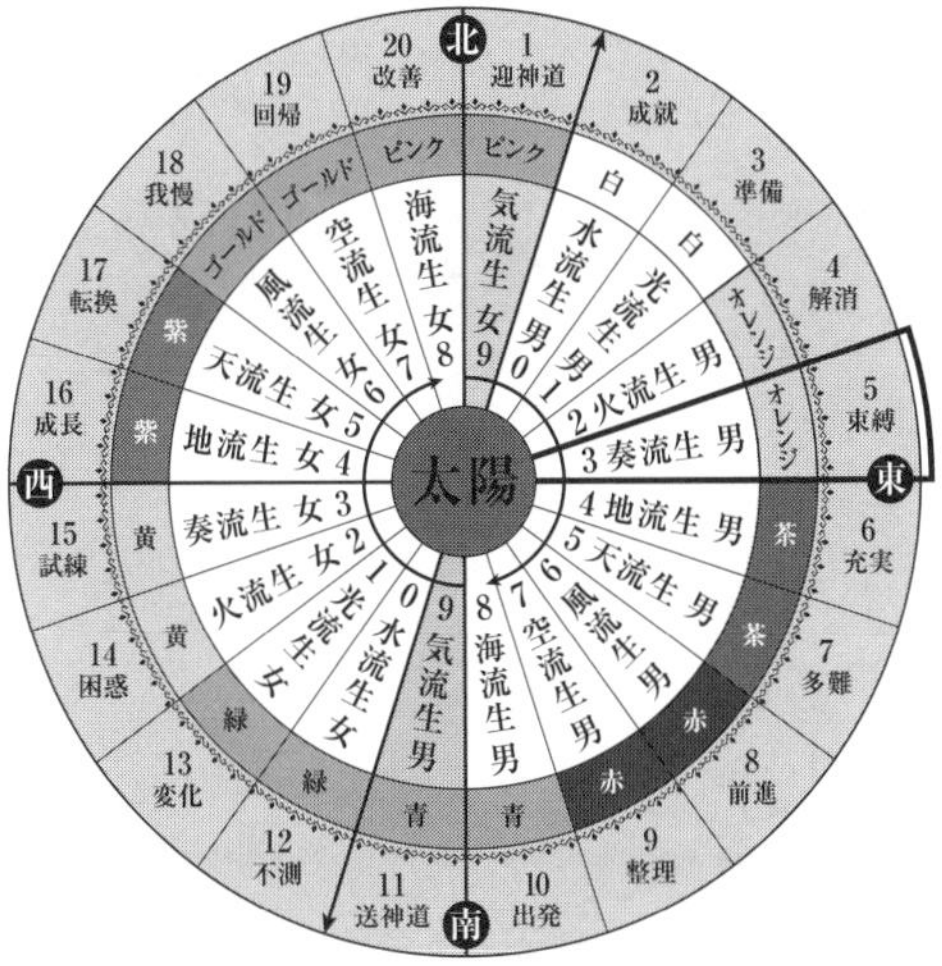

二〇二四年 福運格言

機に臨《のぞ》み変に応《おう》ず
一寸《いっすん》延びれば福来《きた》る

3 奏《そう》流《りゅう》生《せい》・男性の人生の流れ

優《すぐ》れた社交性や交際能力を神様から授《さず》けられているのが、奏流生男性です。例えば、その場に重い空気が流れていたとしても、自分から人の輪に入っていき、空気の流れを明るく一変させます。それはまるで心を癒《いや》す音楽のように、相手の心を和《なご》ませ、つかんでしまうのです。外見だけで人を判断せず、相手の内面的な魅力に気づこうとする温かさがあり、出会った人を元気づける力が備わっています。その才能を生かせば、神様が奏《かな》でる音楽のような素晴らしい人生のハーモニーを体験できるでしょう。

あなたを応援してくれる、実力者との出会いも大いに期待できます。その人物は、後々《のちのち》あなたの人生に多大な影響を与え、バックアップもしてくれます。老若男女《ろうにゃくなんにょ》を問わず、人と触れ合うことで成長し、どんどん運気が上がるのが奏流生男性の最大の特徴です。家に閉じこもってばかりいないで、なるべく大勢の人と交流しましょう。また、そういう仕事や環境に身を置くべきです。

とはいえ、誰彼構わずに心を許すのは考えものです。「いい鴨《かも》」扱いされて、大きな損害を被《こうむ》る恐れがあります。出会ってすぐに儲《もう》け話を持ちかけてくるような相手は、特に要注意です。孤独感に苛《さいな》まれているときや寂《さび》しいときなどは、あなたの人恋しい性格が災《わざわ》いを招く恐れも多々あります。孤独感に動じない気力と体力、そして経済力を早く身につけることがあなた自身を救います。

優れた社交性は恋のテクニックにも通じ、女性が喜びそうなささやきや触れ合いをスマートにこなし、女心をつかみます。しかも、「落とす」というゲーム感覚からではなく、「女性は生きる智恵を与えてくれる大切な存在」と考えているので、いい関係を築いていけるはずです。また、寂しがりやのあなたは、一方では甘え上手です。人前ではそつなくリードするのに、ふたりきりのときは突如、甘えん坊になるため、女性は母性本能をくすぐられます。それゆえ、相手はなよなよした女性より、ボーイッシュでさっぱりしたタイプがいいでしょう。結婚後はカカア天下のほうがうまくいきます。

健康面では代謝のよくない体質なので、水分と塩分の摂《と》りすぎには注意してください。また、お酒を飲む人は肝臓を悪くしがちです。ほどほどにしましょう。

二〇二四年の全体運

「1」「2」「3」という数字がそれぞれ書かれた紙が入った黒い箱の中から、あなたが紙を引いているビジョンが視《み》えました。くじ引きのようですが、これは気が乗らない仕事や急ぎの業務を頼まれ、嫌々こなさなければいけない暗示です。あなたは自分で優先順位や力の入れ具合などを決めたいのですが、お客さんやクライアントの都合、上司からの指示によりスケジュールや内容を変更されたり、苦手なものを押し付けられたりと振り回されそう。ただ、「えっ〜」という驚いたあなたの顔も視えましたので、不得意な分野や興味のわかない仕事をほうがヒットしたり評価されたりすることも。この年はやりたいことが思うように進まず、どこかチグハグな印象。不完全燃焼に陥《おちい》りやすく、モチベーションを保つのに苦労するでしょう。ただ、期待に応《こた》えたい気持ちが強い奏流生の男性ですので、持ち前の楽天主義を発揮して淡々とこなしていきましょう。

ピエロがお手玉をしながら、玉乗りをしているビジョンが視えました。あなたは好奇心旺盛で、かつバランスを取るのがうまいため、一つのものに執着するより、複数のものを同時にこなしたほうがよい結果を生み出します。さまざまなものにチャレンジしてみましよう。その際はいろいろな角度や視点で見ると、新たな発見や気づきが得られますよ。

長雨のために工事が進まず、イライラしている現場監督の様子が視えました。これは予定や進行がスムーズにいかない暗示です。しかし、焦《あせ》っても仕方ありません。休養に充《あ》てる、他の作業をする、工程を見直すなど、臨機応変に有効活用して。

とても忙しい一年ですが、きれいな見た目の身なりを意識してください。シャツはアイロンをかけ、クリーニングに出すなどピシッと清潔感を。この年は第一印象で決まると心得ましょう。また、目立つぐらいの派手なファッションにチャレンジするのも福運につながります。自分で選ぶとどうしても同じ傾向になりがちですので、家族や友人に服や小物を選んでもらうのがおすすめ。ファッション傾向が変わると、内面も変わり、垢《あか》抜けた印象になります。もし、あなたが料理人ならば、盛り付け方や食器にひと工夫を。

病院のビジョンが視えました。大切な人が入院し、見舞いに行くことがありそうです。あなたに会いたがっているので、時間をやりくりして駆けつけてあげて。

「青森県」の地図が視えました。この年は青森と縁があるようです。青森に訪れるのはもちろん、青森県出身の人や青森県の食材・名産品があなたに福運を届けます。あなたが青森県在住ならば、さらに運気アップが期待できます。

二〇二四年の恋愛運・結婚運・家庭運

モテ期突入です。「高嶺《たかね》の花」という言葉が出てきました。意外な相手から告白されることも。あなたは仕事が忙しくてなかなか時間がとれないものの、それが相手の思いを募《つの》らせ、久々に会うとその思いはさらに盛り上がる好循環に。あなたも相手の存在が癒《いや》しとやる気につながり、よい関係を育《はぐく》むことができるでしょう。

恋愛運は好調なものの、結婚はあまり感じられません。なぜなら、あなた自身が結婚を意識していないから。もう少し落ち着いてから、関係がもう少し深まったらと、その機はいずれきちんと訪れますので慌《あわ》てなくてよいでしょう。ただ、赤ちゃん誕生の兆《きざ》しがあるため、授《さず》かり婚なら可能性ありです。

家庭運は家族がお互いを応援している様子が視えました。それぞれがやるべきことに邁《まい》進《しん》しており、お互いを尊重しています。特にあなたに対して家族は気を使っている様子。感謝の気持ちはきちんと言葉にして伝えてあげて。家族の誕生日や記念日はプレゼントを贈るなど、お祝いの会を催すのも吉。紅葉のビジョンが視えましたので、秋には観光旅行を楽しめます。特に京都がおすすめ。歴史と景観に触れ、刺激を受けるはずです。

二〇二四年の仕事運・金運・対人運

仕事では連絡ミスや報告忘れにより大問題が起こりそうです。「あとでする」の横着《おうちゃく》さが原因で、報告・連絡・相談は面倒でもすぐに、こまめにすること。あなたが一人ぼっちでいる様子も視えました。これは協力者がいないのではなく、あなたの仕事に手出しができないことを意味します。あなたも教える時間がなかったり、手を出してもらってもかえって捗《はかど》らない印象。一人で粛々《しゅくしゅく》とやり遂《と》げましょう。単身赴任や海外への長期出張により、家を不在にすることが多くなる暗示も出ています。

金運は可もなく不可もなくいった印象です。ただ、お付き合いによる出費はかさむものの、人との交流はあなたの金運を上げることにつながります。特に午《うま》年の人への協力を惜《お》しまなければ、福運となって返ってきますよ。

凸《とつ》と凹《おう》の漢字が現れました。この年に知り合う人は波長の合う人ばかりで、お互いの持っていない部分が噛《か》み合う印象です。切磋琢磨《せっさたくま》の関係が築けそうです。円滑な人間関係をつくるのは、あなたの心の持ち次第。好き嫌いが相手に伝わりやすいので、フラットな姿勢で対峙してください。変な先入観を持たないのも、うまく付き合うコツです。

二〇二四年の健康運

風邪を何回もひいてしまいそう。疲れから体力が低下している印象も受けますので、しっかり寝て疲労回復に努めてください。また、腰痛や肩こりなど姿勢の悪さから体調を崩《くず》すことも。ケガの印象はありませんが、自転車事故に注意を。

「不老不死」という言葉が出てきました。健康志向や美容に興味を持つようで、非常によいことです。特に若さを保つアンチエイジングやジムに通う、ストレッチに励《はげ》むなど、何かを始めるのに最適な時期といえます。

ラッキーフードはかまぼこや竹輪などの練りもの、ほうれん草、カニ（毛ガニ）。鶏がらスープやサムゲタンなども運気アップにつながります。

高級魚のイサキがバケツの中にピチピチと飛びはねているビジョン視えました。新鮮なものや旬なもの、採れたてが味わえるでしょう。食いしん坊のあなたには最高のご褒美《ほうび》のはず。また、漁港や漁師町、魚市場に訪れるのも吉です。

神社仏閣《じんじゃぶっかく》巡りは事あるごとに。旅先や出張先でも、その地の神社仏閣に立ち寄ってご挨拶しましょう。旅の安全と心の平静のご加護《かご》がありますよ。

二〇二四年 春 三月〜五月

仕事について神様にお尋《たず》ねすると、大きな蕾《つぼみ》が視えました。いかにも将来有望そう。あなた自身も手応《てごた》えを感じるでしょう。ただし、現段階で花が咲く可能性は五十パーセントです。確実に花開かせるには、業務そのものも人材も手塩にかけて育てる必要があります。確認作業を怠《おこた》らないこと、自分や相手の立場を考えて行動することも重要です。

あなたが照れながらも誇らしげに笑っている姿も。自分でも知らなかった能力や器用さを発揮して、思いがけない成果を上げることもできる予感です。ちょっとした身のこなし方のコツや何気ない発言が大きな成功を呼ぶ気配《けはい》もしているので、思いついたことは表現していくのがいいでしょう。ＳＮＳも活用してみて。

プライベートは恋愛運、結婚運共に好調で、理想的な女性との出会いがあったり、今の恋人と結婚話がまとまる可能性が高めです。既婚者も夫婦仲はスムーズでしょう。

公私共にまずまずな時ですが、お疲れ気味になる気配も。元気回復には睡眠時間を長めに取るのが一番です。昼寝や移動中のうたた寝も◎。また、この春は何事も中途半端なところでやめないことも大事です。１・７までやっていったんやめたことは、再開時1からのやり直しになります。きっちり区切りのよいところまでやるようにしてください。

二〇二四年 夏 六月～八月

天から美しい光が差し込み、その光に包《つつ》まれるあなたの姿が視えました。神様からエネルギーをいただける暗示です。実際、素晴らしく頭が冴《さ》えるでしょう。ここで大事なのは、神様からいただいたエネルギーを独り占めせず、みんなのために使おう、分かち合おうという心構えでいることです。その利他《りた》の精神が、大きな福運を招くのです。

仕事は新しいことに取り組むことになる予感がしています。例えば新製品の開発や、新技術の研究に励むとか。畑違いの分野を手がけることになる人もいるでしょう。いずれにせよ、やってみたかったことや、興味をそそられる内容であり、やりがいはかなりあるはずです。そのうえ、これまでとは違った方向性の成果をあげることができ、活躍の幅も広げられるでしょう。ただし、我を出しすぎると結果は貧相なものになります。周囲の意見を取り入れる柔軟性と、先にも述べた利他の精神を大切にして。

ご先祖様が、甘い物（特にキャラメルとカステラ）を食べたがっている様子もうかがえました。その通り、仏壇や墓前に甘いものをこまめにお供《そな》えしましょう。なお、この年はお墓を別の場所に移してはいけません。特に五十～七十年前に亡くなった方が埋葬されている場合は絶対に守ってください。

二〇二四年 秋 九月～十一月

この秋は、あなたのもとから去っていく人が複数いる気配がしています。相手が去る理由はさまざまですが、基本的には転勤など致し方ない事情で、ケンカ別れというケースは稀《まれ》でしょう。また、ライバルなど相手がいなくなってうれしい場合もあれば、親友や恋人と泣く泣く離れ離れになることもありそうですが、いずれにせよ去る者追わずのスタンスでいるのが無難です。

あなたが誰かを料亭に招き入れる光景も視えました。重要な接待や打ち合わせを任《まか》される機会が多い暗示です。ただ、お金をかけてもてなせばそれでいい、というわけではありません。いくら高級な食事でも何度も続けば飽《あ》きがきます。相手の趣味趣向をリサーチして、常に喜んでもらえるよう工夫することが、成功のカギです。

また、この時期はトレンド（特にファッション）を先取りすることで、よい刺激をもらえて自分をレベルアップさせることができます。自信も魅力も増して、仕事にも恋愛にも好影響ですから、流行を取り入れていきましょう。ただ、金運は低下傾向にあるので、あれもこれもと散財するのはよくありません。一点豪華主義でいくのが正解です。

なお、お子さんがいる方は、子どもが何歳であれ話をよく聞き、意志を尊重してあげて。

二〇二四年 冬 十二月〜二月

あなたが常にカメラを身につけているというか、持ち歩いているイメージが浮かんでいます。仕事の印象が強いですが、何かの記録や思い出を写真に収める必要がある様子。会社案内を作るなど広報関係の仕事が回ってきたり、退職する人に贈るためのアルバム作りを任されたりするかもしれません。中には内部告発のための証拠として写真を撮るなんてことも。また、カメラマンはもちろんのこと、写真関係の仕事をしている人はいつも以上に活躍できるでしょう。いわゆる撮り鉄など、写真を趣味にしている人も、満足いく一枚を撮れそうです。

なお仕事そのものは、忙しい時と暇な時の落差が激しい気配がしていますが、取り立ててミスもなく、スムーズにこなしていける時です。短いながらもお正月休みも取れ、気分よく新年を迎えられるはず。

プライベートは、独身の人は結婚が決まる可能性が高めです。これまで女性とあまり縁がなかったり、年齢的に諦《あきら》めていた人も、素敵な出会いに恵まれ、あっという間にゴールインなんてことが！　既婚者は夫として、父親として、あるいは祖父や兄弟として、改めて家族から慕《した》われるようになるうれしい出来事が起こるでしょう。

地流生　女性の運命

流生命的性格

地に足の着いた堅実派

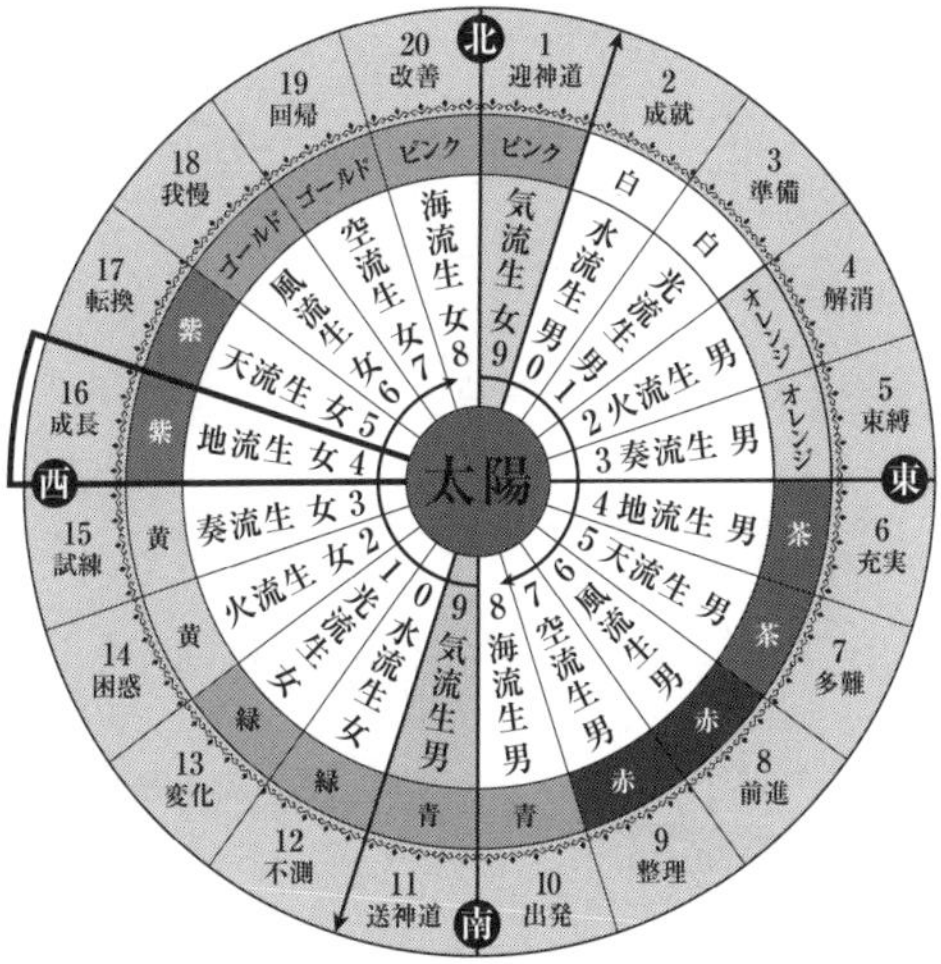

二〇二四年 福運格言

利《り》他《た》の心と奉仕の精神が
勿怪《もっけい》の幸《さいわ》いを呼び寄せる

4 地《ち》流《りゅう》生《せい》・女性の人生の流れ

大《だい》地《ち》母《ぼ》神《しん》と呼びたくなるような、温かい安らぎに満ちたオーラを放つ人です。常に地に足の着いた生き方で、自分の心と身体を上手にコントロールできます。マイペースで、人生を切り拓《ひら》き、持ち前の底力と持続力で、どんな境遇にあってもへこたれません。

地流生女性は美人が多いのも特徴で、マドンナ的存在として男性から追いかけられることも多く、ストーカーや生霊《いきりょう》被害に遭《あ》うことも少なくないでしょう。

しかし、見た目は派手でもいたって真面目《まじめ》な性格ゆえ、同性からは恨《うら》みを買うことはありません。堅実第一をモットーに、やるべきことをコツコツこなす姿勢は、公私を問わず高く評価されるはずです。与えられたことをきちんとこなすのが得意で、例えば仕事も、経理や事務職などでその能力を発揮できます。

早い時期に、恋愛結婚をするケースが多いようです。実際、あなたの人生は、「自分の家庭を築くこと」で花開きます。それだけに、パートナー選びは慎重に行なわなければなりません。一時の情熱、地位や経済力などの表層的な部分で判断せず、誰からも好かれ、あなたも尊敬できる男性こそが、共に福運人生を歩める相手です。

結婚後は専業主婦になるのが、もっとも賢明でしょう。自営業の場合なら、夫の仕事を手伝うと、内助《ないじょ》の功《こう》を十分に発揮できます。特に家庭内では夫を立てると吉です。実際、あなたはそれが自然とできる人でもあるのです。

「家族が増えるほど福運も増える」という定《さだ》めにありますので、舅《しゅうと》や姑《しゅうとめ》との同居は喜ぶべきこと。子どもは多いほうが幸せで、大家族が福運の鍵《かぎ》となります。

しかし、子どもの教育に熱心すぎる傾向があります。期待をかけすぎて、子どもの将来を潰《つぶ》してしまう恐れも。個性と才能を伸ばすためにも、ひとりの人間として認め、ある程度の自由を与えることを忘れないでください。

未成仏霊《みじょうぶつれい》などに取り憑《つ》かれている場合、宝石やブランド品などの物欲に走る傾向があります。欲望を抑えることは、人生を正しく歩むための修行と思い、すぐに軌道修正をしてください。それが未成仏霊を浄《きよ》める方法でもあります。

身体は丈夫なほうですが、四十代以降は疲れ目や膝《ひざ》のケガなどに注意してください。

「みんなが幸せになってほしい」と叫《さけ》んでいるあなたが視えました。この年は利他《りた》の心が強くなり、家族や友人知人からの相談事を親身になって考え、解決に向けて奔走《ほんそう》することも。あなたは自分の幸せよりも、家族の幸せを願い、さらには町や県、国に誇りを持ち、大きくいえば「世界平和」を望みます。その利他の願いは神様に届き、大きな福運となってあなたを包《つつ》むでしょう。

ただ、あなたの家の真上に黒い雲が立ち込んでいるビジョンが視えました。家庭内での不運が重なりそうです。目を覆《おお》っているあなたが視えましたので、近しい人の許せないことや嫌なシーンを見てしまいそう。不倫の相も出ているのでご主人の浮気、または借金の発覚、義理の親からの嫌がらせなどで、あなたの熱も急速に冷えて、離婚を選択することも。しかし、無理に取り繕《つくろ》っても仕方ありません。別の道に進むほうがよい未来へと向かうことも多々あります。自分の気持ちに正直に進んでいってください。

泣いているわが子を支える光景も視えました。子どものことでショックを受けそうですが、お子さんはあなた以上に傷ついています。そばについて慰《なぐさ》めてあげて。

さらに病室に着替えなどを走って運んでいるビジョンが視えました。介護や看護の暗示で、親やご主人、ペットなどの病気やケガが重なる印象もあります。心配でしょうし、世話でバタバタしますが、あなたの奉仕精神が発揮できる時。みんなあなたを必要としているので頑張りどころです。

仕事上での人間関係やご近所付き合い、友人知人には恵まれている様子。いろいろと問題を抱える一年ですが、気分転換や相談相手には事欠かないでしょう。しかし、みんなにとっても、あなたは居心地よい存在。ですので、あなたからの愚痴《ぐち》や悪口は聞きたがりません。あなたは他人の愚痴を浄化《じょうか》できますが、周りの人にそれを求めるのは酷《こく》です。

あなたの浄化方法はお酒がお清《きよ》めとなります。飲み過ぎはいけませんが、ワインなど好きなものを楽しんで。下戸《げこ》の方は食後のスイーツやデザートでも心が満たされますよ。

砂浜に白いハマナスが咲き乱れているビジョンが視えました。ハマナスの花言葉のひとつに「旅の楽しさ」があります。この年は旅行が福運アクションとなります。ハマナスの果実はビタミンCを多く含み、ジャムやハーブティーにも多く利用されます。また、香りのよい花弁はポプリに利用されることも。多忙な日々の中、ひとときの安らぎを得るためにハマナスを活用してみては。

二〇二四年の恋愛運・結婚運・家庭運

出会い少ないものの、一つひとつがとてもよいご縁となりそうです。それこそ運命的な出会いや、初対面でも「あっ、この人と結婚する」とビビッと感じることも。お見合いでも、同様の期待が持てます。モテる時期のため、美容やファッションにも関心が向き、自分磨きにも精が出るでしょう。ただ、モテるということを楽しむまではよいのですが、恋愛にのめり込むと仕事や友達関係が疎《おろそ》かになりがちに。特に既婚者の場合は相手に熱を上げて不倫に走ると、すべて失うことになりかねません。

それなりの期間を真面目《まじめ》に交際している人はゴールインできそうです。特に障害もなく、みんなから祝福されるでしょう。

夫婦関係ではご主人の派手な振る舞いが気になります。趣味や遊びに夢中になり、仕事にも悪影響を与えそう。あなたがストッパー役に徹して、うまく操縦しましょう。また、男の子のいる人は学校生活や部活、受験や就職などに手がかかりそうです。全体運でも出ましたが、家庭運はあまりよくありません。不運が続きそうですが、あなたの笑顔で暗雲を晴天に変えることができます。暗くならずに前向きでいてください。

二〇二四年の仕事運・金運・対人運

自営業の人は好調です。会社員の方は忙しいもののトラブルはないでしょう。雑用でもあなたは嫌《いや》な顔せずに率先《そっせん》して行うため、上司や同僚からの評価は高いはず。事務所に真新しい神棚が設置されているビジョンが視えました。もし、あなたの事務所に神棚がないなら祀《まつ》ることをおすすめします。職場などで自由がきかない場合は、自分のデスクに小さな仏像やお守りを置いてください。空気がよくなり、やる気もわきますよ。

お金は困る印象はありませんが、期待を込めての一攫千金《いっかくせんきん》を狙うのはやめましょう。ギャンブルや投資などのチャレンジは裏目に出る可能性が高いです。また、ブランド品の購入など贅沢《ぜいたく》は控えましょう。うまくやりくりしてコツコツ貯めるのが貯金の王道で、それに勝《まさ》るものはありません。また、あなたはクレジットカードなどの借り入れを収入と同じように判断しがち。それは借金であり、あとで返済義務が発生します。勘違いしないように。

人が頼ってくる年です。相談を受けたら真摯《しんし》に話を聞いてあげて。ただ、相談前にいろいろと詮索《せんさく》したり、首をつっこんではいけません。また、人との縁に恵まれる年のため、特定の人だけに時間を割《さ》かないほうがよいでしょう。

二〇二四年の健康運

甲状腺や婦人科系の病気に注意してください。またストレスからくる過労も心配です。ガン検診は半年に一度は必ず受診を。立ち食いそば屋やファストフード店で急いで食事をすませているビジョンが視えました。多忙のため、致し方ないですが、一日のうち一食ぐらいは落ち着いてゆっくり食事する時間を意識してつくりましょう。

「飼い犬に手をかまれる」ということわざが聞こえました。このことわざどおりのことが現実にも起こりそうです。

ラッキーフードは卵料理です。りんごやバナナ、桃などのフルーツは美容に◎。青魚やサンマなど旬の魚もおすすめです。糖分不足も気になりますので、ブドウ糖のタブレットを携帯しておくと便利。また、カクテルやワインなどのオシャレなお酒、ハーブティーやお茶などがゆとりや余裕をつくってくれます。

新しい食器が増えているイメージが視えました。食器をこだわったり、グラスを揃えたりすると気分が上がります。また、料理を習ったり、人を招いてホームパーティーをするのも運気アップにつながりますよ。

二〇二四年 春 三月～五月

真新しい制服を着たあなたの姿が視えました。凛《りん》としていて、とても素敵です。新鮮さや初々《ういうい》しさが甦《よみがえ》り、すべてが好転し始める暗示です。特に新社会人や新入生になる人、異動などで環境が新しくなった人はよいスタートを切れるでしょう。転職や引っ越しを考えているなら、この春のうちに思い切って決断するのがおすすめです。趣味など新しいことにチャレンジするのも◎。

一方、中途半端な状態で放置していた事柄が、気づけば思いのほか悪化している気配もしています。何とかなるだろうと気楽に考えたり、先延ばしにしたりせず、早めに手を打ってください。特に金銭と子どもに関することは早急に解決に乗り出すこと。また、友人知人がトラブルに巻き込まれ、その事実を知ったあなたもショックを受ける予感もしています。心痛むでしょうが、あまり気に病《や》むと、あなた自身も情緒不安定になったり、邪気《じゃき》などマイナスエネルギーを呼び込みやすくなるので要注意です。元気を取り戻すには、桃の花やチューリップを飾ったり、カレーのようなスパイシーな料理が効果的です。

言葉遣いがきつくなっているイメージも。大切な人や敵に回すと怖い人からの評価を下げるので、物言いには気を配りましょう。

二〇二四年 夏 六月〜八月

紫陽花《あじさい》の大きな葉の上で、カタツムリがくつろいでいる光景が浮かびました。雨上がりのようで、そこら中、キラキラした水滴も視え、とても爽《さわ》やかできれいです。春に何かしらダメージを受けた人が多いと思いますが、運気は回復し、穏《おだ》やかで快適な毎日になる暗示です。あなただけでなく家族や恋人、友人など、あなたにとって大切な人たちも生き生きしており、相乗効果でますます気分よく過ごせるでしょう。また、パートナーが出世したり、子どもが何かの大会で優勝するなど、うれしい知らせが舞い込む気配《けはい》も濃厚です。ただ、祖父母や両親など、あなたより年上の身内の方の体調面がやや気になります。こまめに顔を出すなど気遣ってあげてください。

この夏は仕事運も良好で、そつなくこなせる暗示です。平日はバリバリ働き、休日は思い切り羽を伸ばすと、メリハリもつくはず。夏休みもしっかり取れ、海外旅行や豪華客船の船旅など、なかなかゴージャスな旅を楽しめそうです。実際、ホテルや食事のグレードはワンランク上げたほうが心から満足できるし、今後へのやる気もわくので、少し無理をしてでも太っ腹でいくのが◎。それを見越して普段の休みは安上がりなレジャーするなど、お金の使い方にもメリハリをつけるといいでしょう。

【二〇二四年】秋　九月～十一月

立派な滝のビジョンが視えました。物事が勢いよく進んでいく暗示です。特に仕事はスムーズで、任されることも増えるでしょう。主婦の方や学生さんも副業やバイトをすることになりそう。また、日本ならではの文化に触れる機会があるなど、何かをきっかけに自分でもお茶や生け花を習い始めたり、神仏について勉強するなど、和の精神に目覚める予感もしています。自分を見つめ直すよい機会にもなり、内面はもちろん見た目も凛としてくるでしょう。

ともあれ、この秋は仕事に趣味に勉強にと多忙になる可能性が大ですが、どれも楽しみながら取り組める内容のはずですし、忙しさはむしろ励《はげ》みになるはずです。もっとも、疲労困憊《こんぱい》するまで頑張りすぎては逆効果。休める時にはきちんと休みましょう。胃腸が弱り気味な気配もしているので食事の量と質にも気を配って。

棚の上も中も物であふれかえり、床には綿ボコリがあちこち転がっている光景も浮かびました。忙しさから掃除が手抜きになっている様子。「あとでやろう」「まとめてやろう」と先延ばしにしていると、どんどん億劫《おっくう》になってきて、家相が悪くなり運気全般も下がってしまいます。なので、こまめにちょこちょこ片づけるようにしてください。

二〇二四年 冬 十二月～二月

稲穂をつつこうとしているカラスを案山子《かかし》が追い払っているビジョンが視えました。あなたも稲穂＝自分にとって大切な物を守るため、自らの手で敵を排除しなければなりません。その敵はひとりではなく複数人、かつ公私共にいるようです。また、「あの人か」とすぐにわかるケースだけでなく、味方に思える人物の中にも敵が潜《ひそ》んでいる様子。ですので、リアルはもちろん、SNS上のつき合いも含めて、改めて客観的に人間関係を見直してみてください。世知辛《せちがら》いようですが、誰であれ、ちょっと疑ってかかるぐらいのスタンスでいるのがいいでしょう。そして排除すべき人物がわかったら、変に感傷的にならず、心を鬼にして人員整理すべきです。

夏祭りの光景も浮かびました。あまりにも季節外れで、どうしたことかと霊視を深めていくと、よくも悪くも夏の思い出を引きずって前に進めずにいる、とわかりました。ポジティブな記憶だろうが、ネガティブな記憶だろうが、過去にとらわれていると、気持ちは後ろ向きになってしまいます。そのせいで「今」がおざなりになり、仕事でつまらないミスをしたり、本当に大切なご縁やチャンスを見逃《みのが》してしまいがちです。ですので過ぎた夏を懐《なつ》かしむのではなく、次の夏を心待ちにして、今やるべきことに励んでいきましょう。

4

地流生　男性の運命

流生命的性格

不言実行の大器晩成型

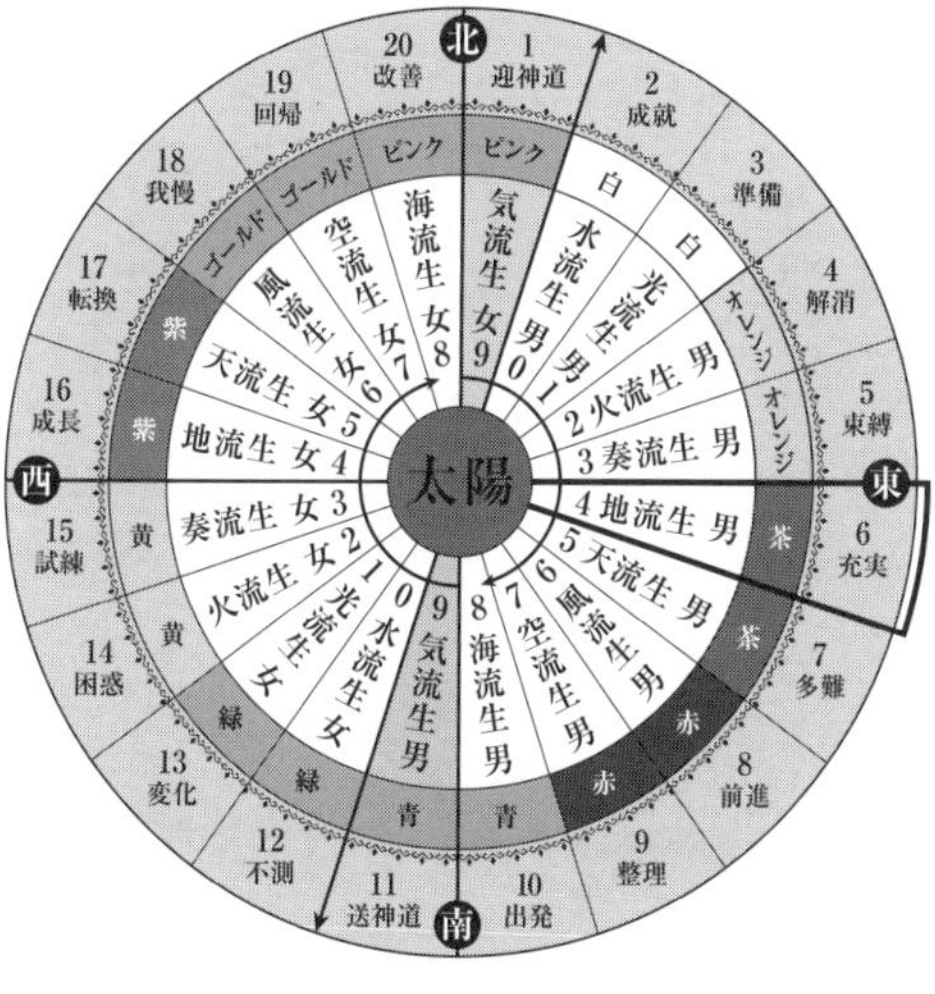

二〇二四年 福運格言

華《か》を去《さ》り実《じつ》に就《つ》けば
明鏡《めいきょう》止《し》水《すい》の境地へ

4 地流生《ちりゅうせい》・男性の人生の流れ

最初は弱々しい双葉だったのが、徐々に地中深く根を下ろして大木になるような、大器晩成の人生が定《さだ》められています。若いころは苦労が多く、地味で目立たない存在ですが、自分の信念や夢を大切にして努力を続ければ、一気に地上に飛び出せるような人生です。気を抜くことなく、地道な努力を積み重ねてください。声高《こわだか》に自分をアピールするより、黙々と頑張るほど周囲の応援を得られますので、不言実行《ふげんじっこう》をモットーにするのがいいでしょう。

基本的には、自分の「思い」を大事にする性格ですが、未成仏霊《みじょうぶつれい》や生霊《いきりょう》に憑《つ》かれると、他人の言動や流行などに惑《まど》わされやすくなり、災《わざわ》いを招いてしまいます。確固たる信念と自信を持って、それを貫《つらぬ》いてください。ただその強い信念が、周りの人に傲慢《ごうまん》に映ってしまってはマイナスです。あなたはガツガツしなくても、自然体で成功できる人。黙々と努力を続ければ仲間が増え、巨木の根のようにジワジワと力を広げていきます。

仕事では、堅実派です。どんな仕事に対しても真面目《まじめ》に取り組む姿勢は、周囲から高い評価を得られるでしょう。仕事の出来も、基本的には悪くありません。

清潔感があり、ひょうひょうとした魅力もあるので、女性には好かれます。ただ、女性に関しては、「鈍《にぶ》い」というしかありません。恋の駆け引きなどはとうていできないタイプです。でも、そんな純情さが、誠実で心優しい女性とのご縁を引き寄せますので、心配は無用。結婚後は浮気など考えもしないよき夫、よき父親として、温かい家庭を築けます。

人生で犯しがちな失敗としては、過去の苦労を忘れて今にあぐらをかくことです。中年期以降は人並み以上の成功を収められますが、傲慢《ごうまん》になったり、「自分の地位を奪われるのでは？」と疑心暗鬼《ぎしんあんき》になったりしてはいけません。常に、「おかげさま」の姿勢で。

対人関係では気の合う同性の友人に恵まれ、学生時代のようなノリで、何かと力になってくれます。ただ、断れない性格のため、自分の体調を崩してまで付き合ってしまうこともしばしば。自分を可愛《かわい》がる時間も、スケジュールに組み込むようにしましょう。知人の保証人となって、金銭トラブルに巻き込まれてしまう暗示もあります。金銭トラブルによる憎しみは、あなたを生霊にしかねませんので、十分に注意してください。

何はともあれ、地流生男性は二十代や三十代の時期の努力にかかっています。

二〇二四年の全体運

大きなスコップで木を植えるビジョンが視《み》えました。この年は何かを達成したり、子どもが生まれたり、記念樹を植えるようなお祝い事がありそうです。また、単純に以前より欲しかった果樹や木を庭に植えることも。ともあれ、この年は公私共に余裕ができ、楽しい日々を送ることができるでしょう。

ビジョンの果樹には努力が実《みの》るといった意味合いもあり、何かしらの結果が出てホッとひと息つけるでしょう。束縛や負《お》い目からの解放といった印象も受けました。忙しさや苦労は変わらないものの、仕事の幅を狭《せば》めたり範囲を小さくするなど自分流に自由にやれることができ、気分的には楽《らく》になるはず。また、他の人がやり方やまわし方を覚え、頼れるため、あなた自身は地に足がついた状態で仕事に臨《のぞ》めそうです。

家族がひとつになるビジョンも視えました。単身赴任や離れて暮らしていた家族が戻って、一緒に暮らせるようになるなど、「元通りになる」のもこの年のキーワードです。

一方で、毎日のように会っていた親しい人との別離も感じられます。ケンカ別れなどではなく、引っ越しなどで実際に会う機会が少なくなるのがその理由。逆に同窓会や法事などで旧友や親戚と密《みっ》になることも。突然、懐《なつ》かしい人が訪ねてくることもありそうです。冠婚葬祭や同窓会はビジネスのヒントや縁をつなぐ機会ですので、積極的に参加しましょう。

学生服を着た二人がベンチに座っているビジョンが視えました。そのうちの一人がうなだれていて、もう一人が肩をポンと叩いて励《はげ》ましています。これはあなたが誰かの悩みを聞くことを意味します。たとえ解決策は出なくても、あなたと一緒にいることで心が軽くなるはず。面倒がらずに付き合ってあげて。

喪服《もふく》姿のあなたが視えました。身内が亡くなる暗示です。病室のベッドを多くの人が囲んでいるビジョンも視えますので、お見舞いには早めに行ってあげてください。

眼鏡《めがね》をかけたおばあさんの姿が視えました。ご先祖様のようで、あなたに何かを訴えています。あなたにも心当たりがあるはずですが、わからない場合は親や親戚に尋《たず》ねてみてください。そして、しっかりご供養《くよう》をしてあげましょう。

猫同士がケンカしているビジョンが視えました。この年はペットによるトラブルがありそうです。あなたのペットが人に噛《か》みつく、自分のお子さんがペットと遊んでいてケガする、ペットが迷子になって探すのに苦労するなど。ペットのケガや病気にもご注意を。

二〇二四年の恋愛運・結婚運・家庭運

老いも若きも恋愛体質になる年です。バーに恋人や奥さんを連れて飲んでいるビジョンが視えました。仲睦《むつ》まじい様子がうかがえます。パートナーや奥さんに惚《ほ》れ直すこともありそうです。ただ、出会いはあるものの、自分の好みではないケースが多いでしょう。しかし、ひと目で相手のよいところは見抜けないため、最初から完璧を望んでいけません。長いスタンスで付き合うと徐々に相手のよいところに気づくでしょう。なお、水族館がこの年のラッキースポットで、恋人や家族と行くと関係が深まりますよ。

結婚は授《さず》かり婚や、親や周囲からの助言、相手からプレッシャーなどであなたは気乗らないものの進んでいきそうです。しかし、結婚後は案外うまくいくのでご安心を。

家庭では身内の面倒をみることになりそうです。嫁《とつ》いだ姉や妹が実家に戻ってくる可能性も。事情はそれぞれありますから、あまり詮索《せんさく》せずに受け入れてあげて。子どもや孫に囲まれているビジョンが視えました。家族団欒《だんらん》を楽しめるので、家庭運には恵まれるでしょう。ただ、その中に水子《みずこ》も頼ってきています。水子供養をしないと、あなたの動きや運のまわりが鈍《にぶ》くなることに。

二〇二四年の仕事運・金運・対人運

職場にて低姿勢のあなたが視えました。これは上司に怒られていたり、クレームに対する謝罪ではなく、コツコツと働いている様子です。文句ひとつこぼさず、スピーディかつポジティブに動いています。あなたはムラッ気がある性格ですが、この姿勢を継続すれば評価が上がり、味方も増えていくでしょう。

金運は満足できない状況ですが、特段困っている様子ではありません。仕事や家族サービスに励むぶん、無駄な浪費をしないからでしょう。この年から貯金をすると成功確率が高まります。その際、大きな額からではなく、少額から始めること。毎月自分ができる範囲で始めないと〝三カ月坊主〟で終わる羽目に。

満足しているあなたの横で不満気な友人が視えました。あなたが楽しいから相手も楽しいとは限りません。相手は我慢していたり、物足りなさを感じる場合も。もう少し相手のことを考えてあげてください。職場では、もう一歩踏み込んだ付き合いをしましょう。自分はオープンだと思っていますが、相手からは閉ざしていると見えています。相手はあなたの「何でも相談に乗るよ」の言葉を待っていますよ。

二〇二四年の健康運

免疫力が低下し、風邪やインフルエンザなどの感染症にかかりやすいようです。基礎体力が落ちているので、ウォーキングや体操など軽い運動を習慣にして。アレルギーや湿疹《しっしん》の心配もあります。首から上の部分が点滅しているビジョンが視えました。頭痛、めまい、扁桃腺《へんとうせん》の腫《は》れ、鼻炎、虫垂炎《ちゅうじえん》などに注意を。定期的に脳ドックを受けてください。

アキレス腱にテーピングを巻いているビジョンが視えました。足元に注意してください。転倒やつまずき、足の小指をぶつけるなど。また、スポーツをする際は急に走り出したりせずに、準備運動やストレッチは念入りに行ってください。

ラッキーフードはうなぎ、冷奴、鯛茶漬けがパワー補充食となります。肉類の摂り過ぎに注意を。

あなたにとって最高の癒《いや》しは家族と過ごすことです。家で家族とのんびりするだけでも心が安らぐでしょう。独身の人も親や兄弟、親戚といると癒しとやる気の両方が得られます。この年は海のレジャーが福運アクション。モーターがついた船を一人で乗っているビジョンが視えましたので、実際に船旅をしたり、海や湖でボートに乗るのが吉です。

二〇二四年 春 三月～五月

髪をバッサリ切っているあなたの姿や、いつになく早起きしているイメージが浮かびました。自分を変えたいという気持ちから、イメチェンやライフスタイルの改善に取り組むことになる予感です。また自分なりの目標が定《さだ》まり、実現に向けて進み出すこともできるでしょう。いずれにせよ、意欲的になるわけで、そんなあなたを周囲も応援してくれますから、やってみたいと思ったことはどんどん挑戦していって。

前向きな姿勢になっているからでしょう、この春は仕事運も好調で、上司や顧客からの評判も上々のはずです。むろん、まったくミスがないとまではいきませんが、失敗したからこそ自分の可能性や強みを見出せるなど、結果的には得るもののほうが多い予感。転んでもただでは起きないを地で行くことができるといえます。ただし、親分肌を発揮しすぎるとキャパオーバーになり、パンクする恐れが大です。何でもかんでも引き受けたり、自分から厄介事《やっかいごと》に首をつっこむのはやめておいてください。

プライベートは家族や恋人といった大切な存在のありがたみに改めて気づけ、絆《きずな》がいっそう深まる暗示です。また、自分の弱さやトラウマのようになっている出来事を克服する機会もある様子。それによって人としてひと皮むけることができるでしょう。

二〇二四年 夏 六月〜八月

あなたが麦踏みのように地面をせっせと踏んでいる光景が視えました。この夏は、公私共に足元固めや土台づくりが求められる時です。地道で退屈な作業かもしれませんが、ここでしっかり自分の居場所や基礎をつくっておかないとあとで苦労しますよ。

一方、足元がぐらぐら揺れて、下手に動くと転んでしまうような不安定さも感じました。仕事の印象が強いですが、何らかのトラブルに見舞われたり、信頼していた人物に裏切られるなど、足元をすくわれる恐れが大です。だからこそ、何が起こってもいいように、先に述べた足元固めや土台づくりを入念にすべきといえます。また、アクシデントが起きた時は慌《あわ》てて動き回らず、待ちの姿勢で頭の中で善後策を練っていくのが賢明です。その落ち着いた態度が流れをよい方向に変えてくれ、新しいチャンスや味方にも恵まれるようになります。

足元の不安定さは健康運の低下も示しています。持病がある人はもちろん、体調に不安はないという人も、自分の健康を過信してはいけません。健康運が悪化するのは、霊の障《さわ》りである可能性もあるので、お盆は言うまでもなく、日ごろからご供養も丁寧に行なってください。ちなみに、不倫や浮気の暗示も出ていますが、神様に嫌われるので絶対NGです。

二〇二四年 秋 九月〜十一月

この秋は不思議なほど神様と縁がある暗示が出ています。実際、出かけた先ではなぜか神社仏閣に立ち寄ることになったり、明らかにご利益《りやく》と感じられる出来事があったりするでしょう。ともあれ、自分からも足しげく参拝に訪れるべきです。その際は、祈願するより先に、まずは日々の感謝を捧《ささ》げること。また、お賽銭《さいせん》をケチるのもダメです。

神様との距離が縮まっているため、失礼がないよう、自分の生き方を見つめ直してみることも大事です。仕事に家庭、人間関係や経済面など、さまざまな方角から今の自分はどんな状況にあるのか、人生に通信簿をつけるつもりでチェックしてみましょう。「よくできました」もあれば「がんばりましょう」もあるはずですが、ここでポイントはプラスを伸ばすより、意識してマイナスを埋め、「がんばりましょう」を減らすことです。そのほうが人として早く成長でき、神様からの覚えもいっそうよくなります。

懐《なつ》かしい人から連絡があったり、逆に新しい出会いがあったりと、対人面が活発になり、それにともないチャンスが舞い込む予感もしています。実はこうした動きも神様のご加護によるものです。ありがたく受け止めると同時に、この好機をますます生かせるよう、自分でも精進《しょうじん》努力を重ねていってください。

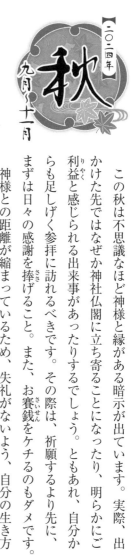

二〇二四年 冬 十二月～二月

秋の内省《ないせい》＝人生の通信簿づけによる自分改革の成果が出て、公私共にスムーズに進んでいける暗示です。特に年内はパワフルに動き回れるでしょう。とはいえ調子に乗ってエネルギーを使い果たすと、年明けからきつくなります。特に仕事面はダメージを受けるので、何でも全力投球でいくのではなく、任せられるところは人に任せる、いい意味で手を抜くことも覚えると、器用に立ち回るようにしてください。また、気力や体力が落ち込み気味と感じた時は、しっかり休息を取ることはもちろん、空気がきれいなところに出かけるのもおすすめです。自宅でも空気清浄機を活用して。

この冬は、副業や畑違いの仕事をしてみたくなる人が多い気配もしていますが、はっきり言っておすすめできません。地流生の男性は優秀ですが、それほど要領はよくないので、失敗する可能性が大だからです。ひとつのことに的《まと》を絞ったほうがうまくいきます。どうしても本業以外に何かやってみたいという人は、本業の内容に限りなく近い内容を選ぶようにしましょう。また、今すでに二足の草鞋《わらじ》を履《は》いている人は、どちらか一方を失うことになるかもしれません。ショックでしょうが、未練がましくなると、邪気《じゃき》や未成仏霊《みじょうぶつれい》を呼び込みやすくなり、ますます事態は悪化するので、潔《いさぎよ》く手放すことが肝心です。

天流生　女性の運命

流生命的性格

福運に包まれた棚ボタ体質

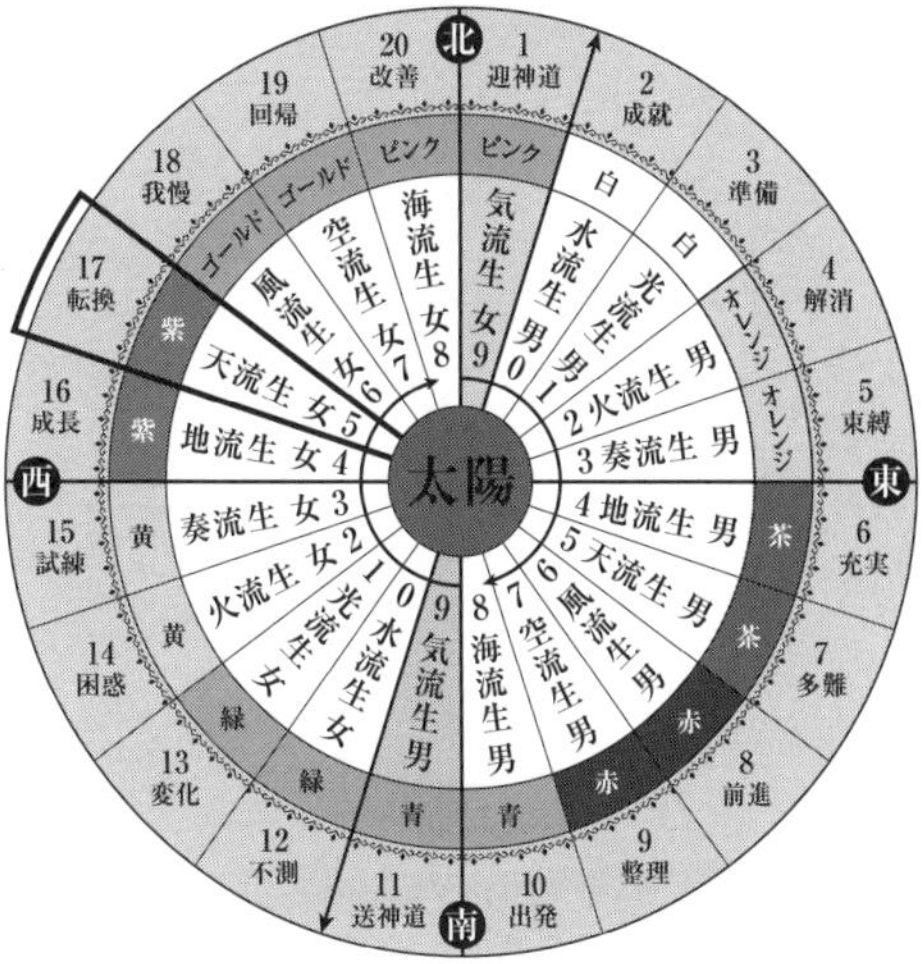

二〇二四年 福運格言

陰徳《いんとく》あれば必ず陽報《ようほう》あり
福運《ふくうん》は徳積《とくつ》む人に降《ふ》り注《そそ》ぐ

5 天《てん》流《りゅう》生《せい》・女性の人生の流れ

天からの贈り物を受け取ることが多く、物心共に恵まれた人生が約束されています。邪気《じゃき》を弾《はじ》く「気」を神様から授《さず》かって、ピンチを逆にチャンスへとつなげられるポジティブな性格の持ち主です。つらいことが重なっても投げやりにならずに、一歩でも二歩でも前進しようとします。危ないところで助っ人が現れたり、突如として幸運が舞い降りてきたり、棚ボタ運が抜群の「ラッキーな人」でもあります。

満天の星が輝く夜、特にお酒の場やネオンきらめく夜の町などが、あなたのラッキーアワー&プレイスです。ピンチをチャンスに変えるパワーが備わっていますから、仕事面での活躍も期待できるうえに、出会い運も上昇します。

仕事面では指示された仕事はきちんとこなしますが、率先《そっせん》してバリバリと稼ぐようなタイプではありません。経営者より二番手タイプでしょう。例えばレストラン、バーなどの客商売、キャビンアテンダントなどのサービス業が、あなたには向いています。

天流生女性の欠点は、「痛み」を知らずに人生を渡っていけるぶん、無神経になりがちなところです。周りから図々《ずうずう》しいと思われる可能性も大。知らないうちに人を傷つけてしまい、大切な人を失うことにもなりかねません。無邪気さと無神経さは紙一重ですので、言葉遣いや振る舞いには注意しましょう。そのためにも時にはひとりで、自分を見つめ直す時間を取ることです。孤独をあまり苦と感じないタイプですので、人付き合いに疲れたと感じたり、最近、羽目を外《はず》しすぎているなと思ったら、自分の時間を確保してください。

恋愛面に関しては、あなたの性格と「あげまん」気質がプラスに働き、付き合う男性は決まって運がよくなります。デートも、昼間より天流生女性が福運をつかめる時間帯である夜のほうがいいでしょう。

ただ、基本的にはあなたは男性を心から愛することが苦手です。いい恋愛ができないのは、異性に対して、つい値踏みしてしまうあなた自身に問題があります。別れた途端《とたん》、相手の運は確実に下がるわけですから、逆恨《さかうら》みされて生霊《いきりょう》を飛ばされるという理不尽《りふじん》な目に遭《あ》う恐れもあります。別れ話は、くれぐれも穏《おだ》やかに進めてください。ただし、結婚後は嫁姑《よめしゅうとめ》問題や離婚の危機などとは無縁の、楽しい家庭を築けるでしょう。

二〇二四年の全体運

金の打ち出の小槌《こづち》が視《み》えました。この年はこれまであなたが徳《とく》を積んできた福運貯金が満期を迎え、さまざまなことで恩恵を受けそうです。もちろん、これまでのあなたの行いによりますので、「こんなにあるんだ」と大喜びする人もいれば、「まったく福運がこない」と嘆《なげ》く人もいるでしょう。その福運は、人材や人間関係、人からの評価という形で現れることが多いはず。勲章や賞をもらうなど高い評価を受けたり、周囲から大事にされたり。「勝って兜《かぶと》の緒《お》を締めよ」「実《みの》るほど頭《こうべ》が下がる稲穂かな」と二つのことわざが聞こえましたのでそうした評価に対して、有頂天《うちょうてん》になったりあぐらをかいったりすると、反感を買って痛いしっぺ返しをくらうことに。こうした時期は、いいことも悪いことも目立つため、嫉妬《しっと》ややっかみには注意が必要です。

女性が泣きながらあなたの元に駆け寄るビジョンが視えました。あなたに相談したいことがあるようです。その際は相手の言い分をよく聞いて、自分の体験からのアドバイスをしましょう。相手の声を聞き逃《のが》したり、聞きかじったような助言をすると、ポイントがズレて相手からきょとんとされることも。また、中学生ぐらいの少年があなたにニコニコと笑顔で話かけているビジョンも視えました。親戚や近所の子どものようですが、この年は親しみやすいあなたの性格から、年齢、性別関係なく仲よくできるでしょう。あなたも笑顔と丁寧《ていねい》な言葉遣いで接しましょう。

歌舞伎《かぶき》のビジョンが視えました。日本の伝統芸能と縁がありそうです。歌舞伎、日本舞踊や浄瑠璃《じょうるり》などは伝統文化にもかかわらずとても新鮮に映るはず。お城や神社仏閣巡りも福運アクション。童謡などの日本の古い音楽や懐《なつ》メロも癒《いや》しとなります。「品」の文字が浮かびました。茶道や華道を学ぶと所作《しょさ》や立ち振る舞いの美しさが身につき、姿勢もよくなります。おにぎりも現れましたので、お米にこだわるのも吉です。お餅やせんべいなどの米を原料とした食べ物もよいエネルギーをもたらします。

自転車の後ろにうなだれている痩《や》せた男の人が視えました。これはあなたのご先祖様で、あの世への行き方がわからず彷徨《さまよ》っているようです。子孫であるあなたに気づいてほしく、霊障を起こしそう。命日を忘れていたり、同じ命日でも片方のご先祖様だけご供養しているといったこともありそうなので、一度調べて、きちんとご供養してあげて。また、普段から神棚や仏壇の掃除もしっかり行い、故人の形見のものを取り出したり、思い出すことでも功徳《くどく》がもらえますよ。

二〇二四年の恋愛運・結婚運・家庭運

悪魔がギロリとにらんでいるビジョンが視えました。また、惚《ほ》れっぽく、のぼせているあなたが浮かびました。二〇二四年の恋愛運は低調で、出会いも期待できないため、マッチングアプリを活用したり、ナンパされてついていくなど安易な方法に走りがちに。しかしそこにあなたが望む相手はいないでしょう。遊ばれたり、二股をかけられたり。ひどい場合はロマンス詐欺《さぎ》や結婚詐欺に遭《あ》う可能性も。信頼できる人からの紹介やお見合いをおすすめします。現在お付き合いしている人はパートナーに依存しすぎる傾向が。相手があなたを重く感じている節も感じられます。

結婚運は低調で、彼もあなたも慎重になっている印象です。この年の結婚は授《さず》かり婚による早婚か、機が熟した晩婚かの両極端になりそう。ずっと前から予定している場合は、これに当てはまらないのでご安心を。

家庭では子どもの部活やPTA活動で忙しくなりそうです。また、お稽古事や塾の送り迎えなどでも手がかかりそう。子どものことに熱心になりすぎて、家事が疎《おろそ》かとなり、夫婦間がギクシャクするシーンも。ペットの病気に気を病《や》むこともありそうです。

二〇二四年の仕事運・金運・対人運

「蒔《ま》かぬ種は生《は》えぬ」ということわざが聞こえました。仕事運は好調で、成果や結果が出やすい年です。また、失敗しても、すぐ次にチャンスがやってきます。ただ、種を蒔かなければ収穫できませんので、成功しても失敗しても次の収穫に向けて歩みを止めてはいけません。職場を笑顔で闊歩《かっぽ》しているあなたが視えました。やる気、やりがい、仲間、そして結果とすべて充実している印象です。この年の独立や転職はやめたほうがよいでしょう。今の職場でもっと勉強できるはずで、独立を望むなら数年後が適切です。

金運は好調で、昇給や売り上げアップが期待できます。また思わぬ臨時収入も。それに応じての出費も増えますが、十分賄《まかな》えそうです。ただ、興味のない投資やギャンブルはやめましょう。ギャンブル依存は、流生命の流れに乗れていない証拠です。

「我が身をつねって他人の痛みを知る」という言葉が浮かびました。軽はずみの言動や行動により周囲を怒らせてしまいそう。また「浮き足」という言葉も出てきました。友人が真剣に話しているのに、あなたは上《うわ》の空だったり、適当にあしらったりして幻滅されることも。どちらもあなたの態度次第ですので、注意しましょう。

二〇二四年の健康運

階段ですべるビジョンが浮かびました。特に雨の日は注意してください。骨、手足、あばらが強調された人体模型が視えました。骨折やリウマチ、骨粗鬆症《こつそしょうしょう》、ヘルニアが心配です。胃や腸のポリープも気になりますので、定期検査を受けて。キリキリと頭が痛む様子も見受けられます。片頭痛、頭皮のかぶれ、円形脱毛症、虫歯などが原因かも。

疲れている時の車の運転は避けるか、少し休んでからにしてください。それでもすぐに必要なら、十分気をつけて慎重に。事故や違反をする恐れがあります。

ラッキーフードは鶏や豚肉、フグの唐揚げ、白身のお刺身、焼魚。麺類では、おそばがいいでしょう。痩《や》せた人と太った人のが両方が視えました。過度なダイエットはNGです。過食症や拒食症になります。痩せたい場合はバランスのよい食事と間食を控え、ウォーキング、ストレッチなどの王道のダイエット法を。粗食《そしょく》を意識するのも◎。流行りのダイエット方法にうかつに手を出すと健康を害することに。

大事なものを磨いているあなたが視えましたので、宝石や貴金属などを手入れすると癒しと活力の両方が得られます。

二〇二四年 春 三月〜五月

公私共に年下や後輩の面倒を見ることになる暗示が出ています。仕事では新人教育を任されたり、プライベートでは自分より若いママ友の相談に乗ったりと、人のために時間や労力を割《さ》くことになるでしょう。正直、負担は増えますが、相手は素直で呑み込みも早く、教えがいがあるはず。また、相手はもちろん、それ以外の人も、あなたの面倒見のよさに感心し、信頼も篤《あつ》くなるので頑張って。

あなたが額縁のようなものを作っているビジョンも浮かびました。仕事の印象が強いですが、自分で枠組みというか叩き台を作り、計画的に物事を進めていける暗示です。苦手分野を克服するために必要な方法を思いつくこともありそうです。

プライベートはいろいろな行事に参加することになる予感。ある程度、かしこまった席と思われるので、冠婚葬祭などが多いのかもしれません。あなたの到着を今か今かとみんなが待っている様子もうかがえるので、歓待してもらえるはず。ただ、どうしても出費はかさみますので、本書をお読みの今のうちから節約を心がけましょう。

また、健康面もやや心配です。普段より睡眠時間は長めに取ってください。ご先祖様が頼ってくるイメージもあるので、春のお彼岸《ひがん》はもちろん、日ごろからしっかりご供養を。

二〇二四年 夏 六月〜八月

たくさんの花束を受け取っているあなたの姿が視えました。福運の花が咲き乱れると言っても過言ではないほど幸せに恵まれる暗示です。例えば、結婚が決まったり、子どもを授かったり、あるいは何かの賞を獲ったり、手がけた仕事が大ヒットしたり。いずれにせよ、あなたが望んでいた喜び事があるはずです。ちなみに、もしこのタイミングで何ひとつよいことが起こらなかった場合は、流生命の流れから完全に外《はず》れている証拠。己《おのれ》を猛省し、改めて精進《しょうじん》努力していかなければなりません。

この夏は仕事がかなり多忙になる予感もしています。主婦や学生も、家事や勉強はもちろん、それ以外にも何らかの役目を与えられ、せわしなくなるでしょう。忙しいこと自体はよいことですし、やるべきことをきちんとこなしていけるはずです。ただ、春に続き健康面はあまりよくなく、疲労の色が濃い様子。注意力に欠けて、うっかりケガをしたりすることも。特に手足共に指と爪には気をつけて。目の不調も気になるので、おかしいなと思ったら、眼科でちゃんと診《み》てもらいましょう。また、自分の心身を休めることを一番に考え、義理絡みのお付き合いはなるべく避けるのが賢明です。ビタミンCを意識して摂ったり、暑いからとシャワーですませず、ちゃんと湯舟に浸《つ》かることもおすすめです。

【二〇二四年】秋　九月～十一月

　仕事はここ数カ月、忙しかったですが、手がけた企画が完成したり、人手が増えて仕事量が減るなどして、ようやくひと息つける暗示です。少なくとも休日出勤や毎日のように残業することはなくなるでしょう。何だか自分だけ楽しているようで悪いなと感じるかもしれませんが、周りはあなたのこれまでの頑張りを知っています。ねぎらってくれこそすれ、ずるいなんて悪く思ったりはしませんので、堂々と定時で上がるなど、自分の時間を大切にしましょう。

　プライベートは毎年恒例のイベントをこの年もちゃんと楽しめるはずです。また、かなり珍しい何かを見たり、貴重な何かを体験するチャンスもありそうです。その何かとは、動物や植物だったり、エンタメ系だったり、アート系だったりと人それぞれですが、思わず自慢したくなるほどでしょう。実際、ＳＮＳにあげるとバズるかもしれませんよ。

　この秋は自宅のリフォームや模様替え、家具や家電の買い替えをするにもよいタイミングです。家の中に新しい風を吹かせることで、家相がよくなり、家庭運や恋愛運にも好影響です。特に照明は少し明るいものに変えることをおすすめします。また、蘭の花を飾ることも（生花が無理なら写真でもＯＫ）、運気アップに効果的です。

二〇二四年 冬 十二月～二月

枝に積もった雪を眺めながら、ぶるぶる震えているあなたの姿が視えました。天流生の女性は寒がりなくせに、雪を見るのが好きですが、その通り、この冬は雪景色を楽しめる場所に出かけられそうです。ただ、もともと雪が多い地域に住んでいる方は、雪の被害があるかもしれません。いざという場合に備えて、早めに準備しておきましょう。

家族や友人など近しい人物の中から、意外な才能を発揮したり、優れた結果を出すなど、飛躍する人が現れ、あなたも我がことのように喜べる予感もしています。その人の存在はよい刺激となり、あなた自身のやる気も増すでしょう。

仕事は今までの努力が報《むく》われ、大事なプロジェクトを任されたり、肩書きがついたりと、抜擢される可能性が大です。それこそ期待の星になれると言えます。ただ、期待されているのはあなただけではなく、他にも何人かいる様子。ある意味、まだオーディションの最中なのです。見事、合格を勝ち得るには、初心忘るべからずで、慢心することなく、堅実に謙虚に励んでいくことが重要です。言うまでもないでしょうが、面子《めんつ》や見栄《みえ》にとらわれて、他者を蹴落《けお》とすような真似をすれば、確実に失敗します。相手のことを認める度量の広さや、周囲を思いやっていく協調性も発揮していってください。

天流生　男性の運命

流生命的性格

潔く繊細な強運の持ち主

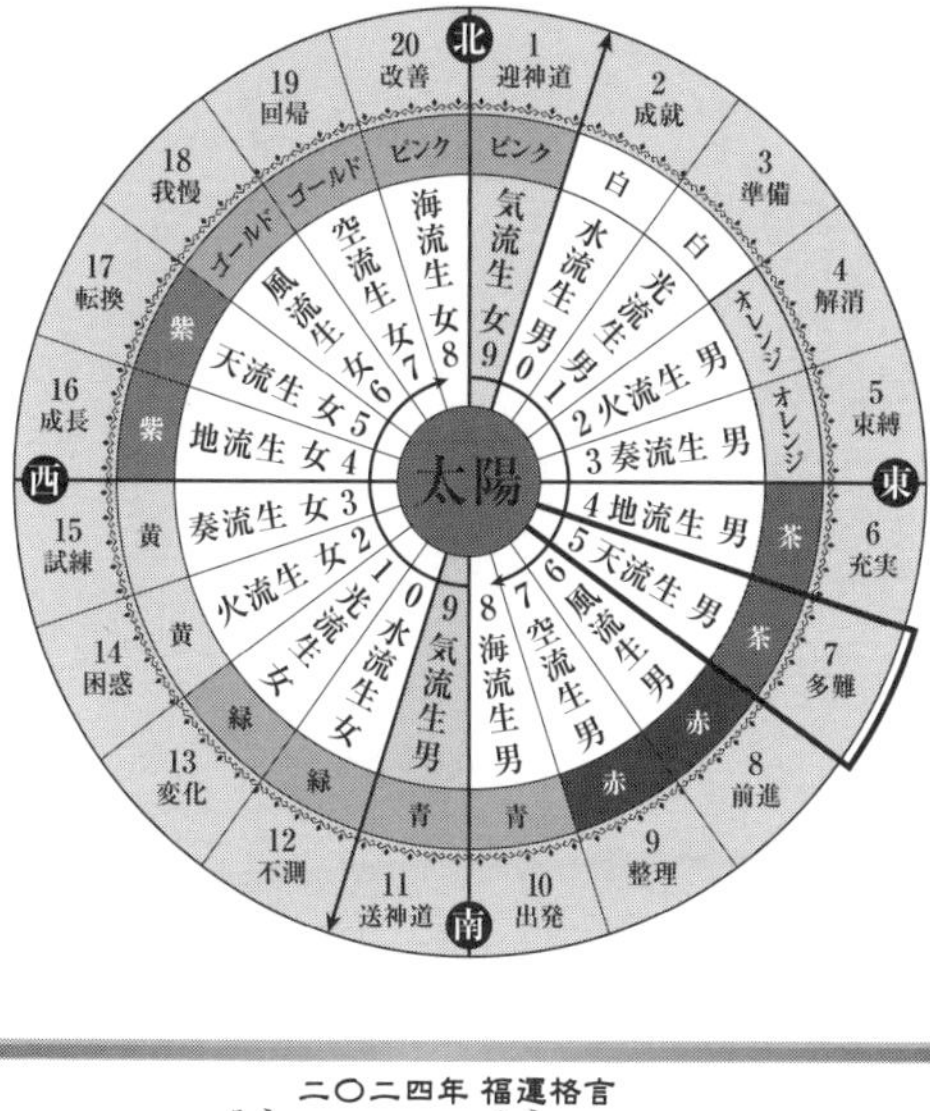

二〇二四年 福運格言

労《ろう》多くして功《こう》少なし
ただしその労、未来にて輝く

5 天流生《てんりゅうせい》・男性の人生の流れ

天流生女性が「夜の天」なら、天流生男性は「昼の天」で、日の光のご加護《かご》を受けています。そのため、「お天道様《てんとさま》と米の飯《めし》はついて回る」とばかり、どんな土地に行こうが、どんな仕事に就《つ》こうが、器用に立ち回ることができます。たとえどん底に落ちても、まさに不死鳥のようによみがえる不思議な運の強さも特徴です。

他人とのトラブルは、基本的には嫌う性格です。あなたにはたとえ誤解されても、あまり言い訳や弁解をしない潔《いさぎよ》さがあります。内心はつらくても平気を装《よそお》い、愚痴《ぐち》も吐《は》きませんから、周囲の人から絶対的な信用を得ていきます。

時間管理の術《すべ》を心得ていますので、仕事と趣味や遊びを両立させるなど、充実した人生を送ることができるでしょう。仕事はトップより、二番手で実力を発揮できます。つまり、番頭役が適任でしょう。アイデアを出すなどのクリエイティブな仕事より、それを形にしたりまとめたりする仕事がいいはず。例えば飲食店なら、オーナーより雇《やと》われシェフです。あまりガツガツと出世を目指したりトップを狙うと、あなたの人生にとって大きな痛手になる恐れも。また、ゲームセンターやパチンコ店、カジノバーなど、ギャンブルにかかわる事業に手を染めるのはやめましょう。思わぬ大ケガをする可能性があります。

女性の扱いも器用で究極の甘え上手のため、女性にはモテます。しかし、彼女ひとりでは満足できず、浮気や二股《ふたまた》は当たり前。ただし、開き直って浮気するタイプではなく、能天気に見えて案外繊細《せんさい》で、女性が傷つかないような心配りはできる人です。たとえバレたとしても、不思議なことにそれを女性のほうも許してしまう得なタイプといってもいいでしょう。女性におごられることも多く、ヒモのような存在になる可能性もあります。

たいてい早い時期に一度結婚しますが、結婚後も女癖の悪さは収まらないようです。ただし、妻の親は大切にするため、妻や義父母からの信頼は厚いのですが、あまりに浮気が度重《たびかさ》なると、別居や離婚に至ることは避《さ》けられないでしょう。

自分の親を粗末《そまつ》にすると、あなたの人生を先祖霊たちが寄ってたかってボロボロにすることが運命づけられています。「孝行のしたい時分に親はなし」になる前に、せっせと恩返しをしましょう。

二〇二四年の全体運

原っぱでうさぎがピョンピョンと跳《は》ねながらあなたの元へとやってくるビジョンが視《み》えました。この年はあなたに懐《なつ》いたり、あなたのことを慕《した》う多くの人があなたの元に集《つど》うでしょう。部下や後輩を指導する役に就《つ》くことも。多忙が解消されたり、煩《わず》わしい仕事から解放される一方で、人材育成は責任をともなうことから苦労する面も多いはず。だからといって適当にあしらったり中途半端に付き合うと、恩を仇《あだ》で返されるなど痛い目に遭《あ》いますよ。しっかり指導する、きちんと相手と向き合うといった姿勢が求められます。

「リセット」「つぎはぎ」という言葉が立て続けに現れました。家の修復が必要になりそうですが、リフォームを重ねるより思い切って新築を購入する、建て直すのが正解です。また、この二つの単語には、「事なかれ主義を正しなさい」という神様のメッセージが含まれています。あなたは特に仕事において「臭い物に蓋《ふた》をする」「見て見ぬふりをする」ことが多いですが、いろいろと限界に達している点も多く、問題点や膿《うみ》を出して根本的な改善が必要となります。たとえば、昔からの付き合いのため契約を切れない、今では通用しない職場のルールに縛《しば》られているなど。こうした事例を恐れずに破棄し、フラットな観点でゼロからのリスタートを目指しましょう。

　自分自身の改革にも着手する必要があります。これまでやってきたことや守るべきものが本当に必要かを自問自答してください。面倒な人間関係を解消したり、無駄な付き合いでの出費は見直すなど、捨てる勇気や手放す勇気を持つことです。小さなこだわりを捨てることで視野が広がり、目の前がパッと明るくなりますよ。

　あたふたと慌《あわ》てているあなたが視えました。あなたはすべてをこなそうとすると、いっぱいいっぱいになり、どれも満足できないものとなってしまいます。そうなると愚痴《ぐち》をこぼし、負のオーラをまとうことに。二〇二四年は自分を甘やかすぐらいがちょうどよいかもしれません。そして何に対しても、優先順位をつけること。順位の付け方は好きなことからやる、得意なものから先にやるでOK。まずはスムーズに事が進むことが大切です。

　味噌汁が現れました。実家や学生時代に住んでいた場所や昔の行きつけだった飲食店などを思い出したり、訪れたりすると懐《なつ》かしさと同時に当時の若いエネルギーが甦《よみがえ》ります。「身にしみる〜」と胸に手を当てているあなたが視えました。おもてなしやプレゼントを受けることがありそうです。優しいひと言をかけられるといった何気ないものでも、あなたは「求めていたものは、これなんだ！」といたく感動しそうです。

二〇二四年の恋愛運・結婚運・家庭運

恋愛運は薄い時期です。そのためか、焼けぼっくりに火がついて元カノと復縁したり、友人から恋人に発展するといった、狭《せま》い範囲や身近なところでのカップル誕生はありそうです。同窓会で再会して不倫をする可能性も。ただし、離婚の相も出ていますので、一時の感情で一生を棒に振らないように。なお、離婚に関してはあなただけが原因ではなく、奥さん側にも問題がありそうです。だからといってあなたも不倫に走っていいわけではありません。不倫は魂を汚しますよ。

この年は節目のようで、結婚を決断する人も多い様子。十年付き合ってようやく落ち着きたい、結婚への障害がなくなったなど、いったん決めるととんとん拍子に進むでしょう。また、子どもの誕生の兆《きざ》しもありますので、授《さず》かり婚といったケースも。

家庭では、家族それぞれが自立している様子で、一見バラバラに感じるもののそれぞれがそれぞれの目標を持って歩んでいます。女の子がいる人は海外留学や国際結婚など、遠くに行ってしまうイメージも視えました。寂《さび》しくなりますが、娘の門出《かどで》を祝って送り出してください。また、小さい子どもがいる家庭は、事故や転倒に注意すること。

二〇二四年の仕事運・金運・対人運

仕事はひと段落している様子。最前線でビシビシ働いていた人も、この年は役目を譲ったり、後輩を指導したりと奥に入るイメージがあります。「余生を楽しむ」という言葉も聞こえましたので、早期退職を希望する人も。イスがくるっと回っているビジョンも視えました。この年は社内勤務よりも営業職など外で活動・活躍することが多そうです。

金運はまずまずですが、ボーナスや臨時収入は期待しないほうがいいでしょう。百円玉を入れる貯金箱が視えました。あなたは小さなお金でも大事にするタイプですので、この年は一攫千金は狙わずにコツコツと貯めていって。ポンプで水を吸い上げる井戸が視えましたが、まだ掘っている段階できれいな水ではありません。これは欲しい物がなかなか手に入らない暗示。ただ、そのタイミングは近づいているので、手を止めないように。

年下や後輩を可愛いがる半面、同僚に対しては負けず嫌いの面を発揮しそうです。過度なライバル心は、嫉妬《しっと》に形を変え、嫌がらせや中傷に発展していきます。さらに生霊を飛ばして、あなた自身が不幸になるケースも。切磋琢磨《せっさたくま》の姿勢はよいですが、嫉妬心は百害あって一利なしと心得てください。

二〇二四年の健康運

根詰《こん》めて何かを研究している様子が視えました。ただ、熱中しすぎて、その後にダウンしてしまったようです。肩で息している疲労困憊《こんぱい》の様子もうかがえます。この年は時間を決めて、きちんと休憩をとったり、終了時間をあらかじめ設定するなど、メリハリをつけることが大切です。

胃腸が弱くなっている印象と息苦しさも感じました。胃腸炎、肺炎や気管支炎などに注意を。またダストアレルギーの懸念もあるため、なるべくホコリっぽいところ避けてくださいい。空気のよいところに行き、のんびりリフレッシュすることも大切です。その際はスマホの電源もオフにして、デジタルデトックスを。

ラッキーフードは片手でも食べやすいロールパンのサンドイッチ、エネルギーとなる肉類（豚肉）がおすすめ。季節感のあるたけのこ、トマト、スイカ、ところてんも吉。

朝にサイクリングをしているあなたが視えました。少々太って見えることからダイエットを兼ねてでしょうが、とても健康的です。朝のすがすがしい風を感じれば体の目覚めにもなりますし、その日の行動予定の確認など頭の整理にも役立ちます。

二〇二四年　春　三月〜五月

長く続いた雨がようやくやみ、一対の鳥が颯爽《さっそう》と天高く飛んでいく光景が視えました。ここのところ停滞気味だったと思いますが、悩みや不安は洗い流され、晴れ晴れした気持ちなれるでしょう。心機一転、新たなスタートラインに立てるともいえます。また、壊《こわ》れかけていたものや、諦《あきら》めかけていたことが、ゼロ地点に戻り、やり直すチャンスをもらえることもありそうです。

一方で、黒い雲のようなものが、太陽の周りをうろちょろしているイメージも。不穏かつ鬱陶《うっとう》しい印象です。大切なものを奪《うば》われたり、エネルギーを削《そ》がれるような出来事が迫《せま》りつつある暗示です。例えば仕事の手柄を横取りされるとか、恋人を奪われるとか、借金を踏み倒されるとか。ともあれ、先に述べたようにスッキリした!と思っても、油断は大敵です。新たな敵が接近中と考え、慎重に行動しましょう。また、嫌な感じがすると思った人物とはさりげなく距離をおくのが賢明です。

和服姿のおばあさんが微笑《ほほえ》んでいるビジョンも浮かびました。お年寄りがあなたの味方になってくれる予感です。実際、彼らの意見が非常に参考になったり、一緒に過ごすと不思議と癒《いや》されるはずなので、血縁のあるなしにかかわらず、交流する機会を増やして。

二〇二四年 夏 六月～八月

海を横目に見ながら、ヒマワリ畑の中をバイクで走り抜けていくあなたの姿が視えました。とても素敵な景色ですが、あなたはチラリとも見ず、ただ前を向いています。この夏はひとりで何かに一心不乱に打ち込むことになる暗示です。なおかつスピード感も求められるでしょう。容易なことではありませんが、結果を恐れず、捨て身の姿勢で取り組んでいけば、満足できる結果を得られます。

必死で頑張っているからか、神経が敏感になり、些細《ささい》なことでイライラしてしまう気配もしています。実際、あなたにとっては耐《た》えがたい不快さであり、ついつい感じが悪い態度になりがちでしょう。でも、それでは周囲に誤解されたり、悪くするとケンカに発展しかねません。察してほしいと思うのではなく、自分が苦手なことや、相手にやめて欲しいことははっきり伝えて、協力してもらえるようお願いするべきです。

この夏は何かが壊れる予感もしています。仕事で必要な物というイメージが強いので、スマホやパソコン、車などが故障するかもしれません。せっかくのデータが消えたり、約束の時間に間に合わずチャンスを逃《のが》したりと、かなり残念な思いをすることになるので、仕事の必需品はしっかりメンテナンスをし、可能であれば予備も準備しておいて。

二〇二四年 秋 九月〜十一月

見事な紅葉と、そこに溶け込んでいるあなたが視えました。この秋は、周囲の流れや世の中のムードと自然と呼吸が合う感じで、スムーズかつリラックスして過ごせるでしょう。それこそ相手も自分と同じことを考えていたり、狙いがピタリと当たったりで、公私共にストレスゼロといった感じ。また、仕事は収穫の季節にふさわしく、これまでの努力が報《むく》われ、成果を出すことができるはずです。

あなたがプールサイドでデッキチェアに横たわり、くつろいでいる光景も浮かんでいます。遅めの夏休みといった感じです。実際、長めの休みが取れ、余暇を満喫できるでしょう。視えた光景は南国っぽい印象なので、海外旅行に行く人も。なお、同行者には一緒にいて気楽な人を選ぶことが大事です。たとえ身内でも気を使う相手は今回はパスで。

周囲の人たちが、あなたをグイグイ前に押し出しているビジョンも。思いがけない大役を任《まか》されたり、リーダーに推薦される暗示です。中には選挙に担《かつ》ぎ出される人もいそう。ともあれ、何らかの責任ある役に推挙される可能性が大です。それだけ周囲はあなたに期待と信頼を寄せているわけですし、やり遂げられる実力があなたにはありますから、よほど時間と体力に余裕がない場合は別として、引き受けることをおすすめします。

二〇二四年 冬 十二月～二月

あなたが道にしゃがみ込み、グズグズしている光景が視えました。道草を食っている感じでもあります。気が進まない、あるいは他のことに気を取られ、やるべきことをあと回しにしがちな暗示です。そのため仕事は遅刻も含めて遅れが目立ったり、あれこれ手をつけてどれも中途半端に終わる恐れがあります。プライベートは奥さんや恋人以外に目移りして修羅場《しゅらば》を迎えたり、友人との約束をドタキャンすることが続くなんてことが。いずれにせよ、あなたの評判はガタ落ちになる可能性が大で、自業自得とは言え、公私共につまはじきにされかねません。そのような事態を避けるには、なぜ気が進まないのか、なぜ道草を食うのか、その原因を自分自身で突き詰めることが肝心です。原因さえわかれば対処の仕方は自然とわかり、不興を買わずにすむはずです。

あなたのことを思い浮かべると、体が寒くなりました。この冬は外で活動する機会も増えるでしょう。それ自体は問題ないのですが、寒さのせいでしもやけやあかぎれになったり、肌が乾燥してかゆくなったりする予感がしています。特に手はダメージを受けそう。体の不快感はストレスのもとになり、やる気も失われますから、早め早めのケアを心がけましょう。皮膚科で一度、ちゃんと診《み》てもらうこともおすすめします。

6

風流生　女性の運命

流生命的性格

愛に生きるドラマチックな人生

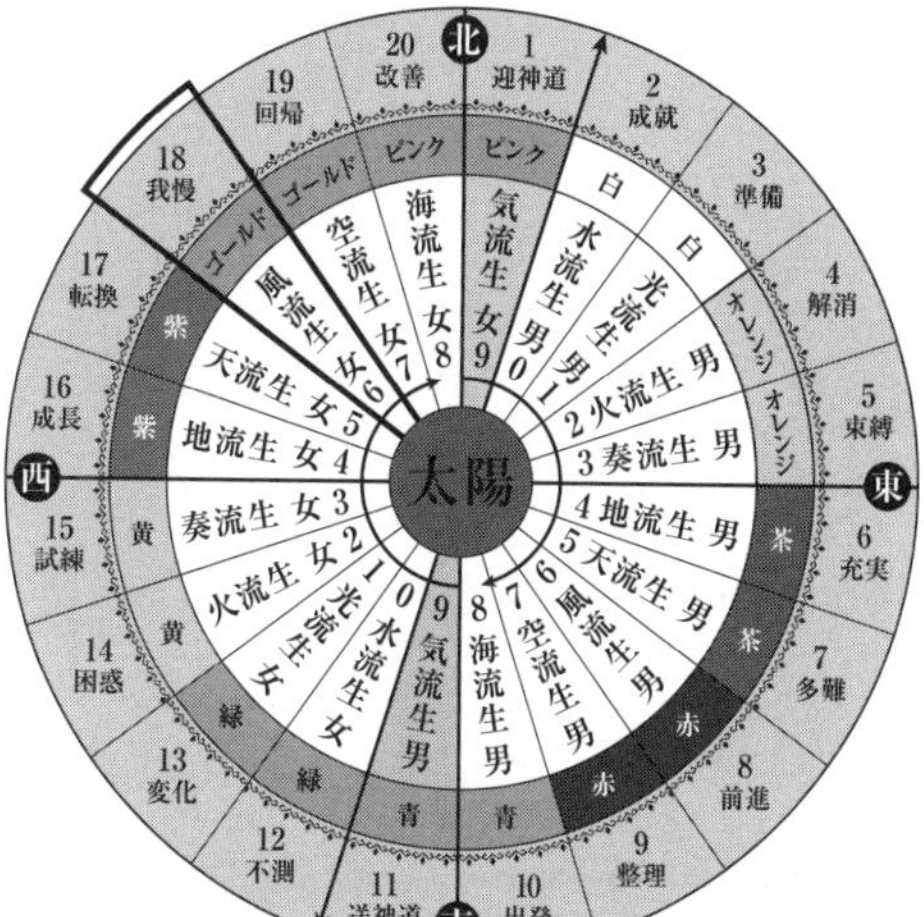

二〇二四年 福運格言

堅忍《けんにん》果決《かけつ》、孤軍奮闘《こぐんふんとう》

その先に光《ひかり》あり

6 風《ふう》流《りゅう》生《せい》・女性の人生の流れ

男性によって、人生の風向きが変わる運命の持ち主です。愛に生き、愛に死ぬようなドラマチックな人生となるでしょう。周囲の反応は、「女冥利《みょうり》に尽きるね」か「都合のいい女だ」のどちらかに分かれますが、何といわれようとも、あなたは愛する人と一緒にいられさえすれば、それだけで満足なのです。

しかしパートナー選びは、もちろん慎重《しんちょう》に行なうべきです。男性をひたすら信じ、粗探《あら》しもせず、邪気《じゃき》もなし。疑ったり勘《かん》ぐったりすることもないので、たとえ高額の借金を申し込まれても、「騙《だま》されている」とは考えません。甲斐性《かいしょう》のない男性に惚《ほ》れてしまうと、人生どこまでも貧乏がつきまといます。浮気性の相手なら一生、女性問題で泣かされます。男性から頼まれると嫌《いや》とはいえない優しい性格の持ち主ですが、いつも振り回されて、最後は自分で災《わざわ》いを背負い込んでしまいます。それだけに、自分の理想とする人物をしっかりと思い描き、それ以外の人は相手にしないぐらいの決意を固めてください。

あなたは理想の男性と結婚することで、より大きな福運を得られます。夫は安心してあなたに家庭を任せることでしょう。結婚と仕事を両立してもうまくいきますし、子どもの教育に対しても積極的です。

好きな男性には健気《けなげ》に尽くすのですが、仕事となると接客やサービス業には向きません。例えば経理や著述関係など、ひとりで淡々と作業をするほうが向いています。職場の人間関係に煩《わずら》わされない自由業もおすすめです。

また、「愛」以外のことに関しては自分の殻《から》に閉じこもりやすく、自分の可能性や才能を狭《せば》めてしまう傾向もあります。決して頑《かたく》なにならず、なるべくたくさんの人と接するよう心がけてください。

人生の明暗を分ける鍵《かぎ》は、同性との付き合い方にあります。あなたは男性にはとても甘いのに、女性には非常に厳しいところがあるのです。警戒心やライバル心が強く、防御の姿勢を決して崩そうとしません。そのため、生霊《いきりょう》や邪気《じゃき》を飛ばされる恐れが大です。ひとりでもいいので信頼できる女友だちを作りましょう。あなたを叱《しか》ってくれるサバサバした姉御肌《あねごはだ》の人が、あなたの人生にとっては大事な宝となるはずです。

二〇二四年の全体運

暗く長いトンネルをあなた一人で歩いている光景が視《み》えました。二〇二四年は耐《た》え忍ぶ一年となりそうです。ただ、トンネルの先に小さな光が見えており、暗く長い道のりですが、出口は見えています。今こそ踏ん張り時と思って一歩一歩進みましょう。もし、暗い道に恐怖を感じたり、諦《あきら》めの気持ちに陥《おちい》ったら、神仏に手を合わせてください。足元に明かりを灯《とも》してくれるはずです。

また別のビジョンでは、女性の大きな手がスッと伸びてきてあなたをすくい上げました。これは誰かがあなたを助けてくれる暗示ですが、あなたがどん底まで落ちないとその手は現れないようです。

あなたはこれまで他人任せで、人に頼ったり委《ゆだ》ねたりしてきましたが、この年は「私の考えが甘かったな」と痛感することが多々あるでしょう。家の中であなたが一人でいるビジョンも視えましたので、自分との闘い、自分一人で解決しなければいけないシーンが増えそうです。

このようになるべく人に頼らず、自分の足できちんと立つことが、この年の目標となります。そして自分の人生を見つめ、将来をきちんと考えることが求められます。一人の時間をいかに有効活用できるかも、重要なテーマです。同性との関係を深める、自分のやりたいことに励《はげ》む、学びの時間に充てるなど、自分磨きに使いましょう。

鯉《こい》が滝をスゥーと昇るビジョンが視えました。仕事で異例の大抜擢《だいばってき》があったり、玉の輿《こし》に乗ったりと、よもやのことがありそうです。選挙に立候補して当選するということも。

芝桜が足元にいっぱい咲いている光景が視えました。芝桜は小さな花が集まって咲くことから、花言葉は「合意」や「一致」。つまり、このビジョンはあなたが人を育てたり、面倒を見たりすることで一致団結を目指しないという意味です。

姉《あね》さん気質のある風流生の女性は後輩の面倒見がよく、世話焼きです。また上司や先輩にも取り入るのも上手です。ただ、それらが過ぎると、先輩風を吹かせて上から目線になったり、ゴマすりの提灯《ちょうちん》持ちになりがちです。そうなると評価は下がる一方になりますので、ご注意を。

「口は禍《わざわい》の元」ということわざが聞こえました。この年は軽はずみな言動や「売り言葉に買い言葉」といった口ゲンカは避けてください。争いはその場は勝つかもしれませんが、長い目で見るとあなたの負けになります。

二〇二四年の恋愛運・結婚運・家庭運

恋愛は低調の時です。思わせぶりな態度であなたに近づくも、ただ遊びたいだけのチャラチャラした男性だったり、好きになった人にはすでに彼女がいたりなど、どこかちぐはぐな様子。風流生の女性は常に出会いを求め、恋にのめり込みやすいタイプですが、この年は少し冷静になって恋愛は二の次と考えるのが正解です。

結婚運も今ではないと出ています。特に親の反対がある場合は、無理に押し通しても結果として失敗となる可能性が大きいでしょう。逆に相手の親から望まれる場合は、すんなり結婚が決まり、幸せな家庭が築けます。

夫のスマホをこっそりチェックしているあなたが視えました。嫉妬心から疑心暗鬼《ぎしんあんき》となりますが、そうしたあなたの行動や態度にご主人は反発しそう。離婚覚悟なら徹底的に追及してもよいですが、夫婦関係を続けたいのならば、ほどほどにすべきです。

あなたが子どもをガミガミと叱《しか》りつけている姿が視えました。毎回ヒステリックに金切り声を上げても子どもは「またか」と呆《あき》れて、「蛙《かえる》の面《つら》に水」状態に。単なるあなたの怒り損となります。アメとムチ、喜怒哀楽を使い分けて。

二〇二四年の仕事運・金運・対人運

歯車に軋《きし》みが生じているビジョンが浮かびました。あなたは会社や職場に不平不満を抱《いだ》いたり、人間関係の嫌気から退職を考えることも。しかし、それは感情論からくる一時的なものかも。親やパートナーに相談してから決断を。自分のお店を開きたいと考える人は、銀行から借金しての大勝負は避けましょう。たとえ小さくても自分のキャパシティーで勝負すること。それが長く続けるためのコツとなります。

金運は振るわずに、収入＝支出のその日暮らしになるでしょう。そのため、貯金は期待できません。家計簿をつけてお金を出入りをしっかり管理しないと赤字に転落するので注意を。

あなたの言葉遣いや言動が原因で、人間関係が緊迫することになりそうです。あなたとしては忠告や助言をしているつもりでも、相手からは愚痴や文句と捉《とら》えそうです。それはあなたのきつい物言いや語尾の強さ、タメ口によるもの。特に人に教える時は丁寧な言葉遣いを意識して。そして普段から愚痴は慎《つつし》むこと。愚痴ひとつで運気の流れを止めてしまいますよ。

二〇二四年の健康運

婦人科系の病気が気になります。特段不調がなくても一回検査を受けてください。首、椎間板《ついかんばん》、腰のヘルニアに注意を。また、長年悩まされた持病に画期的な治療法が確立されそうです。慢性化している人も、病院で診察を受けることをおすすめします。ポールや電信柱に車をぶつけるビジョンが視えました。バックする際や駐車する時には注意を。また、ブレーキとアクセルの踏み間違いなどもありそうです。

ラッキーフードは、漬物や納豆、チーズなどの発酵食品で、時間をかけて寝かせたものがよいでしょう。また、ネバネバ食材であるモロヘイヤやオクラ、山芋も精をつけるのにひと役買います。トマトや青魚も◎。

ストレッチやヨガなど、室内トレーニングをしているあなたが視えました。体を動かすことが、この年の福運アクションです。ジャズダンスやフラダンス、ベリーダンスなどダンスレッスンに通う人も多そうです。将来はインストラクターになる人も。

長期の旅行もおすすめです。リセットしたい時や次に大きな仕事を控えている時には、思い切って長期休暇を取得して旅行に行きましょう。行先はどこでも構いません。

二〇二四年 春 三月〜五月

　コマがクルクル回っているビジョンが視えました。公私共に迷いや気の弱さから、同じことをグルグル考えたり、同じところを行ったり来たりと、結局は何も進まず、無駄に疲れるばかりになる暗示です。まずはあえていったん立ち止まり、自分自身や周囲の状況は落ち着いて見つめ直してみてください。そうすれば、進むべき道は必ず見えてきます。また、その道は遠回りに感じるかもしれませんが、焦《あせ》ってショートカットを狙おうとすると元の木阿弥《もくあみ》になります。地道にいくのが一番の近道です。

　水鳥や水草、水面や水音のイメージも次々に浮かびました。川や湖、大きな池が家からけっこう近いところにあるのでは？　そこに行くと、とても癒され、未練や嫉妬といったマイナス感情も吹っ飛び、すっかり清まるはずです。おかげであなた本来のよさが戻ってくるうえ、運気も回復しますので、休日にはぜひ出かけてみてください。近所に川や湖などは特にないという人は、観光地として有名な水場を訪ねるといいでしょう。

　胃腸が弱っている印象も受けました。暴飲暴食しないことはもちろん、食事は消化吸収のよいものを選んで。胃痛や胃もたれがなかなか改善しない場合は、胃潰瘍《いかいよう》などの病気が隠れている可能性もあるので病院へ。実はつわり＝妊娠が判明する人もいそうです。

二〇二四年 夏 六月〜八月

大仏様の周りにハトがたくさんいる光景が浮かびました。鎌倉大仏を思わせます。さらに続けてさまざまな神社仏閣が視えました。この夏は、神様におすがりしたくなるというか、祈願せずにはいられない事柄が生じるでしょう。ある意味、勝負の時といえそうです。ともあれ、自分の好みで選んで構いませんので、どこかしら参拝・祈願に行くべきです。また、お願い事をする前に、まずは日ごろの感謝を捧《ささ》げましょう。そうやって謙虚に真摯《しんし》に手を合わせれば、神様も力を貸してくださいますよ。

ふたつのものを同時に欲しくなる暗示も出ています。しかし、どちらも手に入れようと欲張ると、かえってどちらも手に入らない結果になりがちです。的《まと》は一つに絞ることが肝要です。これは仕事や恋愛においても同様です。

また、風流生の女性は、家族や恋人など身近な人に対して、穏《おだ》やかに接しながらも束縛する傾向があります。自分の考え方や許容範囲内でしか、相手の自由を許さないという感じです。この時期は、その傾向がより強まり、相手から反発されたり、拒絶され、悪くすると関係性に決定的なヒビが入りかねません。もっと寛大さを養ってください。

大事にはならないはずですが、頭にちょっとケガをする気配も。落下物には気をつけて。

蝶《ちょう》が舞うコスモス畑で、満面の笑みを浮かべているあなたが視えました。浮かれているといってもいいほどのニコニコ顔です。長年のトラブルが解消したり、仕事で予想以上の成功を収めたり、無理だと思っていた恋が成就《じょうじゅ》したりと、かなりの喜び事があるでしょう。宝くじで高額当選するなど臨時収入がある予感も。いずれにせよ、何かしらの福運が舞い込むはずです。

あなたがピョンピョン飛び跳ねているビジョンも。新しい目標が見つかり、それに向けて張り切って動き回ることができる暗示です。特に仕事は頑張るほどに結果がついてきて、ますますやる気がわいて精を出す、という好循環が生まれるでしょう。

いずれにせよ、この秋はかなり好調な流れにあります。もっとも神様に嫌われる行為を重ねてきた人には、これらの吉兆《きっちょう》は無効です。有効にしたいのであれば、本書に記されているアドバイスをしっかり実行してください。

なお、夏バテを引きずるのか、手足のだるさやむくみが気になる気配もしていますが、歩く機会を増やすようにすると、解消に向かうでしょう。ただ長引くようなら、念のため病院で診《み》てもらうことをおすすめします。

二〇二四年 冬 十二月〜二月

あなたがあちこちに顔を出しているイメージが浮かびました。世話好きになり、特に恋愛の相談に乗ることが多い予感です。さらに上手にキューピッド役もこなし、あなたのおかげで恋が成就する人が少なくない様子。とても感謝されることはもちろん、人の役に立てたことで徳《とく》を積むこともできます。また、結婚相談所に勤めているなど、恋愛や結婚関係の仕事をしている人は常以上に活躍できるでしょう。

ただ、仕事では目上の男性から叱責《しっせき》される気配もしています。しかも、そこまで言わなくても……という感じ。場合によってはただの八つ当たりやクレマーの可能性もあります。いずれにせよ、げんなりしたり、ムカッとしたりするでしょうが、反撃すると余計に厄介《やっかい》なことになるだけです。自分にも反省すべき点があるならそこは反省するべきですが、基本的には受け流すのが正解です。それでもむしゃくしゃが収まらない時は、気分転換に買い物を楽しんで。特に靴を買うとスッキリするはずです。

また、この冬はいかに欲望やエゴに負けずに過ごすかで、その後の展開が大きく変わるときです。意欲以外の欲は捨て、自分のことより他者のことを優先する、そんな心構えでいてください。少なくとも人のものを欲しがったり、人のせいにするのはやめましょう。

6

風流生　男性の運命

流生命的性格

風向きを読むひらめき派

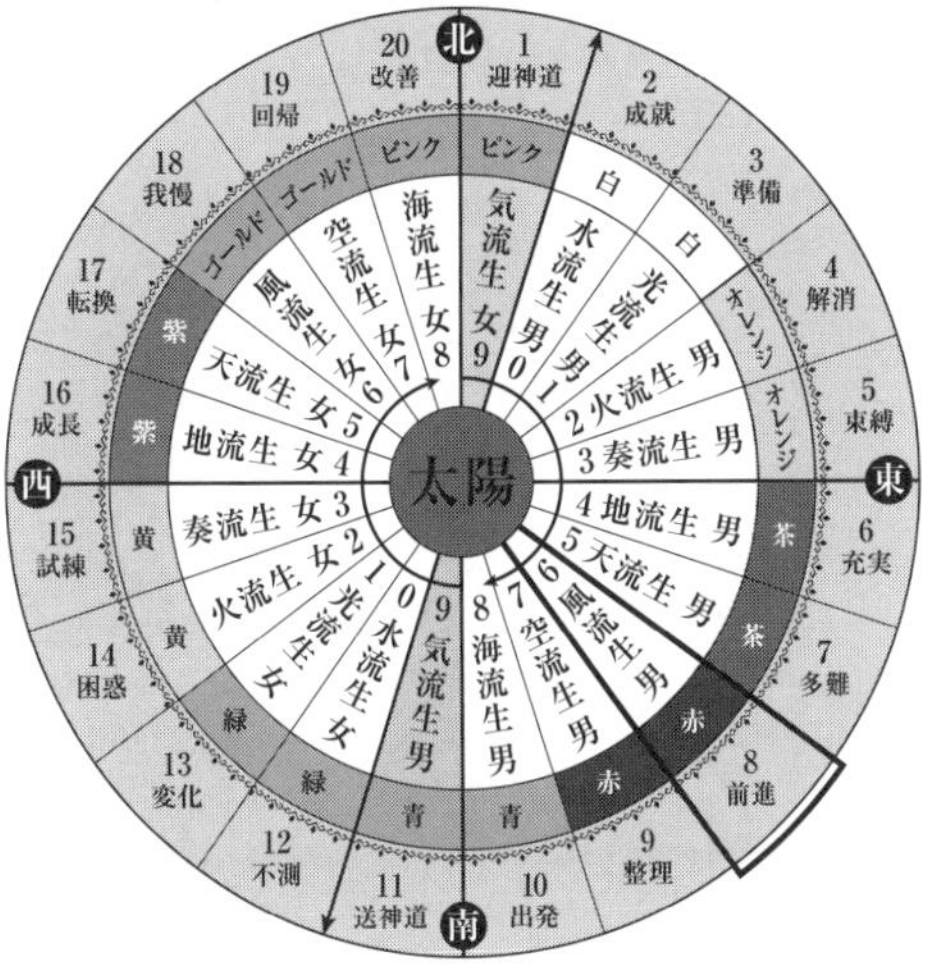

二〇二四年 福運格言

天網恢恢《てんもうかいかい》疎《そ》にして漏《も》らさず
天知る地知る我悔《く》い改めよ

6 風《ふう》流《りゅう》生《せい》・男性の人生の流れ

風使いのように、人生の追い風と向かい風を使い分け、ひょうひょうと自由に生きていく人です。ただし、風といっても、〝風の吹《ふ》くまま気の向くまま〟という、フラフラしたイメージは、あなたにはありません。天流生男性と似ていると思うかもしれませんが、風流生男性はうまくタイミングを計《はか》り、自分をコントロールすることができます。逆風のときにはグッと地に足を着けて踏み留《とど》まり、チャンスの風が吹いてくるのを待てる人です。

無から有を生み出す力に恵まれた、ひらめきの能力を神様から授《さず》かっているので、企画開発やクリエイティブの世界で、大いに活躍できるでしょう。そういった才能に〝神風〟が吹くタイプですから、世の中に貢献するような発明で特許を取得して大金持ちになったり、皆が驚く斬新な作品を世に出すデザイナーや作家、役者といった、その人でなければ生み出せない発想を武器にしたりする仕事に向いています。

風向きを読み取る力を持つあなたですが、思いがけず吹いてきた突風のようなハプニングには弱く、単に慌《あわ》てふためくだけになりがちです。最悪の場合、責任を他人になすりつけたり、物事を途中で投げ出したりという暴挙に出ます。こうした卑怯《ひきょう》で無責任な態度は未成仏《みじょうぶつ》霊《れい》の大好物ですので、よくよく注意をしてください。築き上げた信頼や名誉のすべてを、一瞬のうちに失いかねません。人として当たり前の礼《れい》を尽くし、社会人として当然の義務を必ず果たしてください。

特に同性と揉《も》めたときは、何か手を打とうとすればするほど自分の首を絞めることになるため、弁解など一切せず、嵐が過ぎ去るのをひたすら待つことです。本来は素直な性格なので、自分と違った意見も受け入れることができるはず。冷静さを失わないようにして。

逆に、女性とは派手に対立することはなく、とても寛大な態度で接します。特に愛した女性には、そよそよと優しい風のような愛をそそぎ続けていきます。ただ、あなたの寛大さと優しさにつけ込んでくる女性もいるようです。もともと女性を見る目がないことを自覚して、相手選びにはくれぐれも慎重《しんちょう》になってください。

結婚後は子宝に恵まれ、マイホームパパになるでしょう。外でどんな逆風が吹き荒れたとしても、家庭では幸せに過ごせそうです。

長い白髪を束《たば》ねている仙人のような人がプイっとむくれた表情をしているのが視《み》えました。一方で手すりの上もたれかかってそっぽ向く現代人の姿も。前者はあなたのご先祖様で、後者はあなたの友人です。あなたは両者に対して、何か不義理をしたり、気に障《さわ》ることをして怒らせてしまったようです。ご先祖様に対しては命日を忘れたり、ご供養が足りていないから。友人に関しては約束を破ったり借りていたものを返していなかったり。思い当たる節があるかと思いますので、速《すみ》やかに謝罪して行動に移しましょう。「それはダメでしょ」という声も聞こえましたので、不義理の限度を超え、仕事を横取りする、手柄を奪う、お金を騙《だま》し取る、友人の彼女や奥さんにちょっかいを出すといった裏切り行為に走った場合は、友人とは絶縁状態となり、他の友人までもが呆《あき》れ、あなたから離れていくでしょう。身を滅ぼすことは明確ですので、よからぬことは考えないよう肝《きも》に銘《めい》じてください。

この年は即座に動くことが福運を得るカギとなります。その際、面倒なことほど率先《そっせん》して動くこと。特に人から感謝される、人のために動くことは、徳を積むことになりますので、「私がやります」と積極的に動きましょう。

　大喜びしているあなたが視えます。何か結果を出したり、新たなものを手に入れるなど、ガッツポーズしたくなることが起きるでしょう。しかし、はしゃぎすぎてはいけません。あなたは自己顕示欲が強いため、自慢したり、匂わせたりしがちで、嫉妬ややきもちの対象になるからです。自分の胸に秘めておくのが賢明です。

「不自然」という言葉が浮かびました。背伸びしたり、かっこつけたりすると、ぼろが出るという暗示です。あなたは他人の目を気にするあまり、自分の考えや行動に自信が持てなくなっているよう。しかし、あなた本来でも十分勝算は立ちます。ないものねだりをするより、あなたがすでに持っている才能や技術をブラッシュアップしてください。

　金魚鉢が視えました。あなたはその中の金魚をじっと見ています。口をパクパクとさせた愛敬《あいきょう》のある金魚を見ていると微笑《ほほえ》ましく、気分が落ち着きます。実際に金魚を飼ってみるのもよいでしょう。

　障子を開け閉めするたびに引っかかるビジョンが視えました。これは大規模なリフォーム工事やマイホーム購入の暗示です。出費はかさみますが、「その時期がきた」ということで検討してみてはいかがでしょうか。

二〇二四年の恋愛運・結婚運・家庭運

恋愛運は上々ですが、軽はずみな行動が明るみに出て軽い男と思われそうです。あなたの恋愛は仕事や人間関係にも直結しますので、真面目《まじめ》な恋愛、信頼できる関係づくりを心がけて。出会いはひょんなところからありそうです。よく聞いたら同郷だった、知り合いが友人同士だった、会社以外の活動で同僚と出会うなど。良縁に恵まれる年ですので、そこから恋愛がスタートすることも。

結婚運もよく、自分でも驚くほど自然に結婚へと進みそうです。相手主導でいつの間にか婚約、結納へと向かうでしょう。たとえ結婚願望はなくても、嫌々《いやいや》といった印象は受けませんので、晴れ晴れとした気持ちでゴールインできますよ。

あなたは子ども好きではありますが、どこか自分優先の感じが否《いな》めません。時間がある時や気分次第で子どもと遊んでいる様子が見て取れます。遊園地に行く約束も急に仕事や遊びが入るとそちらを優先し、子どもの期待を裏切ることに。風の吹くままは風流生の男性の気風ですが、父親としてはNGです。夫婦間においても、優しさとキレキャラの二面性が出そうです。もう少し自分の都合は控えて、家庭ファーストを心がけましょう。

二〇二四年の仕事運・金運・対人運

試験会場で問題をスラスラと解いているあなたが視えました。社内検定や資格試験ではいい結果が出そうです。この年は勉強に意欲的で、独自の勉強法を確立したり、楽しさすら見い出しそうです。仕事もやり方を柔軟に変えたり、新たなものを取り入れたりと創意工夫が感じられます。日本の都会や田舎あちこち飛び回っている印象を受けました。複数人の旅行も感じましたので、社員旅行や研修といった場合も。海外出張もありそうです。

細い船がスゥーと川を通っている光景が視えました。スピードは緩《ゆる》めずに進んでいることから、この年の金運は細く長くの印象です。収入はドカンとしたものは期待できませんが、定期収入はあるでしょう。そのため無駄遣いはやめてください。まとまった貯金があれば不動産購入や投資に資金運用してもよいでしょう。

台風の目があなたをにらんでいます。これは上司や取引先などあなたより目上の人があなたに対して不満を持っている暗示です。自分に非がある場合は、すぐに謝罪を。しかし、誤解も含んでいる可能性もあるので丁寧に説明しましょう。大きな台風になってからでは大事《おおごと》ですので、スピードが求められます。

二〇二四年の健康運

腰を押さえているあなたが視えました。背骨の湾曲《わんきょく》、座骨神経痛、腎臓などの内臓疾《しっ》患《かん》の可能性もあるので検査を。歯医者に何回も通うイメージも感じました。虫歯の治療、口腔《こうくう》トラブル、歯の矯正などですが、合う合わない、できるできないもあり、複数の歯医者に通う羽目になるかも。

昼間にイスで寝ている光景が視えました。どうやら睡眠不足のようです。夜更《よふ》かしせずに睡眠時間の確保を。また、睡眠の質も低下しているようです。いびきや無呼吸症候群が懸念される場合は、病院で相談してみてください。

「スピード」の文字が視えました。落下物と自動車のスピードの出し過ぎには要注意。ラッキーフードは、どらやきなどの和菓子が心を落ち着かせます。オムライス、チャーハン、ピラフといった味のついたごはんは食欲がない時のお助け食となるでしょう。

福運アクションは故郷に帰ることです。旧友を深めたり、同窓会に参加するのも◎。自然豊かなところへ行き、森林浴をすると体や心を整えられます。また、全体運に出てきた金魚柄や金魚のグッズは福運アイテムとなります。

二〇二四年 春 三月〜五月

風流生の男性はひょうひょうとしながらも、自分のことより他者を優先する優しい人です。そんなあなたがこれまで行なってきた親切に対して、神様がご褒美《ほうび》として、独立や達成といった福運を授《さず》けてくださる暗示が出ています。特に仕事は長年の夢が叶《かな》ったり、待ちわびていた成果を得ることができるでしょう。実家を出て一人暮らしを始めたり、自分の城＝マイホームを購入する人もいそうです。また、五十歳を過ぎている人は、老後の安心材料が手に入る可能性が大です。

いずれにせよこの春は、何かしらの成功や満足を手にすることができるはずですが、そこで変に気取ったり、偉そうにしたりすると、運気は一気に悪化します。「今まで通り」の態度をキープし、人には優しくしていくことが重要です。

持病や生まれつきの弱点が出やすくなっている気配もしています。特にアレルギーがある人は要注意。何かが肌について、かぶれるイメージもあるので、洗顔料やシェービングクリームなど直接肌に触れるものは、新しい商品を試さず、「いつもの」を使い続けるのが無難です。うるしなどの樹液にも気をつけて。また、腰を傷《いた》める恐れも。もともと腰痛持ちの人はもちろん、そうでない人も、腰をかばうよう心がけてください。

二〇二四年 夏 六月～八月

仕事運は春に引き続き好調ですが、だからこそでしょう、気が緩んだり、慢心が芽生えて、遊びたい気持ちが強くなる予感。そのうえ趣味仲間が増えたり、楽しげな誘いが多い気配もしています。その結果、仕事がおろそかになり、信頼を失ったり、せっかくのビジネスチャンスを逃してしまう恐れが高めです。仕事だけに専念しろとまでは言いませんし、確かにある程度の息抜きは必要ですが、何事も過ぎたるは及ばざるがごとしです。遊び心を自制することも覚えてください。そもそも仕事はこの時期にしかできない業務があるはずです。それをおざなりにしていると、後で困ったことになりますよ。また、目先の利益《りえき》より、長期スパンで考えることも大事です。

この夏は公私共に、人づきあいには注意が必要なときでもあります。風流生の男性は素直で人懐っこいですが、誰彼構わず、すぐに仲間として心を許すと、利用されかねません。特に初対面の相手や急に距離を詰めてくる相手は、ちょっと用心して、相手の人となりをしっかり確認しましょう。対人面に関しては、家族や恋人を不安がらせることもある様子。わかってくれるだろうと考えず、自分の気持ちや希望は、きちんと言葉にして伝えてください。直接言うのが恥ずかしいなら、ＬＩＮＥなど文字でもＯＫです。

二〇二四年 秋 九月～十一月

　仕事は退屈なほど暇《ひま》な時もあれば、席を温める暇もないほど忙しい時もあると、極端に分かれる暗示です。自分なりの仕事の進め方やリズムが崩されやすく、心身共に疲れを感じがちでしょう。疲労回復には睡眠をしっかり取ることがポイントです。夜更かしはやめて、早めに就寝を。移動中や昼休みなどに仮眠を取るのも◎。仕事をスムーズに進めるには、社員旅行や飲み会など、職場の仲間との交流を増やすのもよい方法です。規模の大小は問いませんし、希望者のみの参加で構わないので、社内イベントを企画してみては？

　プライベートは、冠婚葬祭や町内活動など、断りずらいお付き合いが多いでしょう。自由に使える時間が減るうえに、どうしても出費もかさむので、損してばかりのように感じるかもしれません。しかし義理や配慮に欠ければ、周囲から敬遠されるようになり、いずれ必ず自分が困ることになります。目先の損得にとらわれず、律儀な人でいてください。

　また、家族サービスや恋人とデートする回数は減ると思いますが、だからこそたまの機会にはちょっと奮発して。特に遊園地に行くのがおすすめです。ウサギやリスといった小動物を飼い始めるイメージも。思った以上によい癒しになるはずです。

二〇二四年 冬 十二月～二月

コートを小脇に抱えたスーツ姿のあなたが、あちこち飛び回っているビジョンが浮かびました。仕事は暇なときもあった秋と違って、忙しさ一色になる暗示です。家に仕事を持ち帰ったり、年末年始も働き通しになるかもしれません。もっとも、やればやっただけ結果も実入りもついてくる時です。特に自営の人は、これまでのマイナスは補塡できるうえに、余裕も出るでしょう。ひょんなことから経費を大幅に削減できるなど、うれしい誤算もありそうです。会社員の人は逆に経費をこれまでより使えるようになったり、能率を上げる方法が見つかる可能性が。

公私共に、あなたのことをかばってくれる目上の味方も現れる予感もしています。ただ、大目に見てもらえることに甘えてばかりいると、さすがに相手は呆《あき》れ果て、見放されてしまいます。ミスや失言をなるべく減らすよう心がけることはもちろん、可愛がってもらうことより、認めてもらうことを目指し、己《おのれ》を成長させていってください。

あなたが度の強い眼鏡《めがね》をかけているイメージも。視力低下や老眼の進行、あるいは白内《はくない》障《しょう》などの目の病気が心配です。おかしいなと思ったら、早めに診てもらって。また暗いところで読み書きしたり、スマホやパソコンを長時間、休みなく使用するのはＮＧです。

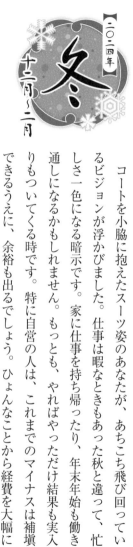

空流生　女性の運命

流生命的性格

愛嬌があり純粋

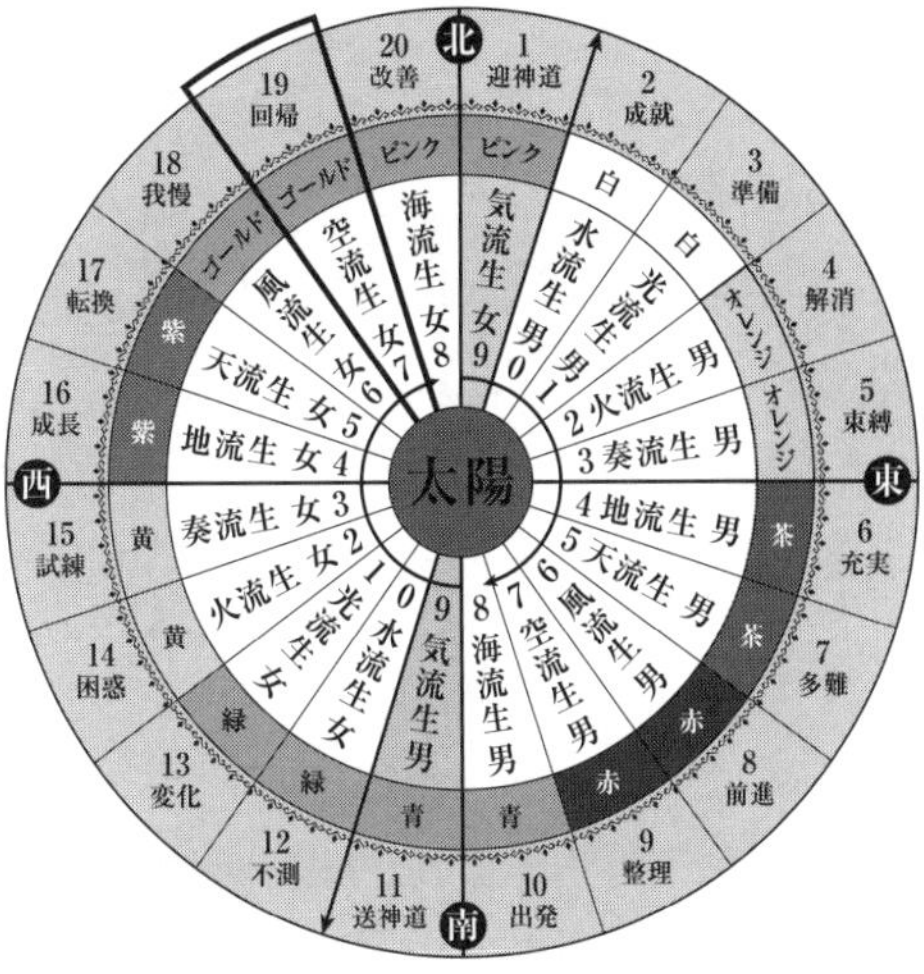

二〇二四年 福運格言

固執せず、行雲流水《こううんりゅうすい》の
心持ちが人生を拓く

7 空流生《くうりゅうせい》・女性の人生の流れ

どこまでも青く澄《す》み切った空、日本晴れと呼びたくなるほど清々《すがすが》しく純粋な魂《たましい》の持ち主です。女性ならではの可愛《かわい》らしさをたっぷりと持っているため、男性からの人気は絶大ですが、不思議と同性にも嫌われません。それはあなたの澄んだ心が、周りの人にプラスの影響を与えるので、「いつ会っても気分がいい」と思われているからでしょう。人を疑うことを知らず、かつ利己《りこ》的になることもないので、未成仏霊《みじょうぶつれい》や邪悪《じゃあく》なものに悩まされることはまずありません。

愛嬌《あいきょう》があって人に好印象を与えるので、接客業に向いているでしょう。それも動物園や遊園地の受付など、あなたの笑顔に接すると、誰もが楽しい気分が倍増して、「来てよかった」と思われるところが最適です。タレントとして活躍するチャンスも。

恋愛面を見ると、あなたは男性からとても人気があるため、恋人には事欠きません。しかし実際のあなたは能天気に見えて、かなり寂《さび》しがりやのはずです。特に、自分だけを一途《いちず》に愛してくれる人を求めています。しかしあなたは純粋で清浄な心ゆえに、恋人や夫の軽い目移りにも過度に反応しがちです。「この人とは合わない……」と、自分から去ってしまうことも。要は相手を自分の基準に当てはめ、減点法で判断するからいけないのです。「この人が好き」という自分自身の愛を、まずは大事にしてください。

最終的には、ビビビッときた人と結婚するはずです。自然ないい出会いがあり、その男性に望まれて結婚し、幸せになれます。結婚後は愛らしい妻として、夫に大事にされることでしょう。ただし、あなたは潔癖性《けっぺきしょう》に近いところがあるので、夫の許せない一面を見たり、浮気されたりすると即、離婚を決断する恐れも十分にあります。

お酒の飲み過ぎによる失敗が多いのも、空流生女性の特徴です。普段がピュアな分、お酒の勢いで羽目《はめ》を外《はず》しすぎると、あとでひどい自己嫌悪に陥《おちい》ってしまいますよ。

体力と根性に恵まれていますが、突発的な事故や災害が原因で、自律神経に変調をきたすこともあります。そんなときは自分ひとりで抱《かか》え込まず、夫や恋人、親友などに相談してください。あなたが日ごろ、周りの人たちに与えていたプラスの気があなたに還《かえ》ってきて、救いが得られるはずです。

二〇二四年の全体運

三叉槍《さんさそう》を持った、小さい悪魔が視《み》えました。邪悪なものが近づいてくる暗示です。些細《ささい》なトラブルやちょっとした嫌がらせでも野放しにすると相手は調子に乗って仲間を増やしたり、嫌がらせはエスカレートするため、事態が悪化する前に早期解決を。生霊《いきりょう》や邪念《じゃねん》を飛ばされないように注意しましょう。また、虫歯やピロリ菌、あるいはウイルス系の病気の可能性も。早めの検査や治療を心がけてください。

四角いポストが現れました。告白やプロポーズの返事、あるいは受験や就職の合格通知などの便りを待っているようです。悪いイメージはありませんので、よい結果が期待できますよ。

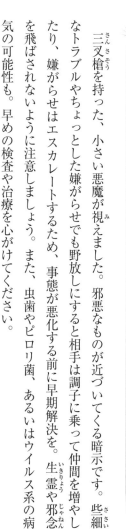

一頭の馬があなたの耳元で話し、アドバイスを送っている光景が視えました。母親的存在の象徴である馬頭観音《ばとうかんのん》かもしれません。夢の中で、年上の女性や徳《とく》を積んだご先祖様からお告《つ》げを受け、突然のひらめきを得る……なんてこともありそうです。現状維持に努めていれば、神様やご先祖様のご加護で悩みや憂《うれ》いは自然と解消できるでしょう。

クチバシが大きい鳥が現れました。最初はカラスのように感じましたが、じっくり焦点を合わせていくと、どうやらイスカのようです。イスカはクチバシがねじれて嚙《か》み合わない特徴のある鳥。職場でもプライベートでも、相手と話が嚙み合わなかたり、うまく説明できずに意図と違う形で伝わってしまったりと、イライラすることがありそうです。コミュニケーションの齟齬《そご》から、勘違いをしたり、よかれと思って取った行動が裏目に出たりして、周囲に迷惑をかけたり、取り返しのつかないミスを引き起こしてしまう恐れも。まず、あなたが意見をする前に、しっかり相手の話を聞くことに徹しましょう。納得がいかない場合は、他の人に聞いたり、再度質問することです。

「ケースバイケース」という言葉が浮かんできました。あなたには、以前のことに執着しすぎて、応用力に欠けるところがあります。前回と今回は状況が違うことを理解して、臨機応変な対応を心がけると、人生がもっと楽《らく》になりますよ。

あなたが秘書の姿として浮かびました。上品で個性的で、魅力的、第一印象の好感度が高いです。ところが同時に、お茶を運んで来たのに肝心のお茶が入っていないというミスをする様子も視えました。笑い話のようですが、これが大切な商談であれば、かなりの失態です。慎重に何度も確認する習慣をつけたほうがよさそう。「凡ミスに注意」。これが二〇二四年のキーワードです。

二〇二四年の恋愛運・結婚運・家庭運

この年は出会いが多く、あなたの第一印象もよいため好まれますが、お付き合いをすると、あなたが恋愛モードに突入して、相手にのめり込みすぎてしまいそう。恋愛をするとオシャレにも目覚めますが、その分、浪費も心配です。

淡いピンクの訪問着で座っているあなたの前に何かが積まれている光景が視えました。積まれているのは多額の結納金のようです。これは望まれた相手との結婚や玉の輿《こし》に乗る暗示です。立派な結納の様子から、きちんと手順を踏んだ末に結ばれた縁であることがわかります。手順を踏むというのは、両家の親がしっかりと話し合い、嫁《とつ》ぐ相手の親が主導で縁談が進むということ。良縁にはこの手順が大切です。

空流生の女性の場合、夫婦の主導権は妻であるあなたにあります。残念ながら、居心地のよい家庭にはなっていないようです。出張や残業などでご主人の不在が多く、寂《さび》しさを感じることも……。子どもには押し付け教育をしがちです。特に男の子には要注意。躾《しつけ》とはいえ、褒《ほ》めることをせずにダメなところばかり指摘していると、子どもはストレスを溜《た》めてしまいます。のびのびと育ててあげてください。

二〇二四年の仕事運・金運・対人運

クリーニング屋が手際よくアイロンをかけているビジョンが視えます。納期のある仕事に取り組み、仕上がりの丁寧さが評価されるイメージです。やるべきことを淡々と頑張っているあなたの姿も感じられます。二〇二四年は技術力に磨きをかけ、スピーディーさを意識して仕事に取り組むと大きな成果が得られるでしょう。「知ったかぶり」という声が聞こえていました。自分の範疇外のことにまで手を出すと、ミスを生んだり、思わぬトラブルを招いたりしてしまうでしょう。

金運は悪くありません。くじ運がよく、宝くじで少額当選のチャンスが。ポイントを活用する賢い方法が見つかったり、ちょっとした得に恵まれそうです。

靴を揃えているビジョンが視えました。気配りの暗示です。同性異性問わず、手土産を渡しているビジョンも浮かんでいます。心遣いによって円滑《えんかつ》な人間関係が築けているイメージです。プレゼントを贈る際には、相手をイメージして真剣に選ぶと、あなたのセンスアップにもつながります。お取り寄せを始めると、贈り物の情報が集まり、心も晴れやかになりますよ。

のど、肺、気管支に不安あり。咳《せき》が止まらないイメージも出ています。インフルエンザなどウイルス性の病気にかかると回復に時間がかかりそうです。免疫力や体力低下を感じることになるでしょう。十分な休息や睡眠が取れるように工夫を。

ケガや事故の気配は感じませんが、年忌《ねんき》の人による霊障《れいしょう》がありそうです。怖い顔をしたおばあさんが視えました。霊は合図として体調不良を引き起こします。ご先祖様のお墓参りをしっかりすれば、体調不良も解消されるはずです。

体力アップには肉類が欠かせません。季節の野菜やカリカリ梅も、疲労回復にはおすすめ。ハチミツや飴《あめ》を常備して、のどを労《いたわ》ってください。

動物園のキリンが視えました。女の子を連れて、楽しそうです。家族のレジャーやデートには動物園が吉。旅行先でも動物園があるなら立ち寄ってもいいですね。また、生態を調べると、新たな発見に出会えそう。

車イスのおばあさんのビジョンが浮かんできました。病院や介護施設で仕事やボランティアの機会を見つけたら、魂《たましい》が磨かれる機会ととらえ、しっかり奉公してください。

二〇二四年 春 三月〜五月

あなたがなのか、相手がなのかは不明ですが、単身赴任や長期出張することになり、夫や恋人と物理的に距離が離れてしまう暗示が出ています。もっとも心まで離れる心配はなく、いずれまた一緒にいられるようになるので、その点は安心してください。ただ、寂しさから暴飲暴食して太ってしまう気配がしています。健康面にも美容面にも悪影響ですから、食べること以外で気を紛《まぎ》らわせるようにしましょう。

体調に関しては、婦人科系と首と肩が気になります。生理不順やひどい肩こりが続いているなど、もともと不調気味の人は特に注意を払うようにして。

「横綱誕生」という文字も視えました。自分も含めて周囲の誰かや組織が、別格の存在になったり、トップに立つことがあるでしょう。例えば、子どもが何かの大会で優秀したり、勤めている会社が業界一位に躍《おど》り出たり、さらにはあなた自身が横綱レベルの地位に抜擢されるなんてことも。また身内で米寿《べいじゅ》を迎える人がいるなど、親戚一同集まるようなおめでたいこともありそうです。

うれしいことがある半面、隠し事が明るみに出たり、手柄を横取りされる予感も。不倫などバレたらまずいことは絶対にしないこと。またアイデアは内密にしておきましょう。

二〇二四年 夏 六月〜八月

この夏は恋愛運、結婚運共にが活発で、フリーの人はこれまで何とも思っていなかった相手と急に距離が縮まったり、交際中の人はゴールインが目前に迫《せま》ったりと、心ときめくことがあるでしょう。既婚者の人も家庭運は安泰です。また、独身・既婚を問わず、かしこまった服装で、高級そうな菓子折りを持ったあなたの姿も。お中元でしょうか、家の代表として親戚や知り合いに挨拶に行くことにもなりそうです。茶会など格式の高い席に呼ばれることも。いずれにせよ気を使うでしょうが、認められたようで誇らしくもあるでしょう。

役所や図書館など、公共の施設を訪れることが増える予感もしています。仕事関係なのか、私用なのかは不明ですが、ポジティブなイメージなので、訪れることによって、得るものがあったり、前に進むことができるはずです。

「指を使うとよい」という神様の声も聞こえました。嫌でも指を使う手芸やゲーム、あるいは指の運動をすることが、この時期のラッキーアクションです。また、「木」のイメージも浮かんでいます。夏のレジャーは海より山や森に出かけるのがおすすめ。木々に囲まれると心身共に安らぎ、エネルギーも充電できますよ。

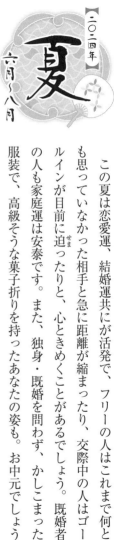

【二〇二四年】秋　九月～十一月

空流生の女性特有の弱さやずるさが出やすくなる暗示が出ています。自分でも「よくないな」と気づけるはずですから、その瞬間に自分を正してください。具体的には謙虚かつ正直になることです。少しぐらいなら……と自分に甘くなると、流生命の流れから外れてしまうことはもちろん、魂も穢《けが》れて邪悪なものを呼び寄せてしまいます。これではどうしたって幸せになれませんよ。また、悪心がわいている自覚のあるなしに関わらず、日々神様に手を合わせ、感謝と懺悔《ざんげ》を捧《ささ》げていってください。

この時期は、何であれ決断する時は自分ひとりで行なうことも肝要です。周りの意見に流されると、後悔する結果になりがちなうえ、相手を逆恨《さかうら》みして魂が歪《ゆが》む恐れがあるからです。むろん責任は自分で負うことが大前提ですが、己《おのれ》の意志を大事にして。

あなたが看板や案内図のようなものを作っているイメージも。プライベートの印象が強いですが、何かのイベントやセレモニーの主催者側になることがありそうです。プライベートでは、さほど付き合いがないか、正直厄介《やっかい》と思っている親戚が突然訪問してきて、さんざん飲み食いして帰っていくなど、困惑するやら腹立たしいやらといった出来事もある予感。残念ながら防ぐ手立てはないようなので、これも修行と思って耐《た》えましょう。

二〇二四年 冬 十二月〜二月

海外とのご縁が強まる暗示です。あなたが外国に行くというより、日本に来た海外の人と仕事をしたり、友情が芽生えたりする感じです。独身の人は恋に発展する可能性もあり、将来的には国際結婚もあるかも！　また、外資系やインバウンド（訪日外国人旅行）をターゲットにしている業界や商売をしている人は大いに活躍できるでしょう。いずれにせよ、つかんだご縁は大切に育てていってください。これを機に、語学や相手の国の歴史を学ぶなど、勉強を始めるのもよいことです。

東京・浅草の仲見世通りを思わせる町並みを晴れ着姿の人たちがゾロゾロ歩いている光景や、獅子舞《ししまい》のビジョンも視えました。にぎやかですが、改まった雰囲気です。いかにもお正月らしいお正月を迎えられる暗示です。また「一年の計は元旦にあり」で、年初に一年の目標や計画を立てると、よい流れに乗ることができるので、ぜひ実行してください。

致し方ない理由から、大事に育てていた植物が枯れてしまう予感もしています。ガーデニングや家庭菜園が趣味の人は早めに株分けしておくなど、打てる手は打っておきましょう。この冬はペットの病気もやや心配です。いつもと様子がおかしい時は、すぐに獣医さんに視《み》てもらって。

空流生　男性の運命

流生命的性格

努力家で平和主義

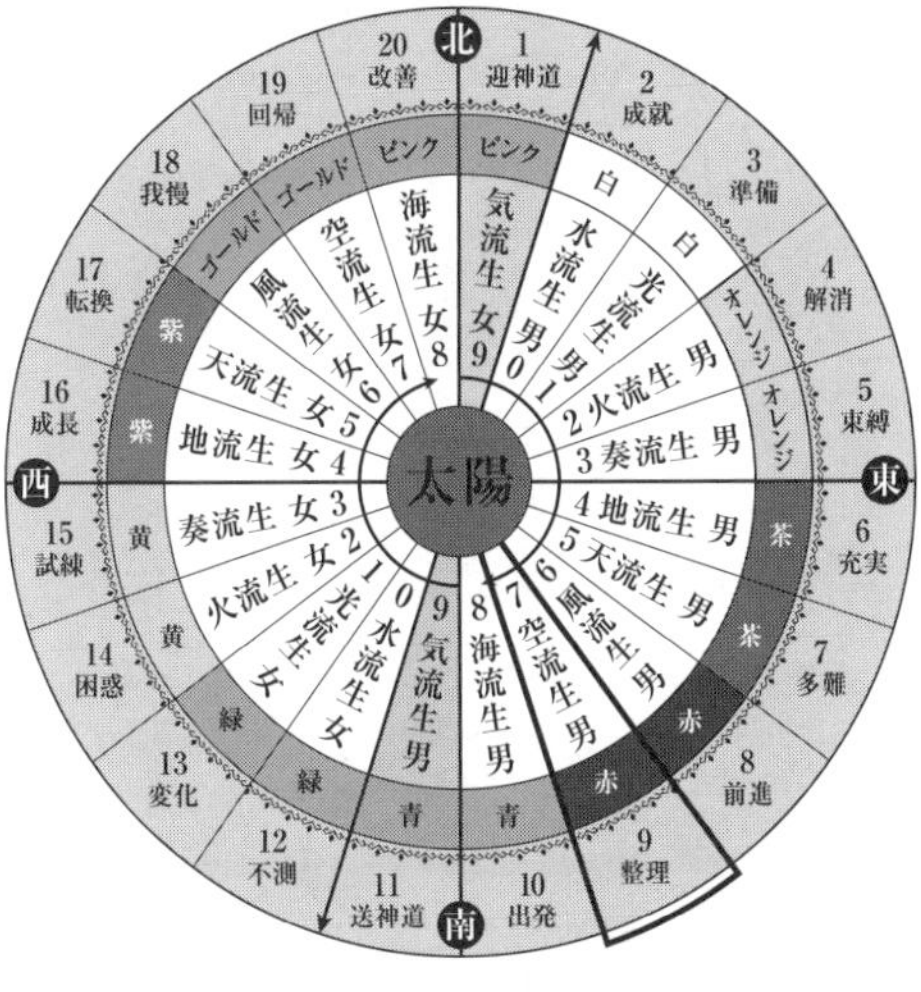

二〇二四年 福運格言

悪《あく》の易《やす》きや火の原を燎《や》くが如《ごと》し

善《ぜん》の雨で悪火を鎮火《ちんか》せよ

7 空流生《くうりゅうせい》・男性の人生の流れ

孤高を感じさせる澄《す》んだ冬空のような、高潔《こうけつ》の人です。地味でおとなしい人が多く、人との争いごとを嫌います。あなたが求めるのは、平和と静かな空気。職場などでトラブルが発生すれば、いち早く謝り、事《こと》を荒立てないようにうまく収めます。相手の言うことを真っ向から否定することはなく、人を押しのけたり、陥《おとしい》れてまで出世しようとは考えません。

ストイックなまでに自分に課題を課し、果敢《かかん》に挑《いど》んでいきます。しかし、あまりに目標が高いので、失敗や挫折《ざせつ》を味わうことが少なくないでしょう。実は神様は、「努力を重ねる一生」という運命をあなたに与えているのです。つまり、あなたの福運は努力の結果として現れるのではなく、努力の「過程」に対して与えられるものなのです。常に顔を上げ、前に前にと進んでいく姿勢こそが大事です。

仕事面でも、自分らしい仕事ならまっとうできるでしょう。マイペースで働いているうちに、初めは小さなプロジェクトがいつしか会社を支えるほどの事業になっていたなど、思わぬ大成功を手にする可能性も秘めています。

女性に関しては奥手なので、いくら努力といってもモジモジしているだけになりそう。そのため、晩婚になるでしょう。相手の女性にあれやこれやと求めることはなく、ひとつでも相手のことを尊敬できるところがあれば、それで満足できる人です。結婚後は、家族の尊敬を集める、立派な大黒柱になれます。

あなたは基本的に心優しい平和主義者なのですが、青空がにわかに暗雲に覆《おお》われるかのごとく、悪心《あくしん》がむくむくわいてくることもあります。その悪心は自分でも気づかないほど、普段は心の奥底に潜《ひそ》んでいます。突如、傍若無人《ぼうじゃくぶじん》な態度を取ったり、平気で人を裏切ったりすることもあります。こうした悪心は、嫉妬《しっと》深い未成仏霊《みじょうぶつれい》があなたに取り憑《つ》いている証拠です。特に他人より優位に立ちたいと願うようになったときほど、「自分に厳しく、他人に甘く」を徹底してください。さもないと心のタガが外《はず》れて、ズルい手段で相手を貶《おとし》めにかかる卑劣《ひれつ》な人間になってしまいます。

また、後悔を繰り返したり、ウジウジ考え込んでばかりいると、人生の流れは勢いを失います。神経性胃炎や胃潰瘍《いかいよう》などを引き起こす危険性もあるので、注意してください。

「虎《とら》の威《い》を借る狐《きつね》」という言葉が聞こえました。自分は偉《えら》くないのに権力を盾《たて》にして威張ったり、地位や名誉のある人の言葉をさも自分の考えかのように発言したりしていると、心の中に黒い雲がかかっていきます。悪知恵を働かせ、「このぐらいはいいだろう」と、ずるい行いこそが下落の第一歩です。少しでも黒い心に甘えれば、『ジギルとハイド』でジギルの善がハイドの悪に侵食《しんしょく》されていくように、悪いほうへと流れてしまい、気づけば周囲にあなたの味方はいなくなってしまいます。自分を厳しく律《りっ》し、「寄らば大樹」という言葉があるように、あなた自身が大樹となり、人に頼られる存在になってください。

体の中から毒を出しているビジョンが視《み》えました。これは愚痴は関係性を壊すという戒めです。あなたはこれまでの恩を忘れ、お世話になった人に対して、ついつい愚痴《ぐち》を吐《は》いてしまうこともあるかもしれません。でもこれは恩がある人に対しての裏切りです。あなたは甘えているだけかもしれませんが、愚痴は負のエネルギーを与えるものだからです。ほんの小言のつもりでも、愚痴という毒を吐き続けるようなら、いずれ友人や家族からもそっぽを向かれてしまいますよ。

隅っこで親が小さくなって立っているビジョンも視えます。親はあなたに呆《あき》れているようです。あなたが親につっかかっている様子も視えます。

もし誰も助けてくれなくなったとしたら、その原因はあなた自身にあることを忘れてはいけません。すべてはあなたの中の甘えが招いた結果なのです。神仏やご先祖様、あらゆるご縁を敬《うやま》う心を持ち、もっと大切に生きていきましょう。

空流生の男性は情に脆く、後輩を可愛がる一面も持っています。あなたが今以上に、他人を笑わせたり喜ばせたりすることに目を向ければ、本当の〝いいかっこしい〟男性になれますよ。

熱心に勉強しているビジョンが視えます。二〇二四年は学びの年になりそうです。資格試験に挑《いど》んだり、新規事業に着手したり、ワンランク上を目指して独立したりするのもいいでしょう。親から独立したり、親から継承したものをさらに広げていくにもよい年です。

居酒屋で働いているビジョンも浮かんできました。ひょんな縁からやりたかったことに出会い、生き生きとしているあなたを感じます。転職するならまったく畑違いの分野に挑戦すると、思わぬ道が開けそう。ちょっと手伝うつもりで始めたことなのに、後継者不足からあなたに白羽の矢が……なんてことも起こるかもしれません。

ひょんなところに新しい出会いがありそうです。偶然出会った相手があなたのことを気に入るなんてことも。ただ、遊びの関係はNG。交際するなら真面目《まじめ》な付き合いを。「復縁」という言葉が聞こえました。恋愛関係の復活の暗示です。修復しようと努力しているあなたがいます。心から復縁を望むのであれば、真摯な姿勢で相手と向き合い、その思いを伝えましょう。あとは相手次第です。復縁できたら結婚まで進む可能性大。理想の結婚生活を送っている参考となる夫婦が周りにいれば、触発されて一気にゴールインが近づきます。

一家で鍋をつつき合うビジョンが見えました。家庭運は良好です。ケンカをしても、鍋やすき焼きを囲めば仲直りできます。あなたが自ら鍋をつくって、家族に振る舞ってみては。精神的・肉体的な疲れを感じた時こそ、一人になるのではなく、家族と時間を共にしてください。一家団欒のひとときは、あなたが思っている以上にあなたを支え、力を与えてくれています。

ピンクの小さな靴のビジョンが視えました。女の子の子宝に恵まれる暗示です。

二〇二四年の仕事運・金運・対人運

仕事運は好調です。これが維持できるかはあなた次第。仕事の関係者からリクエストが届いたり、事業の舵《かじ》取りが必要になったり、あなたの存在が求められた時に、チャンスと捉《とら》えるか、無理だと拒絶するかで流れは大きく変わります。周囲があなたに期待し、あなたはその期待に応《こた》えることで、よい循環が生まれていくでしょう。

「脱皮《だっぴ》」のイメージが浮かびました。何か新しいことにチャレンジすべき時が来ているようです。ただし、これは古いことを捨て去るという意味ではありません。空流生の男性は義理人情のある人。これまでの恩や縁に感謝して、さらなる飛躍を目指すことで、経験したことのないような運の格上げを感じることができるでしょう。

お金については悩むことはなさそうです。サポートしてくれる存在に恵まれ、必要な時に必要なお金が入ってきます。借入と返済もスムーズです。

「後ろの正面誰？」という歌が聞こえてきました。周囲に他人がいるのに悪口を言ってしまい、大問題に発展する恐れが。誰の前でも口は禍《わざわい》の元。悪口や愚痴は慎《つつし》みましょう。そうすることで、信頼できる人や味方が自然と増えていきますよ。

二〇二四年の健康運

真っ先に浮かんできたのは、ファーストフードを立ち食いしているイメージです。不規則で栄養の偏《かたよ》った食事や早食いは、だんだんとあなたの健康を蝕《むしば》んでいきます。お腹《なか》がふくれているビジョンが視えました。胃や腸に水が溜《た》まっているかもしれません。熱中症や風邪、花粉症など、季節の病気も要注意。マスク姿で苦しそうに咳《せき》をしている姿が視えます。たかが季節の変わり目の不調と軽くみてはいけません。

高速道路で車の事故か違反で捕まっているビジョンが視えます。スピードの出し過ぎはカメラで撮られて悪事がバレますから、行いを改めて。

健康運を引き上げる食べ物は、鍋、すき焼き、サンドイッチ、パン類。イワシやアンチョビ、牡蠣、海藻類も取り入れてください。

オシャレを意識して、今までしたことがないようなファッションにチャレンジすると、気分が変わり、周りからも評価されて新たな自分に目覚めそう。着こなしを変えたり、人からプレゼントしてもらった服を身につけたり、鞄や財布、靴などを変えたりして、これまでとは違う自分の演出を楽しみましょう。

二〇二四年 春 三月〜五月

この春は、あなたのこれまでの頑張りに対して、神様がご褒美《ほうび》をくださる暗示です。例えば、何度も失敗してきた難関を突破できたり、実力以上の力を発揮して見事な成績を残せたり。中には宝くじで高額当選する、温泉を掘り当てるなんて、奇跡にも近い出来事が起こる人もいるかもしれません。いずれにせよ福運に恵まれる時ですが、もっともっとと欲張ることはもちろん、さらに高い目標を掲げるのは失敗の元です。この福運はあくまでも神様のお力によるものですから、自分を過信してはいけません。恩恵はありがたく頂戴しつつ、謙虚であり続けてください。

仕事に関しては、業務も人材も、将来有望そうな芽がいくつも顔をのぞかせている様子がうかがえます。そう簡単に枯《か》れることはなさそうですが、だからといって安心しきらず、手塩にかけましょう。世話をした分、よりよく育ち、実《みの》りも大きなものになります。

お嫁さんが家にやってくるイメージも。あなた自身の奥さんなのか、息子が結婚するなど義理の家族が増えるのかは不明ですが、一緒に暮らすことになりそうです。

腎臓が弱っている印象も受けました。むくみが気になるなど、おや?と思うことがあったら、早めに診《み》てもらってください。また、お酒はなるべく控えるのが賢明です。

二〇二四年 夏 六月～八月

仕事について神様にお尋《たず》ねすると、見るからに素晴らしい出来栄えのマスクメロンが視えました。自分が手がけてきた仕事の中で、これ以上のものはないといえるほどの最高傑作ができる予感です。実際、試行錯誤を繰り返してきた研究の成果が出たり、商品が大ヒットしたり、誉《ほま》れな賞を獲ったりする可能性が大です。コンペでも、ぶっち切りで成功を収められそう。

こうした実績が認められてか、今までとは違った業務を任される気配《けはい》もしています。業務内容そのものは、それほど難解なものではないようですが、どうにも気が乗らないというか、好みではないでしょう。ただ、その業務は短期間で終了し、以前の仕事に戻れるはずなので、割り切るべきです。もちろん、ふてくされた態度を取ったりするのは×。

また、空流生の男性ははっきり言って駆け引きは下手です。特にこの夏は、策士策に溺《おぼ》れるを地で行くことになるので、変に企《たくら》んだりせず、ありのままの自分で仕事に取り組むことが大事です。これは恋愛においても同様です。

プライベートは身内の誰かがケガをしたり、体調を崩して寝込んだりすることになるかも。自分にできる精一杯のケアをしてあげてください。

「旅立ち」という文字が視えました。仕事絡みの印象なので、転職や独立をする人が少なくないでしょう。海外出張のチャンスもありそうです。ただ、倒産や借金問題など身内がトラブルを起こす気配も。巻き込まれると、せっかくの旅立ちを台なしにされるのでよくよく気をつけてください。また、自分の仕事に関する計画は、いかに家庭の事情があっても変えないことが大事です。

　一方、プライベートの計画は、柔軟に変更するのが賢明です。特に結婚にまつわる事柄は、どちらかの親に大反対され、その剣幕に負けてしまう可能性が高いので、何を言われても説得できる要素が整うまでは、最初から延期するのが賢明です。

　真っ暗な穴に落ちたあなたを、誰かが引っ張り上げているビジョンも視えました。公私共に悩んだり苦しむことがあっても、必ず救いの手が差し伸べられる暗示です。ですので、もう無理と早々に決めつけて、あきらめないようにしてください。つらい時こそジタバタせずにジッと耐え、助けがくるのを待ちましょう。ただし、「この人ならば」と心から尊敬している目上の人物に相談するのはＯＫです。また「水色」が、この時期のあなたの守護色となり、運気を押し上げてくれる暗示も出ているので、身につけるようにしてみて。

二〇二四年

冬

十二月～二月

なかなか厳しかった秋を無事乗り越えたのでしょう、運気は回復傾向にあり、華やかさには欠けるものの、ちらほらチャンスが舞い込んでくる予感です。特に仕事はよい機会を与えてもらえるでしょう。期待に応《こた》えるべく、ここが正念場と思い、最後まできっちりやり遂《と》げてください。むろんすべてスムーズにいくとはいかず、壁にぶつかることもあるでしょうが、そこで投げ出したらおしまいです。また、うまくいかない理由があっても、それを話すと言い訳や愚痴になるだけなので、表向きは悠然《ゆうぜん》と構えていましょう。ただし、仕事内容や顧客の要求などが理不尽すぎたり、明らかに欠陥がある場合は話は別です。そこは周りと相談し、毅然《きぜん》とした対応を。

公私共に意固地になりやすい様子もうかがえました。空流生の男性は潔癖《けっぺき》なところがあるので、ちょっとしたことで自分の殻《から》にこもりがちな傾向がありますが、それでは自分が損するばかりです。特に人の意見を無視していると、マイナスが雪だるま式に増えていきます。ふてくされる前に、聞く耳を持ってください。聞く耳を持つといえば、体の声に対してもです。「今日は朝からいい感じ」とか「寒さに弱くなってるかも」とか、体の声を聞くようにしていくと、上手に体調管理ができますよ。

海流生　女性の運命

流生命的性格

奉仕精神に富《と》む博愛主義者

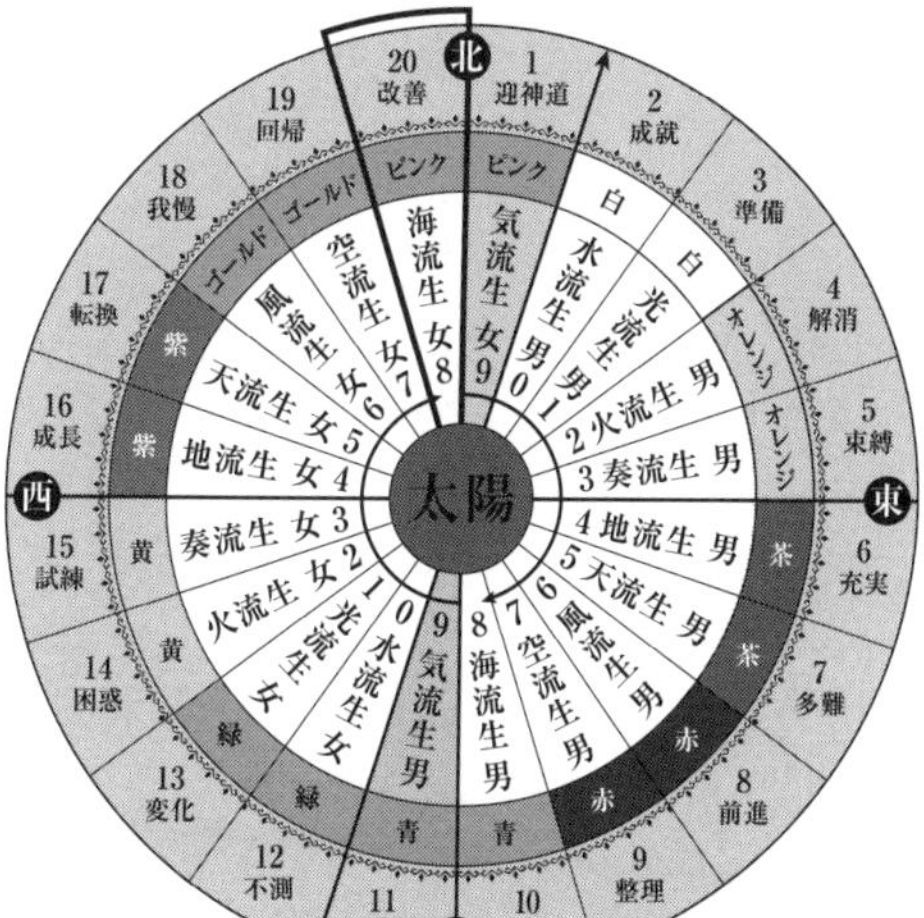

二〇二四年 福運格言

時は金《かね》なり
勝負も成功も時の運

8 海流生《かいりゅうせい》・女性の人生の流れ

あなたは思いやり深く、人に尽くすことが大好きな、まさに「母なる海」のような女性です。博愛主義者で、来るものは拒《こば》まず、人を好き嫌いで判断することもありません。男女を問わず、とにかく「人間が好き」です。人の面倒を見ること、人のために尽くすことが大好きなため、見栄っ張りなところもあり、人が困っていたら自分の懐《ふところ》を痛めてでも施《ほどこ》すことがあります。そんな施しを生涯続けていけば、あなたを慕《した》ってくる仲間に囲まれて、豊かな人生を送ることができます。

生まれながらのしっかり者で、女性経営者になるなど、社会的に大きな成功を収める人が多いのも特徴です。その裏にある隠れた苦労を厭《いと》わず、楽しんで努力します。ジッとしているのが苦手で、常に身体や頭を動かしています。ボーッとしていたり家の中でジッとしていると、あなたの運が落ちますので、積極的に外に出ましょう。

ただ、女性としての幸せとはちょっと縁遠いかもしれません。奉仕精神が裏目に出て、男性はあなたの愛を「重い」と感じたり、同情から始まった関係が「腐《くさ》れ縁」化する恐れもあります。また、やきもちやきでプライドも高いので、フラれる前にフってしまおうと考えることも。少々短気な性格なので、結論を出すのが早いのが玉にキズです。

結婚は相手の人柄をよく見極めたうえで決めないと、後々《のちのち》に面倒なことになるので気をつけてください。

実力も人望もあるのに、どこか自信のない言動が目立ちます。言いたいことが言えずに、損をすることもしばしば。謙虚さは大切ですが、何事も過剰はいけません。自《みずか》らの輝きを封じるようなものです。まずは形からでいいので、堂々とした振る舞いを心がけましょう。時にはお酒を飲んだり、パーティなどを催《もよお》して、はしゃいでみるのもいいかもしれません。人前で、何かを発表する機会を持つこともおすすめです。さらに、将来設計は短期的に考えることが、人生の流れを止めないコツです。

健康面はそれほど心配はありませんが、先行き不安によるストレスが高じると、自律神経失調症や不眠症になりやすいので注意しましょう。また貧血や低血圧など、血液の流れなどに障害が出る暗示もあります。

二〇二四年の全体運

時計のビジョンが視《み》えました。長年悩んでいたことやモヤモヤとしていたことが解消される暗示です。二〇二四年は、時間がかかることをあえて手掛けたり、時間を守ったり、時間を有効活用することを心がけたり、「時間」を意識して行動するとよいでしょう。時間への感覚が敏感になることで、新しい流れが生まれそうです。

英語のスペルがサーっと流れていくビジョンも視えました。英語の勉強にチャレンジするのには最適な年になりそうです。英会話教室に通ったり、TOEICなどの英語資格に挑戦したりすると、大きな成長の機会になるでしょう。海外旅行に行ったり、国際的な仕事を始めたり、海外の人と交流をする会に参加したりするのもおすすめです。

童歌を歌いながら、カラフルな鞠《まり》をついている幼い女の子が視えました。その子は着物姿で、古い時代のイメージです。古典芸能をたしなんだり、祖父母から受け継いだものを身につけたりすると、前世の夢を見たり、前世の記憶が蘇《よみがえ》ったり、神秘的な体験ができるかもしれません。初めて訪れた場所なのに、来たことがあるような〝デジャブ〟を感じたら、それはご先祖様と交流ができているサインです。その時の感覚や感情を大切にしてください。

シトシトと降る雨の光景が出てきました。その雨の中でもあなたは笑顔で立っています。この年は雨があなたの厄《やく》を流してくれるため、雨天の日がラッキーデイになりそうです。お気に入りの傘やレインコート、長靴を身につけて、雨の日を楽しんでください。

線路が視えてきました。これは出張や帰省など、旅の暗示です。この年は電車での移動が多そうです。また、車窓にはのどかな風景が広がっていて、電車の中には来日中の外国人男性がいます。これはあなたやあなたの家族に国際結婚の可能性があるという意味です。また、仕事関係で海外からお客様をもてなすということも。

グリーンの実がコロコロと落ちてきました。収穫の暗示です。あなたがこれまで続けてきたことが何か形となって実を結びそうです。それは大切に育ててきた子どもや後輩の独り立ちかもしれません。立派に育ったことを喜んで、巣立ちを応援してあげてください。レジャーとして、果物狩りに出かけるのも吉です。

「唾面自乾《だめんじかん》」という文字が浮かんできました。「たとえ顔に唾をかけられても自然に乾くまで拭かない」という意味の四字熟語です。「人生にはさまざまな屈辱を味わう場面があるが、その時は心を乱すことなくひたすら耐《た》えなさい」という神様からのメッセージです。

二〇二四年の恋愛運・結婚運・家庭運

全体運の時計のビジョンから、仕事もプライベートも充実している様子がわかりますが、生活が充実しているあまり、あなたがあまり恋愛モードでないようです。恋愛をする余裕がなく、パートナーとすれ違い、破局してしまう可能性もありそう。仕事や趣味、資格試験の勉強など、恋愛以外のことに心が向いているようで、あなたのやりたいことを応援してくれるようなパートナーであればうまくいくでしょう。

結婚運はある年です。すでにパートナーがいて、現状を把握している相手なら、周囲の盛り上げがゴールインをあと押ししそうです。外国人と出会い、一気に国際結婚の可能性もあります。

家庭運については、小さい子どもと優しい顔のお母さんが視えます。母子は手をつなぎ、微笑《ほほえ》ましい姿です。子育てで悩んでいることがあるなら、少しずつ解決に向かっていくでしょう。お子さんがいるなら、笑顔を向けて可愛いがることで家族全体の福運を招きます。笑顔こそ家庭円満の秘訣です。子育て中は、イライラすることもありますが、子どもこそあなたとあなたの家族の癒《いや》しの存在。決して、八つ当たりをしてはいけません。

二〇二四年の仕事運・金運・対人運

階段の踊り場が視えました。一つの区切りがついて、次の段階を登り始めるところです。これは昇進や出世の兆し《きざ》。ステップアップはできますが、その分、責任ややるべきことも増えるので、積極的な学びが必要です。経営者ならば新商品の開発や新規取引会社の開拓も一考です。転職や独立を考えているなら、異業種に挑戦するのもいいでしょう。

全体運の時計のビジョンからイメージできるのは、「お金はあとからついてくる」ということ。経済的には穏《おだ》やかな成長が続き、金運としては中の上。急に大金が手に入るようなことはなさそうですが、着実な昇進による昇給など、小さな希望は叶《かな》っていくため、金銭面でそれほど苦労はしないでしょう。

多くの人に囲まれているビジョンが視えます。あなたが何かを教えているようです。あなたの周りには人がたくさんいて、女性が目立ちます。同性に慕《した》われて、周囲の女性から「憧《あこが》れの的《まと》」として注目を集めそうです。ただし、調子に乗って、自分の好き嫌いをはっきりと主張しすぎないこと。好き嫌いを出しすぎると、ひんしゅくを買い、無用な敵をつくってしまいます。

二〇二四年の健康運

入院のビジョンが視えました。でも、そんなに心配しなくても大丈夫。検査入院の可能性が高そうです。貧血や心臓に少し不安があるため、日ごろから注意しておくといいでしょう。霊障によって健康に不調が出る場合もあります。年忌法要《ねんきほうよう》を忘れずに。

「追突」という言葉が聞こえました。運転中に追突されたり、歩いていて後ろからぶつけられたり、もらい事故の危険がありそうです。背筋の故障など、背中の痛みにも注意して。

ラッキーフードは、鶏のレバー、ニラレバ、ほうれん草、小松菜、ナスもおすすめ。ナスはカレーにしていただくと、英気が養《やしな》われます。豚肉や白身魚の煮つけもおすすめです。プリンを食べるとホッとできるので、イライラした時のおやつに取り入れて。パッションフルーツやライチなど、南国のフルーツも意識的に食卓に取り入れるといいでしょう。

休日や休憩時間にはゴルフや森林浴に出かけてください。広く自然を感じられるところで、季節感を感じることで、魂《たましい》がリフレッシュできます。公私共に充実した年だからこそ、自然を感じられる場所でゆっくりする時間も大切に。休みが取れたらハイキングに出かけるのも◯。大切な気づきや新たな挑戦のきっかけになります。

二〇二四年 春 三月～五月

仕事は前年から忙しさが続いていると思いますが、この春も相変わらずせわしないでしょう。ただ、手際よくこなせ、これといったミスもないはずです。雨後のタケノコのように、新しい芽＝ビジネスチャンスや人材がたくさん現れる予感もしています。とはいえ、そのすべてを育てていくのは無理。心を鬼にして取捨選択しなければなりません。自分のキャパシティーや周囲の状況をよく考えて判断しましょう。

仕事に関しては、とりあえずの目標は達成できたり、込み入った問題をクリアできたりと、ホッとひと息つけることもある様子。もっとも、ゆっくりする暇《ひま》もなく、すぐ次に取りかかることに……。少々うんざりした気分にもなるでしょうが、仕事の中にも遊びや喜びがあり、結局は楽しく働けるはずです。

プライベートは、独身・既婚を問わず家族が体調を崩してその世話に追われたり、何らかのトラブルの尻拭《しりぬぐ》いをすることになるなど、心身共に疲れやすい暗示が出ています。疲労から肌が荒れて、ますます憂鬱《ゆううつ》な気分になることもあるかもしれません。また、ストレスから暴飲暴食して、脂肪がたっぷりついてしまう気配もしています。特に内臓脂肪が増えそうです。健康面にも美容面にもマイナスですから、腹八分目と軽い運動を心がけて。

二〇二四年 夏 六月〜八月

春に続きプライベートは今ひとつで、厄介《やっかい》な相談を持ち込まれたり、泣きつかれたりする予感です。時間を取られるうえに、お金も出ていくことになるでしょう。また、仕事においても、相手のミスをフォローするなど、損な役割が回ってきそうです。いずれにせよ、負担が増えるわけですが、何らかの事情から断ることはできず、あなたが助けてあげるほかありません。それに情けは人のためならずというもので、ここでした親切は、福運となって必ずあなたに戻ってきますから、頑張ってください。

幸いなことに、恋愛運と家庭運は好調です。恋愛はフリーなフリー、片思いなら片思いと、それぞれの段階で嬉しい出来事が起きるはず。既婚者も夫婦仲も親子関係も問題ないときです。ただし、相手より有利に立とうとしたり、相手の気持ちを試そうと心にもないことを言うと運気は一変し、関係性にすき間風が吹き始めます。素直でいること、そして相手の短所ではなく、長所や尊敬できるところを見ていくことが大事です。

公私は不明ですが、かなりのビッグゲストのお世話係を任されたり、逆にお招きしてもらえるイメージも強く出ています。神経も使うし、緊張もするでしょうが、そつのない対応ができるはずですし、一生の思い出にもなるでしょう。

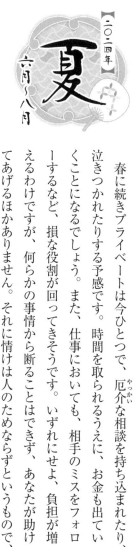

二〇二四年 秋 九月～十一月

太陽光パネルが陽の光をグングン吸収しているビジョンが視えました。満面の笑みを浮かべたあなたの姿も。天の恵みをぞんぶんに受け、快適に過ごせる暗示です。あなたが何歳であれ、年齢に応じた魅力が全開になるとも言えます。また、公私共に人付き合いも活発になるでしょう。レジャー運もよく、紅葉狩りやブドウ狩りなど、秋らしい行楽も楽しめるはずです。ちょっとリッチな小旅行に出かける人も。

この秋は人気も高まって、モテる時でもあります。ただ、友人の旦那さんや彼氏とか、既婚者の上司といった、ややこしい相手からアプローチされて困惑することもありそうです。そんな時は「またまたご冗談を」と明るく軽やかに、でもきっぱりとお断りしてください。変に気を持たせる態度を取ったり、まして調子に乗って不倫や略奪愛に走れば、せっかくの天の恵みはご破算になりますよ。

基本的に好調な時期ですが、身近な人とのお別れがある予感もしています。一緒に暮らせなくなる、なかなか会えなくなるという印象ですが、転勤など致し方ない事情によるものであり、ご縁そのものが切れるわけではない様子。それに今のご時世、ＳＮＳやテレビ電話などを活用すれば、寂《さび》しさは埋められるはずです。

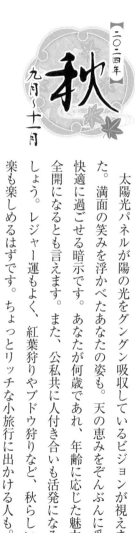

二〇二四年 冬 十二月～二月

焚《た》き火で焼き芋をつくっているあなたや、田舎の一軒家のような場所で、たくさんの人に囲まれて談笑しているあなたの姿が視えました。とてものどかな印象です。その通り、この冬は基本的に穏《おだ》やかな日々を過ごせる暗示です。年末年始もしっかり休みが取れ、お正月らしいお正月になるはず。自宅ではない場所、例えば旅先や実家などで新年を迎える人も少なくないでしょう。

趣味と実益を兼ねて、ちょっとした商売を始める人もいるようです。例えば料理の腕を買われて、友人知人を相手に料理教室を始めるとか、手芸好きが高じて、ネットで作品を販売するようになるといった感じ。しかも自分で思う以上に実力やセンスがあり、好評を博することまず間違いありません。自分でもやってみたいと思ったことは、ぜひチャレンジしてみて。なお、本業の仕事のほうも特に問題なくこなしていけるときです。

この時期気をつけたいのは体調です。高熱が出たり、関節や背中が痛んだりしそう。市販薬で騙《だま》し騙ししていると長引く恐れがあります。症状が出たら、面倒がらずにちゃんと病院で診てもらってください。また、体の痛みは霊障である可能性も拭えないので、常以上にご供養《くよう》にも力を入れていきましょう。

8

海流生　男性の運命

流生命的性格

精神力の強い権力志向型

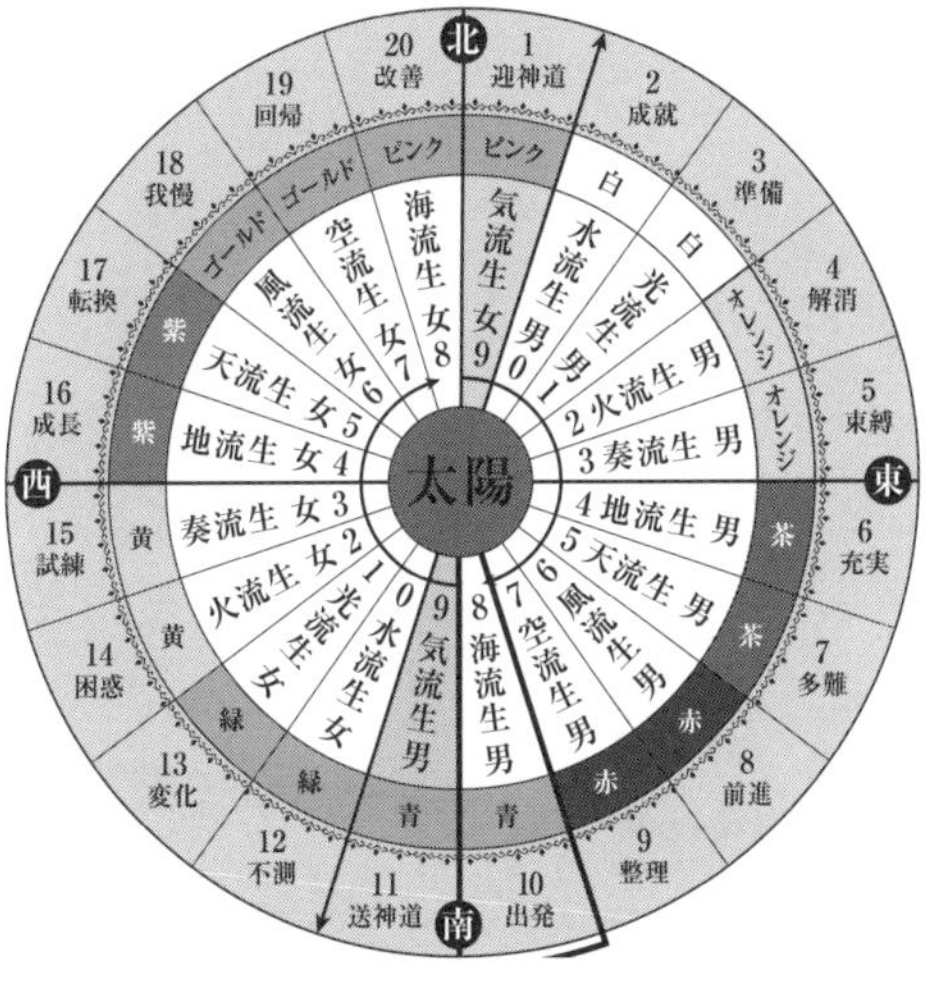

二〇二四年 福運格言

短気《たんき》は損気《そんき》

怒りは不幸しか生み出さず

8 海流生《かいりゅうせい》・男性の人生の流れ

荒々しい波が押し寄せても、パワフルな気力と体力を神様から授《さず》かっているため、耐《た》えて乗り切れる人です。将来のビジョンをきちんと描《えが》ければ、プロサーファーのごとくうまく波を乗りこなし、栄光を手にできます。しかし、目的が定《さだ》まらないと一転して、いつまでも岸につかまったままで、波間に漂《ただよ》う藻屑《もくず》になるイメージも視《み》えます。

権力に執着心があるため、一代で会社を築き上げるような成功者が多いのも、海流生男性の特徴です。ただし、周囲の人すべてをライバル視し、たとえ兄弟でも敵と感じることがあります。もっとも、この非情さがあるからこそ、トップに立てる人ともいえます。お金には細《こま》かい性格なので、確実にひと財産は築けるはずです。

恋愛に関しても、あなたのパワフルさと大の女好きの面が出て、押しの一手。愛《いと》しくてたまらない女性とめぐり会い、結婚するでしょう。結婚後は妻を大事にし、子宝にも恵まれ、楽しい家庭を築けるはず。友だちや同僚などに妻や子どもの自慢話をしたがる、そんな一面も持っています。ただ、家庭を大事にしつつも、別の女性と愛人関係を長く続ける傾向も。しかし最終的に、あなたは家族を裏切れない人です。そんなあなたを、愛人の女性もわかっている様子。しかしいつかは、手痛いしっぺ返しを食らう可能性もあります。

そのことが原因とは限りませんが、人生の後半で一度、ひどい挫折《ざせつ》を体験する定《さだ》めにあります。いつも強気を装《よそお》っていますが、実は心のもろい人。そのつらさに耐えられず、ひどく落ち込むでしょう。そんなあなたを苦境から救ってくれるのは、やはり家族です。神様もその辺りのバランスを考え、あなたに結婚運と家庭運を与えているので安心してください。ただ、子どもを甘やかしすぎて、親離れ子離れできない困った親子になる暗示があるので、アメとムチを上手に使い分けて、自立心を養《やしな》う教育を心がけましょう。

損得勘定に長《た》けたあなたは、自分が損をするのは大嫌い。その心がかえって、大きな福運を逃《の》がす原因となっています。「損して得取れ」の精神を常に意識してください。

健康には自信があるものの、長年の疲労は蓄積されているものです。五十代になると、眼病や腎臓《じんぞう》、糖尿病、痛風《つうふう》などの長引く病気を患《わずら》う可能性も。あまりにも自分の体力を過信するのは禁物です。

二〇二四年の全体運

あなたはゴールしたのに、周りはまだ走っているビジョンが視《み》えました。あなたがゴールを勘違いしてしまったようです。あなたはゴールだと思っていますが、そこはまだゴールではありません。何かしらの区切りにはなったとしても、そこからがまたスタート。ちょっとした達成感に浸《ひた》るのはよいですが、落ち着く間もなく、またすぐに取りかかる必要があります。

この年はメリハリをつけるためにオンとオフを自分で切り替えるスイッチを持つことも大切です。お酒を飲むとか寝るとか遊ぶとか、自分に合ったものでＯＫ。ダラダラすることが後退の原因となります。

「うれしい悲鳴」という言葉が浮かんできました。他の人には大変なことも、それほど苦にならずに成し遂げているイメージです。得意な分野に集中して取り組むことで、力を発揮し、期待していた以上の成果を上げることができるでしょう。

ヒステリーを起こしているあなたが視えます。感情のコントロールが効かなくなり、ヒステリーが出やすくなっているようです。感情の乱れから周囲の些細《ささい》なことが気になり、余計なことに首をつっこむと混乱を招き、人が離れていきます。普段のあなたは面白く、人に好かれやすいタイプだからこそ、ヒステリーが出た時の悪影響が大きくなりがちです。逆恨《さかうら》みをしたり、駄々っ子のように執着をしたり、ネガティブな感情は生霊《いきりょう》となって対象に飛んでしまい、あなたの魂《たましい》はそこにいなくなってしまいます。魂が抜けた腑抜《ふぬ》けた状態のところに他の霊が入ると、人間関係のいざこざや体調不良などさまざまなトラブルを招くことに。そんな時こそ、神様に頼り、心を清めましょう。人を羨《うらや》んだり、欲をかいたりせず、身の丈《たけ》にあった行動をすることで、神様に受け入れてもらえるようになります。

麦わら帽子をかぶって、川遊びをしているビジョンが視えました。悩んだり、心がトゲトゲしたら、田舎へ出かけ自然に触れましょう。鳥のさえずりや清流のせせらぎが心を洗い流してくれます。モヤモヤする時こそ、家にこもってはいけません。外に出て、風や空気、太陽の光を感じてください。

病気がちの運気が感じられます。少しでも異変を感じたらすぐに病院へ行きましょう。「大丈夫」が一番の問題。たいしたことのないことが、大事《おおごと》になっていくのです。

海流生の男性にとって、二〇二五年は送神道の節目の年になります。二〇二四年はそれに向けた準備の年。神様に好かれる行動を心がけてください。

二〇二四年の恋愛運・結婚運・家庭運

人混みの中にあなたがいるビジョンが視えますから、出会いは多いのですが、あなたが好意を抱《いだ》く人は恋人がいるなどちぐはぐで、なかなか進展しない様子。

付き合っている人がいるなら、あなたのわがままが原因で別れてしまう可能性が。必死で避けようとしても、気づいた時にはすでに手遅れ。日ごろから相手を思いやる行動を。片思いの人は、フラれるのが嫌で告白ができず、思いを届けられません。

現在交際が順調な人は結婚の可能性も。幸せな結婚のためには、両家共に親の承諾は必要です。

奥さんに大事にされます。家のことはあまりしないのに注文はつける亭主関白ですが、奥さんもそれを苦とはしないタイプ。そのスタイルを変える必要はありませんが、言葉や態度で奥さん感謝を表現することは忘れずに。

家族は一見バラバラのように見えますが、やりたいことをそれぞれがやっているため、寂しさはありません。独立して頑張っている家族も含め、お正月やお盆に集合して報告会など、それぞれがお互いを尊重し、応援することで絆《きずな》は保たれます。

二〇二四年の仕事運・金運・対人運

誇らしげなあなたの笑顔のビジョンが視えます。やりたかった仕事に取り組めたり、大きな仕事で成果を上げたりできそうです。

積んである箱を誰かに渡そうとした瞬間に、箱が崩れ落ちるビジョンも見えました。これは「人任せにすると失敗する」という暗示。仕事は出るだけ自分の手で行ったほうがよさそうです。大変な時でも自分で確認を怠《おこた》らない、人に頼む時でも完全に人任せにせず手分けして行うことを意識して。

金運は上昇傾向。ただし、お金の管理は母親や奥さんに任せましょう。あなたの浪費グセをうまく抑えることができます。自分のものを買う時にも相談を。人にプレゼントをする時は、出そうと思っている金額より増やして高額なものを渡すと、それ以上になって返ってきます。

対人関係についても、笑顔のあなたがイメージできます。周囲とよい関係を築いて、頼もしい存在と思われているようです。ただし、言動には、これまで以上に注意を。パワハラ・セクハラと受け取られかねない発言はしないのが正解です。

二〇二四年の健康運

持病が悪化したり、後遺症に悩まされるかもしれません。腸と腰のあたりにちぎれるような痛みを感じたらすぐに病院へ。腎臓系、椎間板《ついかんばん》ヘルニア、ぎっくり腰、潰瘍《かいよう》、腸捻転《ねんてん》に注意を。

自転車の転倒の暗示も出ています。自転車の追突事故の危険も。車間距離をあけて、スピードの出し過ぎには注意してください。自転車に乗るなら、朝から昼の明るい時間帯にしましょう。

焼き芋、大判焼き、たい焼きなど、温かく甘いものを取り入れると、内側から運気を高めてくれます。うなぎや麺類、しらす、梅干し、大根おろし、雑炊なども○。体の声をよく聞いて、体調に合ったものを取り入れることで、福運を呼びます。パン作りに凝っているビジョンも視えたので、パン屋巡りをしたり、パン作りにチャレンジするのもよさそうです。

ノートに何か書いているビジョンが視えました。やりたいことを書いたり、反省点をメモしたり、日記をつけたりすると、モチベーション維持につながります。

二〇二四年　春　三月～五月

ファミリーがまとまるというイメージが浮かんでいます。親子や兄弟など身内同士で揉《も》めていた人は収束に向かう暗示です。また、規模の大小は問わず、家族経営を行なっている人は、業務は円滑《えんかつ》かつ無駄を減らせるはずです。会社員の人も、アットホームな雰囲気で和気藹々と仕事に取り組めるでしょう。友達付き合いや趣味に関しても同様で、あなたが属しているグループやチームの団結力は高まり、心強さや居心地のよさを覚えるはずです。ただ、いずれの場合においても輪に溶け込めずにいる人もいる様子。疎外感から敵に回ったり、邪気《じゃき》を飛ばすようになる恐れもあるので、ポツンとしている人を見かけたら、フレンドリーに声をかけていきましょう。

また、仕事に関してはライバルが先に出世したり、部下のほうが成績がよかったりと、悔しい思いをすることもありそうです。しかし嫉妬《しっと》したところで得るものはありません。相手の能力を認めつつ、自分は自分なりに励《はげ》んでいくほかないのです。

目が充血しているあなたの姿も視えました。疲れ目やドライアイに要注意です。また、腎臓や肝臓が弱っている気配もしています。お酒を飲む人は酒量を減らしてください。また、なんであれ体調不良を感じたときは、早めに病院で診《み》てもらうべきです。

二〇二四年 夏 六月～八月

　プライベートの印象が強いですが、相談を持ちかけられる予感がしています。しかも相手は悩み抜いており、それゆえあなたの都合などお構いなしに押しかけてきたり、電話してきたりするでしょう。また、相手のために時間もお金もそれなりに使うことになりそうです。正直、うんざりするでしょうが、自分にできる精一杯のことをしてあげて。相手は深く感謝し、いずれ恩を返してくれますし、あなたも人に尽くしたことでグンと成長できるうえ神様に褒《ほ》めてもらえます。ただ、相手を甘やかしすぎるのは逆効果。助けの手を差し伸べつつも、厳しくすべきところはビシッと締めて。

　龍神様のイメージも浮かんでいます。人を助けたからか、龍神様のご加護を得て、魂が清まり、活力がわいてくる暗示です。お願い事が叶う可能性も大。また、せっかく神様がおそば近くにいるのですから、この夏は先祖供養も思い切り丁寧に行なってください。

　ロケットに天体望遠鏡、宇宙飛行士と宇宙にまつわるビジョンも次々視えました。何かしら宇宙に関わる仕事の話が舞い込んできそうです。ロケットのネジを作るとか、ほんの一部携《たずさ》わるだけかもしれませんが、誇らしい気持ちになるでしょう。なお、分野を問わず仕事そのものは、取り立ててトラブルもなく、スムーズにこなしていけるはずです。

二〇二四年 秋 九月～十一月

あなたが手に抱えた立派な壺《つぼ》に、清《きよ》らかな水が注《そそ》ぎ込まれていくビジョンが視えました。愛と叡智《えいち》が宿《やど》った宝の水という印象です。この秋は、壺の水＝愛と叡智を、周囲の人々に分け与える役目を担《にな》うことになる暗示です。具体的には、公私共に人を育て、導くことになるでしょう。無事役目を果たすには、ある意味、神様のような振る舞いを、あなた自身がする必要があります。夏に龍神様のおかげで魂は清まったはずですが、維持できているか、自問自答していってください。

仕事自体は、ひと段落つく予感がしています。おかげでプライベートに時間を割《さ》くことができ、特に恋人との仲はいっそう深まるはず。フリーの人も素敵な出会いが期待できます。既婚者も家庭運はよく、夫婦仲も親子関係も良好です。子宝（孫も含めて）に恵まれ、いっそう家庭がにぎやかになる人も少なくないでしょう。

気がかりなのは体調です。首や肩のこり、むくみに悩まされそう。爪や足先が痛むこともありそうです。中でも痛風持ちの人は要注意。ともあれ、体調管理には力を入れてください。今日の疲れは今日のうちに解消することが大事なので、夜更《よふ》かししたりせず、早めに休みましょう。また、マッサージに行ったり、軽い運動をするのはよいことです。

二〇二四年 冬 十二月～二月

「やってやるぜ！」と意気込んで、仕事に取り組んでいるあなたが視えました。意欲的でとてもよい傾向です。外を飛び回っているイメージも強いので、この冬は外回りや出張が多かったり、現場に直接出向くことが増えるでしょう。ただ、仕事の進み具合は今ひとつな様子がうかがえました。そのため、どうしても不安や焦《あせ》りも覚えるでしょうが、あなたは独特のリズムの持ち主で、周りに無理に合わせると失敗します。自分のペースを貫くべきです。そもそも悶々《もんもん》としたところで時間もエネルギーも無駄になるばかり。海流生の男性特有の豪快さを今こそ発揮して、ドーンと構えていて。

プライベートは秋同様に好調です。あなたがよほど自分勝手に振る舞うなど、家族や恋人、友人の反感を買うような真似をしないかぎり、仲良くやっていけます。また、年末年始はのんびり過ごせて、お正月は家族団欒《だんらん》を楽しめるはずです。

秋同様なのは健康面もで、心身共に疲れを引きずりがちの様子。リラックスを心がけてください。この時期の癒《いや》しには、香りをうまく使うのがおすすめです。ただ、神様は「香水は匂いがきつすぎて逆効果になる」とおっしゃっているので、好みの香りのアロマキャンドルやお線香、あるいは入浴剤や柔軟剤などを見つけてみるのがいいでしょう。

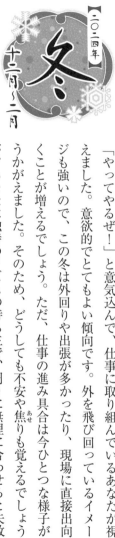

気流生　女性の運命

流生命的性格

気《き》配《くば》り上手の自信家

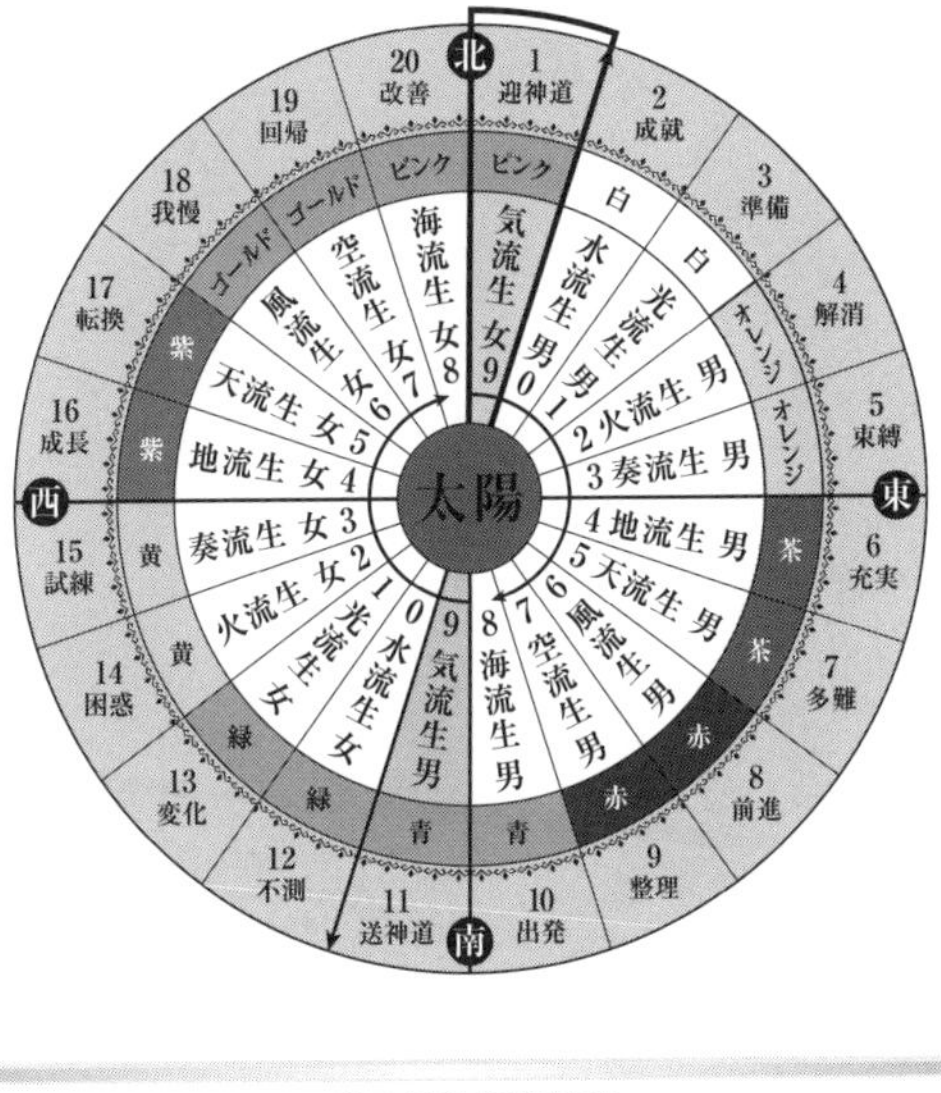

二〇二四年 福運格言

智《ち》に働けば角《かど》が立つ
信《しん》じて任《まか》せれば丸《まる》くなる

9 気《き》流《りゅう》生《せい》・女性の人生の流れ

上昇気流を味方につけて、人生の高みに昇っていける人です。気配り上手で、どこか遠慮がちな印象を与えますが、実は自己信頼の厚い外柔内剛《がいじゅうないごう》タイプ。さらにいえば、自信家です。ひとたび目標を定《さだ》めたら、口では、「全然ダメかもしれない……」などと言いながらも、しっかり勉強を続け、抜かりなく準備をして臨《のぞ》みます。根回しがうまく、根性もあるので、自分の手で成功をつかみ取れるでしょう。

恋愛も同様で、狙った男性を逃《のが》すことは稀《まれ》です。男性の喜ばせ方を知っているので、恋人や夫の心をつかんで離しません。自分の恋愛でさえも客観的に見る余裕がありますが、そんな気配《けはい》を相手にはまったく感じさせないのです。男性はついつい、あなたに尽くしたくなります。コケティッシュで可愛《かわい》い女性ですので、チヤホヤされることも多いでしょう。

結婚後は生来《せいらい》の家事能力を活《い》かし、やりくり上手の妻として夫を立て、堅実な家庭を築けます。ただし、男性によってあなたの金運は左右されますので、慎重《しんちょう》なパートナー選びを心がけてください。

仕事でバリバリ稼ぐタイプではないので、例えば主婦の技が活かせる小料理屋やホームヘルパーといった職業が合うでしょう。

残念なのは、男性に対しては世話やきなのに、女性に対してはかなりドライで負けん気の強さを発揮しがちな点です。友だちは大勢いますが、親友はなかなかできにくいでしょう。肉親さえもライバルと見なして、身内に恋人を奪《うば》われるなど、男性絡《から》みの思わぬトラブルを招《まね》くことがあります。ささいな対立から生霊《いきりょう》を飛ばされることもあるので、要注意です。心の師、人生の先輩と尊敬できる女性をひとりでいいので見つけ出してください。その人のアドバイスは、神様からのアドバイスのごとく、あなたの魂《たましい》を磨《みが》くでしょう。

「これだけしてあげたのに」と、見返りを露骨に求める傾向が強いことも問題です。そのせいで、信頼を損《そこ》なうことも少なくありません。あなたは実力があるため、人に何かしてあげることが多く、またよく気も利《き》くので、周囲の人々が欲しがっているものをさりげなく用意して、与えたりします。本来、人が喜ぶ姿を見るのが大好きなのです。そうした奉仕の心を忘れず、ギブ&ギブの無欲の施《ほどこ》しこそが、福運の種《たね》と考えるべきです。

二〇二四年の全体運

二〇二四年は迎神道《げいしんどう》にふさわしく、実《みの》り多い一年になりそうです。ただし、体調面が不安で疲労困憊《こんぱい》の様子。心身の状態がよくなければ福運を味わうことはできません。体調管理を優先してください。

気流生の女性は、自分の仕事も趣味も家のこともすべてを完璧にこなしたいタイプのため、気張りすぎているようです。それが体調面での不調の原因。ただ、体力面というよりも、うまく事《こと》が進まないことによるイライラのほうが問題のようです。気流生の女性は時間の使い方が上手ではないため、それがイライラをより募《つの》らせています。ですので、この年はあちこち手をつけるのではなく、一つに絞る、または一つ終えてから次に進んでください。計画を立てる際も、長期計画ではなく、週、日、時間単位と短期間の計画を分けてつくること。そうすればやるべきことが明確となります。そして前日に翌日の予定を確認・変更し、着実にこなすことです。

あなたは何でも自分できるからと独りよがりになる傾向があります。しかし、それは単なるわがままです。確かにあなたは優秀ですから、家族や同僚など周りはあなたを必要としていますしかし、あなたは周りを必要としているでしょうか。もっと周りを尊重して、誰かを喜ばせる、誰かのためにやることを意識すれば、周囲からのサポートも得やすくなります。こうした信頼の構築は強固なチームワークを生むでしょう。あなた自身も上から可愛がられ、下から慕われますよ。また、そうした考えは、プライベートでもよい流れを生み、家族からも応援され、大事にされるでしょう。まずはあなたの意識を変えること。そうすれば自然と皆があなたを助けてくれるようになりますよ。

迎神道の年ですので、「棚ボタ」や「甘い汁」のようなラッキーも預《あず》かれそうです。しかし、一方で「手が出せない」という言葉が聞こえてきました。引っ込み思案なあなたの内なる声のようです。あなたの臆病《おくびょう》な性格が災《わざわ》いしてか、どうやら遠慮しているようです。しかし、今は頭が冴《さ》えている時期です。せっかくのチャンスを逃《のが》してしまいます。自信と誇りを持って、一歩踏み出すことを恐れないでください。

猫や犬が寄ってくるビジョンが視えました。保護犬や捨て猫を育てたり、あるいはそうした保護活動を行うことに関心を持ちそうです。それ自体はとてもよいことですが、のめり込み過ぎないように気をつけて。行き過ぎると、家庭や仕事を捨ててまで……というような手に負えないことになりかねません。

二〇二四年の恋愛運・結婚運・家庭運

友達止まりの出会いが多く、なかなか恋愛には発展しないでしょう。あなた自身があまり恋愛モードになれずに、相手のペースで進むと、だんだんあなたの気持ちが冷め、足も遠のいてしまうようです。うまくいくのは、婿《むこ》入りのように、あなたの家族の中に入ってくれる人。そういう相手が見つかれば、そのまま結婚の可能性もあります。

気流生女性の夫になるタイプは独特なこだわりのある人が多く、妻であるあなたは、あまり口出しをしないほうがよいでしょう。あなたは引いて、相手に任せる関係でいないと、衝突してしまいます。

二〇二四年は離婚の可能性もありそうです。でも家庭運自体は悪くありません。離婚となる場合も、あなたが望んでいた形で、ひと区切りがつきます。

子どもとの関係は基本的に良好ですが、女の子がバタン！とドアを閉めるビジョンが視えました。この年は娘さんと衝突することがありそうです。何かあった時には、頭ごなしに怒るのではなく、まず理由を聞いて話をすることを心がければ、親子関係がこじれることはありません。

二〇二四年の仕事運・金運・対人運

あなたが舞台に上がっているビジョンが視えました。何かを受賞したり、メディアに取り上げられたり、選挙に立候補したり、セミナーなどで自分の考えをアピールしたりする機会に恵まれたり、まさに晴れ舞台に上がるかのよう。仕事面では、プロジェクトリーダーに抜擢され、チームを取り仕切る立場に。評価と立場が上がるにつれて給料もアップします。自営業の方も売上が伸びるでしょう。

ただし、お金への執着はNG。お金を意識しすぎると、かえって金運を遠ざけてしまいますから、「お金は向こうから歩いてくる」と考えましょう。仕事に熱中して忙しくしていれば、いつの間にか数字がついてきます。自動車やマイホームを購入するなら中古はやめましょう。新車や新築を手に入れてください。

笑顔と真面目《まじめ》な表情がクルクルと変わるビジョンが視えます。くだらないことから深刻なことまで、悩み相談を受けることが多いようです。それだけ、あなたがキラキラしていて、多くの人を引きつけているということ。あなたが周囲のお手本になるような気持ちで、誇りある言動を心がけましょう。

二〇二四年の健康運

「痛い」という声が聞こえます。腕や手、腰に痛みを感じたら、それはご先祖様からの合図。必ず年忌《ねんき》のチェックをしてください。

病院に行ってもはっきりとした原因がわからない不調が続く可能性があります。透き通った赤い血液のビジョンから、貧血や低血圧の暗示が。「セサミン」「グルコサミン」といったワードも浮かぶので、関節に問題が出るかもしれません。日ごろからサプリメントをうまく取り入れて対策しておくといいでしょう。

ラッキーフードは、ごま、ごま豆腐、鶏ささみ。貧血対策にパセリもおすすめです。

二〇二四年は旅行に出かけることが、最良の癒《いや》しとなります。ぜひ国内のいろいろなところに足を運んで、日常とは異なる体験を楽しんでください。時間を見つけては旅行に出かけることで、生活にメリハリがつきます。さらなる開運のコツは、旅行へ行く際、事前に食事や観光のプランを細かく決めずに、行ってから決めるようにすること。思わぬ出会いや発見が待っていますよ。

二〇二四年 春 三月～五月

迎神道に当たる年ですが、早々に神様から福運をいただける暗示です。例えば、プライベートなら結婚が決まる、好条件でマイホームを手に入れられるといった感じ。思いがけない臨時収入があるなど、金銭面も期待できます。仕事もかなりの成功を収めたり、肩書きがついたりする可能性が大です。いずれにせよ、喜び事があるはずですが、調子に乗ることなく、感謝の念と謙虚さを忘れないようにしてください。神様がおそばに近くにいらっしゃるのですから、失礼があってはなりませんよ。

あなたが子どもとブランコに乗っているイメージも。実子という感じではないので、甥《おい》や姪《めい》や孫、あるいは友達の子どもと思われますが、幼い子と接する機会が増えそうです。保母さん代わりに使われる気配もしているので、ちょっと疲れるかも。もっとも、それ以上に子どもの無邪気さに心がほっこりし、あなた自身の純粋さも甦《よみがえ》るでしょう。

まずます順調な時期ですが、体調には波があり、急にお腹が痛くなったりする予感もしています。具合が悪くなった時は、約束はキャンセルするなり、早退するなりしてください。無理をすると症状は悪化し、余計に周りに心配をかけてしまいます。また、ホルモンバランスが乱れている様子もうかがえるので、一度婦人科で診《み》てもらっては？

二〇二四年 夏 六月〜八月

仕事運は好調で、やりがいのある業務を任されたり、念願だった部署に異動するなどして、意欲的に取り組んでいける時です。かなり忙しくもなりますが、働く楽しさや喜びに改めて目覚めるでしょう。また、以前から転職や独立を考えていた人は、このタイミングで実行に移すのがおすすめです。

ただ、せわしないせいか、うっかりミスや忘れ物が増える気配もしています。また、独身の人は恋に気を取られて、既婚者の人は家族の世話に追われて、注意力不足になっている様子も。いずれにせよ大きなトラブルを引き起こすほどではなく、笑ってすませられるレベルのはずですが、二度手間になりますし、度重《たびかさ》なればやはり信用を落とします。職場では気合を入れ直すこと、確認は入念に行なうことが大事です。

素晴らしく美しい星空と、見かけたことのない不思議な動物のイメージも浮かびました。海外や、日本でも離島などちょっと珍しいところに行くことになる可能性が高めです。仕事絡みの印象が強いですが、記憶に残る旅になるでしょう。

ちなみに、この夏は昼間が忙しいと夜はのんびりでき、昼間はのんびりだと夜が忙しくなる暗示も出ています。このリズムを把握しておくと、手際のよさが増しますよ。

二〇二四年 秋 九月～十一月

金色に輝く楕円形の玉子のようなものが、あなた目がけて飛んでくるビジョンが視えました。迎神道の年にふさわしく、本格的に神様をお迎えすることになる暗示です。神様に快適に過ごしていただけるよう、自分自身も家もいっそう清める必要があります。具体的には自分には厳しく、他者には親切に、そして神様には感謝を捧《ささ》げ、先祖供養《せんぞくよう》は手厚くすることです。また、掃除を徹底的にして、家中ピカピカにしてください。棚の中などパッと見ではわからないところも手を抜いてはダメですよ。そうすれば神様はお喜びになり、福運をひとつと言わず、七～八個は授《さず》けてくれます。

指輪のビジョンも浮かびました。デザイン的に結婚指輪のようです。恋人がいる人はゴールインする可能性が高く、フリーの人も結婚につながる出会いが期待できます。既婚者の人も夫婦仲は円満で、夫はあなたのことをとても大切にしてくれるでしょう。特にこの時期、結婚記念日や誕生日を迎える場合は、指輪をプレゼントしてもらえそう！

仕事はいつまで続くのか、これで本当にいいのか、と不安や焦《あせ》りがわいてきたころにゴールが見えてくる予感です。しんどくなった時こそ、もうひと頑張りを。また、善悪や損得を正しく判断しつつも、相手の立場になって考える人情味も大切にしてください。

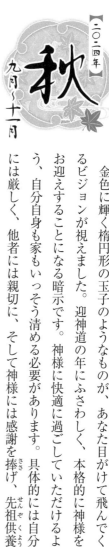

二〇二四年 冬 十二月〜二月

秋に続き、迎神道の恩恵を受け、年内はもとより、年明けも滑《すべ》り出しは上々の様子がうかがえました。公私共にこれといったトラブルもなく、また自分の意見や希望がすんなり通るでしょう。とはいえ、それだけに天狗《てんぐ》にもなりやすく、自己中心や傲慢《ごうまん》さも出やすくなりがちです。しかし、エゴイスティックになれば、たちまち神様にそっぽを向かれ、運気はたちまち急降下。あらゆる事柄が暗転することは免れません。よい流れをキープするには謙虚に、親切になることが絶対条件です。神様や周りの人たちへの感謝を決して忘れないでください。また、気流生の女性は口調がきつくなることがありますが、その傾向が強まっている点にも要注意です。あなたが思う以上に相手は傷つき、傷つけたペナルティーとして自分にマイナスが返ってきます。特に年下や自分より立場が弱い相手に対しては、優しい物言いを心がけて。

この冬は、歴史や歴史上の人物に福運のヒントがある予感もしています。それらを学ぶことで人間性が高まったり、意外な人脈が広がったりと、助かることが多いはず。ですので、もともと歴史が好きな人はさらに学びを深め、苦手な人は大河ドラマや漫画など楽しめそうな内容からスタートしてみるといいでしょう。

気流生　男性の運命

流生命的性格

二面性を持つアイデアマン

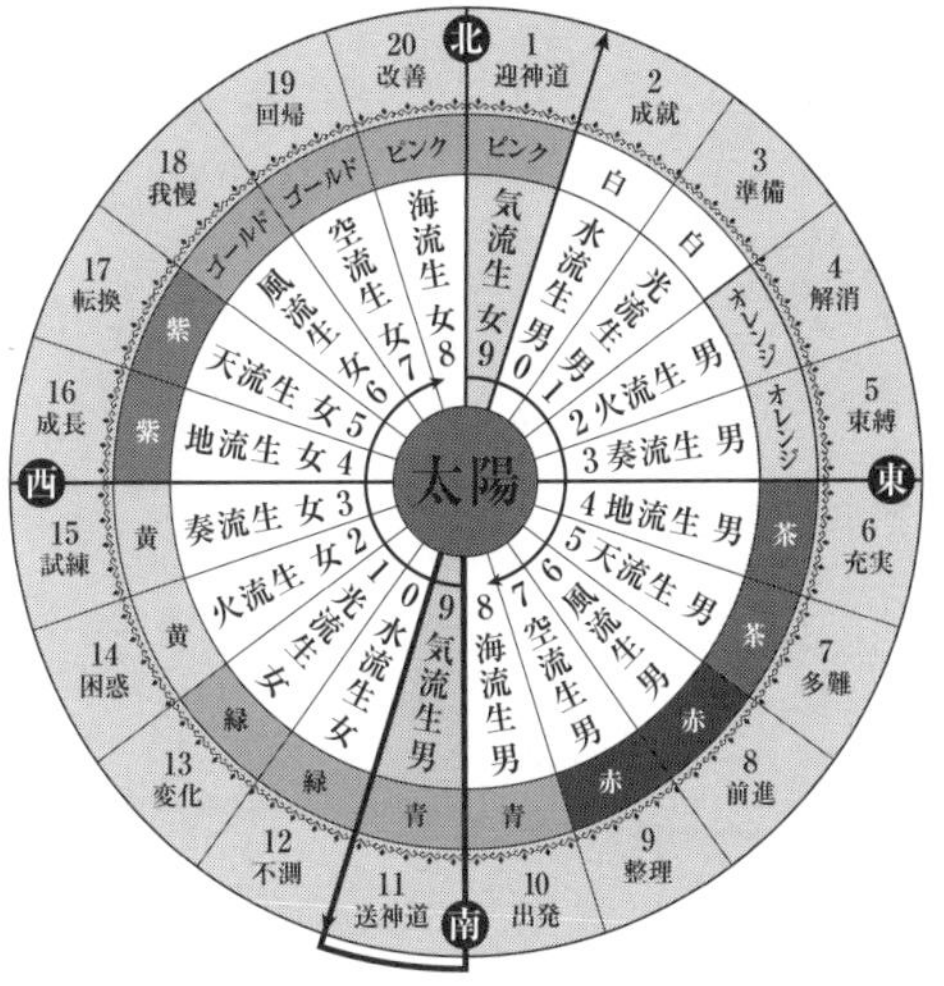

二〇二四年 福運格言

心の駒に手綱《たづな》許すな
悪心湧いたら鞭《むち》を打て

9 気流生《きりゅうせい》・男性の人生の流れ

頭の回転が速い、いわゆる「デキる男」です。先見《せんけん》の明《めい》と巧《たく》みな話術の才能も神様から授《さず》けられているため、ジェット気流に乗ったかのように、出世街道を快調に進んでいけるはずです。アイデアが豊富なので、企画力を試されたり、新しい発想や技術を必要とする仕事が向いているでしょう。フリーランスで働くよりは、組織の中にあって伸びていく運を持っています。そして最終的には、「一国一城の主《あるじ》」になれるでしょう。役所など堅い職場からスタートして、後《のち》に独立するケースも考えられます。

ただ、自分の敵をひとり残らず潰《つぶ》すような粘着質の怖さを隠し持っているので、頭のよさが「ズル賢《がしこ》さ」となる恐れも拭《ぬぐ》えません。ズルさや執念深さは未成仏霊《みじょうぶつれい》や邪気《じゃき》を呼び寄せるもとになります。特に同性に対してシビアな態度に出ると、乱気流に巻き込まれて大ピンチに……。もともと、「よい気」を味方につければ調子よく大成功を収めますが、いったん、「悪い気」に取り憑《つ》かれてしまうと、奈落《ならく》の底に転落……という両極端の人生が用意されていますので、自《みず》らが発する「気」を決して穢《けが》さないよう気をつけてください。

気流生男性は、夜と昼の顔が違うといった二面性を持っています。昼間はクールに黙々と仕事をこなし、夜はお酒の席で盛り上げ役に徹するなどして、周囲の人を驚かせることもしばしばです。

あなたは涙もろくて、正義感の強い面もあります。他人の苦しみや悲しみに同調して、援助を買って出ることもあるでしょう。しかしそれを、中途半端な優しさや援助ですませようとする傾向が……。そんなことでは、相手を余計に傷つける結果にもなりかねません。それもこれも、あなた自身に誠実さが足りないため。こんなことを繰り返していては、「信用できない人」と警戒されてしまいます。あなたの福運向上のポイントは誠実さ、そして慈悲心《じひしん》です。特に同性に対して、思いやりを持つように心がけてください。

女性に対しては優しく、雰囲気作りもうまいので、恋愛のチャンスには事欠かないことでしょう。しかし、「釣った魚に餌《えさ》はやらない」傾向があるので、恋は短命に終わりやすいかもしれません。結婚生活も妻の不満が爆発して離婚や別居に至る可能性が高いので、誠意と思いやりを形にして表していくことを、常に忘れないようにしてください。

二〇二四年の全体運

二〇二四年は送神道《そうしんどう》で、神様にお近づきになれる年です。隠し事ができない真のあなたが問われますが、長く続けてきた悪事のツケが露呈《ろてい》されそうです。不倫のように隠してきた行いは今すぐ清算を。たとえ黒いシミが小さくても目立ちますよ。神様からの福運を受け取れるかどうかは、これまでのあなたの生き方次第です。

髪を結った着物姿の女性が、障子を開けずにスゥーと入ってくるビジョンが視《み》えました。その女性はどうやら、あなたに近いご先祖様のようです。彼女はニコニコした朗らかな笑顔で「頑張っているね」と話かけています。ご先祖様はあの世からあなたを応援してくれているようです。どうかご先祖様を裏切らない生き方をしてください。

大スターである俳優さんのポスターが何度も出てきました。二〇二四年はあなたがスターになれる年。長所や個性を発揮して、もてはやされたり注目を集めたりしそうです。有名人になるチャンスが訪れることも。

もともと、気流生の男性は、周囲からはかっこいい憧《あこが》れの存在です。尊敬され、好かれています。だからこそ、みっともないところや女々《めめ》しさが露呈してしまうと、周囲の人たちは理想とのギャップに、がっかりしてしまいます。とはいえ、あなたも人間ですから、つい不平不満を口にしたり、弱音を吐《は》くこともあるでしょう。しかし、せっかくなら痩《や》せ我慢をしてでも、〝いいかっこしい〟をして、周囲の期待通りの素敵な人物を演じてみてください。すると、次第にその理想に近づいていけますよ。

一方で、あなたは理想が高い分、相手のことも厳しい目で見がちです。その要求が高くなると、相手は堪《こら》えきれずに「もう無理」とあなたの元から去っていくことに。これでは相手も自分も悲しいでしょう。相手のアラを探すのではなく、いいところを見つけて、褒《ほ》めることを意識してください。

「蒔《ま》かぬ種は生えぬ」ということわざが浮かびました。結果が出るはずの年なのに、何もいいことがないならば、それは「蒔く」という努力をしてこなかったからです。結果には何かしらの原因があります。そして、それはあなた自身の問題。「他人のせいにしてはいけない」という神様からのメッセージです。

何体も並ぶお地蔵様の前で、あなたが手を合わせている光景が視えました。その神妙な顔つきから、神仏にしっかりと目を向けている心が感じられます。非常にいい心がけです。また、京都や有名な神社仏閣に足を運ぶと、何かしらの気づきが得られそうです。

二〇二四年の恋愛運・結婚運・家庭運

出会い運が好調で、モテ期の予感。ラーメン屋ののれんをくぐると美人の女性が現れるビジョンが視えました。ひょんなところで、出会いがありそうです。しかも、かなり多くのところで。恋愛モードになっていますから、独身の人は楽しめそう。ただし、出会う人すべてをターゲットにしてはいけません。本当に縁がある人とは急速に距離が縮まりますよ。

結婚運はそれほど高くありません。関係を温める年なので、結婚するなら来年以降がよさそうです。すでに結婚している人は、出会った当時を振り返ると吉。夫婦の歩みを思い返した時に、浮気や不倫ばかりだったらバチが当たります。縁あって結ばれたのですから、振り返った時に「結婚してよかった」と、自分も相手も思えるような行いを積み重ね、夫婦の絆《きずな》を深めていってください。

気流生男性のお子さんは賢《かしこ》く、しっかり者。ブレない自分というものを持っているので、よいところをぜひ伸ばしてあげてください。勉強もできる優秀な子ですが、過度な期待はしすぎてはいけません。年ごろの子ども、特に男の子の結婚運が高まっています。婚約者もあなたが満足できる相手です。温かく迎えてあげてください。

二〇二四年の仕事運・金運・対人運

押せば開くドアなのに、ガチャガチャと引いて「開かない」と焦《あせ》っているビジョンが視えました。これは慌てると失敗するという暗示。「急がば回れ」です。送神道の年ですので、焦りや怒りの感情をできるだけ手放し、平常心を保ちましょう。

ぎゅうぎゅう詰めに混雑した電車を見送って、次の電車に乗ったら車内がスカスカだったというビジョンが視えました。タイミングを合わせてというメッセージです。ビジネスにおいても、焦らずに落ち着いて、少し視野を広げるとタイミングが合って成功しますよ。

金運は高めで安定しています。ただし多額の借入や保証人になることはＮＧです。借金に「×」がついたビジョンが視えるから。また、投資や不動産購入は自分の許容範囲内で。自分の収入に見合わない投資に手を出したために、資産が半分になってしまうこともありそうです。

対人関係については、他人があなたに気を遣っているビジョンが視えます。あなたは近寄りがたい存在だと思われがちなようです。周囲に対して思いやりを持ち、あなたから歩み寄る姿勢を見せるようにしてください。

二〇二四年の健康運

不整脈、動悸《どうき》、心臓が心配です。腸のポリープも気になります。健康診断でわかるので早期の検査を。

猪《いのしし》のビジョンが視えました。何かが突進してくる事故の暗示です。曲がり角での衝突や、横からぶつけられるもらい事故には気をつけましょう。大事には至らないようですが、あなたがスピードを出していると大事《おおごと》になってしまう可能性も。速度や車間距離に注意し、駐車場内でも気を緩《ゆる》めないようにしてください。野球のグラウンドでぶつかるビジョンも浮かびました。スポーツでのケガにも注意しましょう。ヒザの関節を傷《いた》める兆候も出ていますが、これはスポーツによるものとは限らないようです。

運気を高めてくれるメニューは、牛肉のすき焼きや鉄板焼き。野菜も一緒に食べましょう。海苔《のり》、鶏肉、具だくさんのスープや味噌汁、ふりかけも吉。疲れた時は牛皮《ぎゅうひ》など甘い和菓子を。夏はそうめん、冬はにゅうめんが、体力回復を助けてくれます。

休暇には国内外の島巡りがおすすめです。四方八方からの風が福運を運んでくれます。

二〇二四年 春 三月～五月

前年は気ぜわしいというか、山あり谷ありの一年だったと思いますが、あなたの元に明るい光が差し込んでくるビジョンが視えています。さすがは送神年だけあって、運気が上昇していくのを実感できるでしょう。特に仕事は順調に進み、ワンランクどころかツーランクぐらいレベルアップできる可能性が大です。また、これまで関心がなかったものにも目を向けるようになり、そこから新しいアイデアが生まれたり、ご縁が広がってチャンスをもらえるといった、よい意味での方向転換、あるいは価値観の変化も起きそうです。

プライベートは何となくギクシャクしていた同性の身内や友人と、自然な形で和解に向かい、今度こそよい関係性を築ける暗示です。子どもを抱っこしたあなたを、奥さんが笑顔で眺《なが》めているビジョンも浮かんでいるので、家庭運も安泰です。父として、夫として面《めん》目躍如《もくやくじょ》といった出来事もありそう。また、マイホーム購入やリフォームを考えているなら、この春に行なうのがおすすめです。一方、独身の人は恋愛は残念な結果に終わる気配が濃厚です。ただ、友情は続きそうで、長い目で見れば、これでよかったと思えるでしょう。ちなみに、部屋の模様替えを購入すると、不思議と失恋の痛手がやわらぐはずです。

二〇二四年 夏 六月〜八月

タキシード姿のあなたと大漁旗がはためいている光景が視えました。変わった取り合わせですが、新しい門出《かどで》を祝っている、あるいは功績を称《たた》えているという印象です。実際、栄転や独立を果たしたり、見事な成績を収めたりする人が少なくないでしょう。何かの賞を獲ったり、何らかの分野でデビューを飾るということも。いずれにせよ、おめでたいことがあるはずですが、ここがゴールではなく、スタートを切ったばかりの段階です。今に甘んじることなく、緊張感を持って進んでいって。

また、活躍できる時ですが、自分ひとりの力でやったと考えるのは思い上がりです。気流生の男性は確かに優秀ですが、周りのサポートがあってこそ、やるべきことに集中できるのです。尊大な態度を取っていると孤立して、慌《あわ》てることになりますよ。自分に自信を持つのはいいことですが、自意識過剰になってはいけません。そして、いつも支えてくれてありがとう、と周囲に感謝する気持ちを忘れないでください。

この夏は仕事が多忙で、プライベートは二の次、三の次になる気配がしています。だからこそたまの休日は仕事のことはきっぱり忘れ、趣味など自分の楽しみに没頭しましょう。そうやってメリハリをつけることで、英気を養《やしな》うことができます。

二〇二四年 秋 九月〜十一月

　送神道の年にふさわしく、神様との距離がいっそう近しくなる暗示が出ています。だからこそ、ますます神仏に感謝を捧げ、先祖《せんぞ》供養《くよう》にも力を入れてください。こまめに神社仏閣に参拝に赴《おもむ》くのもとてもよいことです。時間やお金に余裕があるなら、四国八十八カ所など霊場巡りにチャレンジしてみるのも◎。むろん、法事があるなら必ず参加し、秋のお彼岸《ひがん》も抜かりなく行なうこと。そうした敬虔《けいけん》さや真心を、神様もご先祖様も喜ばれ、お返しとばかりに福運をどっさりプレゼントしてもらえます。

　秋という季節がもたらす物悲しさのせいか、わけもなく憂鬱《ゆううつ》で寂《さび》しい気持ちになることもある様子。そんな時は、土や緑に触れるのが効果的です。できれば二〜三日ぐらい休みを取って、田んぼや草原が広がるような、のどかな場所を旅するのがおすすめです。近くの公園を散歩したり、ガーデニングを始めるのもいいでしょう。

　公私共に火事と泥棒に注意が必要な時でもあります。貴重品の管理と、火の元の確認は念入りに行なってください。セキュリティは最高レベルに上げるべきといえます。火事ということでは、ちょっとした男女の火遊びのつもりが、相手が本気になって泥沼化するなど大火事になる恐れも。特に既婚者は不倫に手を出すのは絶対NGです。

二〇二四年 冬 十二月～二月

クリスマスシーズンの街中を、お疲れ気味の様子でトボトボ歩いているあなたが視えました。年内は公私共に変なペースや理不尽な人に振り回され、くたびれてしまう暗示です。特に仕事は、急に忙しくなったかと思えば暇になったり、上司や顧客から言いがかりに近い叱責《しっせき》を受けたりしそう。幸い、自分自身の仕事の出来は問題ない時ですが、やはり調子が狂ったり、モヤモヤが残るでしょう。嫌な気分は汗と一緒に流してしまうのが一番です。ジョギングや筋トレをしたり、サウナに行ってみてはいかがでしょう？　心身共にスッキリして、健康運もアップしますよ。

年明けからは運気は回復し、自分のリズムを取り戻せる予感です。お正月も家族や友人となごやかに過ごせるはずです。しかしながら、そのままの流れでのんびりできるわけではなく、忙しく動き回ることになる様子。正直、たまにはさぼりたい、楽《らく》したい、という気持ちもわくでしょうが、周囲の目が光っているので、ちょっとでも手を抜こうものなら、たちまち不興を買ったり、失望されてしまいます。そのうえ、まだ送神道の年にいますので、神様にまで嫌われかねません。「頑張れ○○（自分の名前）、負けるな○○」と心の中で唱《とな》えながら、自分で自分を鼓舞《こぶ》していってください。

エピローグ　二〇二四年の福運メッセージ

すべての流生命に共通する二〇二四年の福運術

◎自分の体内に神様を宿す

二〇二四年のあなたの運命はいかがなものだったでしょうか？　恵《めぐ》み多きものになりそうですか？　それとも気苦労が多そうな年ですか？

いずれにせよ肝心《かんじん》なのは、まえがきでもお話したように、その運命を生かすも殺すもあなた次第である、ということです。

本書に記された出来事の善《よ》し悪《あ》しが、そのまま現実の幸不幸につながるわけではありません。吉兆《きっちょう》に浮かれたり、驕《おご》ったりせず、また凶兆《きょうちょう》にふてくされたり、必要以上に怯《おび》えることなく、神様からのアドバイスをよく守り、魂《たましい》を磨《みが》いていきましょう。そうやって境涯《きょうがい》（魂《たましい》のレベル）を高めていけば、神様の覚えもめでたくなり、福運はより増し、災《わざわ》いは遠のいて、幸せな一年を過ごせます。

さらに神様は、すべての流生命に共通する二〇二四年の福運術も教えてくださいました。

まさに鬼に金棒というものです。もっとも、こちらも「読んでおしまい」ではまったく意味がありません。日々の生活の中で、しっかり実行していってくださいね。

さて、まず神様が送ってこられたのは、「風が吹けば桶屋《おけや》が儲《もう》かる」という言葉です。新型コロナウイルス以降、世の中は混沌《こんとん》とし、何がよくて何が悪いのか、どうしたらいいのか、私たちを取り巻く環境やルールは様変わりしました。その中で、マスクやアクリル板、ＰＣＲ検査など繁盛した物や事柄もありました。コロナ禍によって、多くの苦労を強《し》いられましたが、一方で、コロナ禍によって思いがけないプラスも確かに生じたわけです。

何がきっかけとなり、どう転ぶのか、どのような因果《いんが》関係があるのか、本当にわからないものです。

私自身、コロナ禍で皆様と直接、触れ合う機会がめっきりなくなった中、少しでも交流を持つためにと始めたYouTubeですが、これまで通りの活動であればまずご縁がなかったであろう若い人などにも関心を持っていただき、下ヨシ子心霊研究所はチャンネル登録者数十二万人越えという、「よもや」の結果になりうれしい驚きを覚えています。

神仏や霊の存在について、そしてご供養《くよう》の重要性を、ひとりでも多くの方に知っていただだきたい、そのためにはどのような内容がいいのだろうと動画の企画を考えることも、新たなよい刺激になっていますます。何かしら気づきを得られるはずですし、無料で観ることができますから、あなたもぜひチェックしてみてください。それこそ、あなたにも「よもや」の結果がもたらされるかもしれませんよ。

ともあれ、混沌とした今の世の中ですが、だからこそエポックメイキングの時であり、思いがけないチャンスや成功を手に入れることもできるときです。

もっとも、混沌さに混乱したり、狼狽《ろうばい》してばかりでは、マイナスを引き寄せてしまい、「風が吹けば桶屋が儲かる」ではなく、「風が吹けば桶屋が潰《つぶ》れる」という結果になってしまうでしょう。自分自身のプライドと信念を持って堂々と生きていくことが求められます。焦らずにどっしりと構えつつ、一歩ずつ進んでいくことが大事です。

でも、どのようにしたら焦《あせ》らずに、誇り高く生きていけるのでしょうか。

それは自分の体内に神様を宿《やど》すことです。

難しいことではありません。仏像の体内仏《たいないぶつ》をイメージし、それと同じように自分の中にもいつも神様がいることを思い、神様に対して折に触れ、「私は今、きれいな心でいますか?」「私は正しい道を歩めていますか?」と問いかけていけばいいのです。真摯《しんし》に問いかけていけば、神様はきちんと導いてくださいますし、過《あやま》ちがあれば正してもくださいます。

ちなみに、混沌としている今なら、悪いことをしても、うまく切り抜けられるだろうと考える人もいるかもしれません。しかし、それは浅はかすぎる考えです。混沌としているゆえ、ほとんどの人の警戒心は高まっているので、悪事はすぐにバレます。

そもそも悪心を抱《いだ》いている人を、神様がお許しになるでしょうか。ましてや福運を授けるでしょうか。そんなことは絶対にありません。罰《ばつ》が下《くだ》るだけです。

人間は悪いことはスーッと心に入ってきやすく、よいことは諦《あきら》めてしまう傾向が強いです。だからこそ「今」を常に大切に、頑張っていかねばなりません。未来の自分に制限をかけてしまうのは、今の自分であることに気づいてください。

◎この世は修行の場、誰もが苦しみを抱えている

「沈黙は金なり」ということわざも浮かんできました。

口は禍《わざわい》の元とならないよう注意が必要です。つい口を滑《すべ》らせる原因になりがちなので、あれこれ首を突っ込むのもやめておきましょう。

悪口や陰口はいうまでもなく、ちょっとした噂話程度でも、因果応報で自分自身にマイナスが返ってくる恐れもあります。直接的にも、SNSなど間接的にも、発言する時は慎重になる、そもそも余計なことはいわない、書き込まないのが賢明です。いうまでもありませんが、ネット上で誰かを誹謗中傷《ひぼうちゅうしょう》するのも絶対にいけません。匿名《とくめい》だから大丈夫と思っていると、痛い目に遭いますよ。

また、例えば誰かの無責任さから自分が迷惑を被《こうむ》ったなど、正当な理由があって怒りが込み上げてきたときも、その思いを相手にぶつけるのは慎むべきです。こちらに正義があっても、感情をストレートに伝えるのは得策ではありません。ましてヒステリックになるとかえって不幸を呼び込む結果になりがちです。淡々と、かつ堂々としているに限ります。むろん愚痴《ぐち》や不平不満をむやみにこぼさないことも大事です。言葉には言霊《ことだま》が宿りますから、ネガティブな言葉を吐《は》けば、ネガティブなエネルギーが増大していき、魂も汚れて、余計に辛《つら》い状況を作り出してしまいがちです。

そもそも、この世は修行《しゅぎょう》の場ですから、誰でも何かしら苦しみや悩みを抱《かか》えているものです。私のところに相談に来て、「死にたい」と嘆《なげ》かれる方も非常に多くいらっしゃいますが、そんなとき、私はこう答えます。

「誰でもそうよ。私も死にたいとよく考えるもの」と。同時に「死んでどうなるの？」とも聞きます。

死ねば楽《らく》になると思われるかもしれませんが、拙著『生と死とあの世の話』『死後の世界』（いずれも徳間書店）などに詳しいですが、死後、あの世に行ったら行ったで、なかなかに大変です。まして自死などすれば、あの世にも行けない未成仏霊《みじょうぶつれい》になってしまい、ますます苦しむこと確実です。

色即是空《しきそくぜくう》というように、現世に存在するあらゆる事物や現象は、実体はなく空無である、つまり、世の中に不変なものなどなく、すべて移り変わっていくものです。

もちろん実感として「死にたい」と思い詰めるほどの苦しみがあることは確かでしょう。けれど、その苦しみは永遠に続くものではありません。いつかは終わる苦しみから逃げようと死ぬことを選び、より辛い責め苦を追うなど、割りに合わないにもほどがあります。

それに話をよく聞いていくと、「死にたい」という言葉のほとんどは、実は「面倒から逃げたい」という責任放棄や責任転嫁からきているとわかります。

逃げているだけで問題がどうして解決するでしょう。今できること、いえ、今やるべきことは、目の前のことに身を任せ、受け入れることです。受け入れることができると胆《たん》力《りょく》がつき、胆力がつくと焦らなくなります。

焦らなくなると、がむしゃらにでも生きてみるか、といい意味で開き直れ、現実的に打つ手も見えてくるようになります。髪振り乱しても生きていくことは、決してかっこ悪いことではありません。一所懸命な姿はむしろかっこいいものですし、その必死さや健気《けなげ》さは周囲や神様の心を動かしもするでしょう。

ここまで少々小難しいような話が続きましたが、どれも当たり前と言えば当たり前の内容であり、すぐにでも実践できることのはずです。あなたは当たり前のことを当たり前にできる、まっとうな人であり続けてください。

◎一人が世界を変える

さらに神様は、より具体的かつ簡単にできる福運術も授けてくださいました。

まず視《み》えたのはハンカチです。最近は、ハンドタオルやウェットティッシュで済ませている人が多いですが、ハンカチを持ち歩くことで不思議とエネルギーがわき、品のよさも増す暗示です。ちょっと大判のものなら、スカーフやひざ掛け代わりにも使えて、ファッション的にも利便性的にも◎。ハンカチの色や柄、素材などにこだわってみると楽しさも増すでしょう。

カラフルなピアスとイヤリングも浮かんでいます。大きく鮮やかで目を引く印象です。短めのブーツも視えています。ちょっと変わったデザインです。

耳元と足元のオシャレにこだわることが、この年のラッキーアクションです。ピアスやイヤリング、靴が目立つよう、服はあえてシンプルなデザインや色にするのもコツ。

季節感を自分で演出することも福運アップに効果的です。旬の食べ物を意識的に摂《と》ったり、その時期の花を飾るなど、家の中に季節感を持ち込んでみてください。季節ごとの行事や風物詩を楽しむのもとてもよいことです。生活にメリハリが出るうえに、家内のムードもよくなり、一石二鳥です。

「懐《なつ》かしむ」という神様の声も聞こえてきました。音楽や本、漫画、アニメ、ゲーム、テレビ番組、食べ物など、自分が子どものころや青春時代に楽しんだものに再び触れてみるといいでしょう。当時を思い出すことは、今の自分にとって、とてもよい癒《いや》しや励《はげ》みになります。

また、当時はわからなかったことに気づけたり、新たな発見や意味を知ることができるなど、成長するきっかけも得られるはずです。何か新しいことに挑戦する際にも、いったん過去を振り返ってみることをおすすめします。温故知新《おんこちしん》というもので、過去から学ぶことでスムーズに次のステージにいけるでしょう。

最後に神様は「一人が世界を変える」というメッセージを送ってこられました。

例えばメジャーリーガーの大谷翔平選手の活躍は、私たち日本人の励みになっています。日本どころか世界中のヒーローとなっており、その一挙一動が毎日ニュースになっています。あなたも大谷選手の活躍ぶりに、同じ日本人として勇気づけられたり、元気をもらえることが多いかと思います。

このように一人の存在が私たちのメンタリティーまで変えてしまうのです。

もちろん大谷選手はまさに野球の神様に愛された存在であり、別格の才能を持ったスーパースターですから、周りに与える影響力がはかりしれないものであるのは、当然のことでしょう。

ただ、大谷選手は最初から特別だったわけではありません。確かに身体能力や野球のセンスに恵まれてはいましたが、それに甘んじることなく、自分の夢に向かって忠実かつ懸命に生きてきたことが、インタビューなどから見て取れます。そのひたむきさや努力が今の活躍につながり、人々に感動や勇気を与えているのです。

そう、私たちも自分に忠実に、懸命に生きることで、ほかの人たちに少なからず影響を及ぼせるようになるのです。

自分の中に小さな大谷翔平選手を探してみるつもりで、自分の夢や目標、あるいは自分にできることを考えることから始めてみましょう。

そうはいっても自分ひとりの力など微々《びび》たるものだと思うかもしれません。しかし、「自分に尽くす→家族に尽くす→地域に尽くす→社会に尽くす→世界に尽くす」「自分が変わる→家族が変わる→地域が変わる→社会が変わる→世界が変わる」

このように、すべては連鎖していきます。ですので、まずは自分に尽くし、自分を変える＝成長させていくことです。明日の自分に「昨日は頑張ったね」と褒《ほ》めてもらえるよう、今日の自分を叱咤《しった》していってください。

神様から教えていただいた二〇二四年の福運術はこれですべてです。生きる姿勢から具体的な方法までさまざまですが、それだけ神様は私たちを導こう、守ろうとされている証《あかし》です。そのうえ、流生命ごとにも細かなアドバイスがあったはずです。誠にありがたいことです。あとは神様の言葉に素直に従っていけばいいだけです。そうすれば必ずや福運をつかみ取ることができます。もちろん、私と六水院の教師たちも、あなたの二〇二四年が幸多《さち》きものになることを、いつも祈っています。
最後になりましたが、本書の執筆にあたりお力添えいただいた方々、私をいつも支えてくれる家族と六水院の教師たち、そしてすべての信者さんに心からの感謝を捧げます。

「六字密教総本山・六水院」にて

下　ヨシ子

下《しも》 ヨシ子《こ》

宗教法人肥後修験総本山六水院名誉管長。

霊能力者。ヒーラー。超能力者。福運アドバイザー。

1952年、佐賀県生まれ。幼いころより、予知能力を発揮。44歳のときに原因不明の高熱を発し「六字明王」様に出会って以来、霊能力者として開眼。得度を受け、修行を積み、阿闍梨（あじゃり）の地位を得る。その後、「六水院」の院号をいただき、教師を育てながら、六水院の院主として浄霊祈禱のほか、書籍・雑誌への執筆、講演活動なども行なう。1998年、テレビ番組『奇跡体験！アンビリバボー』に出演、大反響を呼ぶ。2000年には岐阜県富加町の幽霊住宅の浄霊に成功して、話題となった。2005年に「真言六字密教総本山六水院」を開基。熊本本院及び観音堂のほか、京都に関西別院、東京と石川県小松市に支部がある。その後もテレビ番組『ほんとにあった怖い話』などをはじめ、多くのメディアを通じて霊の世界やご先祖様のご供養、水子供養の大切さを説き、霊能力者として高い評価を得ている。著書に『浄霊家相』『定本 流生命』『福運姓名』（いずれも徳間書店）などがある。

＜下ヨシ子 公式ＨＰ＞http://www.shimo-yoshiko.com/
＜下ヨシ子 公式携帯サイト＞http://syr.jp/
＜下ヨシ子 公式 YouTube チャンネル＞下ヨシ子心霊研究所

＜六水院公式 YouTube チャンネル＞六水院チャンネル
＜六水院公式 Instgram ＞https://www.instagram.com/rokusuiin/

2024年　あなたの流《りゅう》生《せい》命《めい》

2023 年9月 30 日　初版第1刷発行

著者／下 ヨシ子

発行者／小宮英行
発行所／株式会社 徳間書店
〒141-8202　東京都品川区上大崎3-1-1　目黒セントラルスクエア
電話／編集 03-5403-4350　販売 049-293-5521
振替／00140-0-44392

印刷・製本／大日本印刷株式会社

ISBN978-4-19-865669-0

徳間書店　下ヨシ子著書シリーズ

下ヨシ子の人生問答 生と死とあの世の話

判型　四六判変／ページ数　192 ページ
定価　1,760 円(税込)／ISBN　9784198654221

スーパー霊能者が霊視したあの世とは？　この世に生まれてきた意味と意義、そして死とは何か？

死はこの世の肉体からの解放であり、あの世で魂として生きるはじまりにすぎない。死は決して怖いものではないのである。

死後の世界は誰も経験したことがないため、不安に感じるかもしれない。本書では霊能者である著者が霊視して視た景色を紹介。寿命や運命、この世に生を受けた意味、死とは何か、そして死後の世界と魂として生きる修行などをわかりやすく解説する。

図解　下ヨシ子の神様の世界

判型　A5 判並製／ページ数　240 ページ
定価　1,815 円（税込）／ISBN　9784198651473

テレビや Youtube などで活躍のスーパー霊能者が教える、神様の世界。

修験真言宗の阿闍梨でもある著者が、仏様の種類や由来、ご利益、神様とのつきあい方まで図解で解説します。千年の時を経て、現代に現れた六字明王についてや、如来、菩薩、明王の違い、曼荼羅の意味、五大明王や四天王、十二神将まで図解を用いて解説。

高福寺吉田裕昭住職「六字明王大研究～その起源を追って」も特別収録。

マンガ　下ヨシ子の死後の世界 天国・地獄・霊界がわかる

判型　A5 判並製／ページ数　240 ページ
定価　1,815 円（税込）／ISBN　9784198648077

スーパー霊能者としてテレビなどで大活躍中の下ヨシ子が「あの世」を霊視。それをマンガでわかりやすく解説。未成仏霊が多い場所、お清め、浄霊、人間の死後はどうなるのか、三途の川はどうやって渡るのか、賽の河原はどんなところか、閻魔大王の役割とは何か、地獄とはどのようなところかなど、本書では誰も知らない死後の世界をわかりやすく紹介。また、ぜひ知っておきたいお清め、先祖供養、お参りについてもやさしく解説する。

2024年・迎神道盤

【迎神道】9・気流生（女性）【送神道】9・気流生（男性）

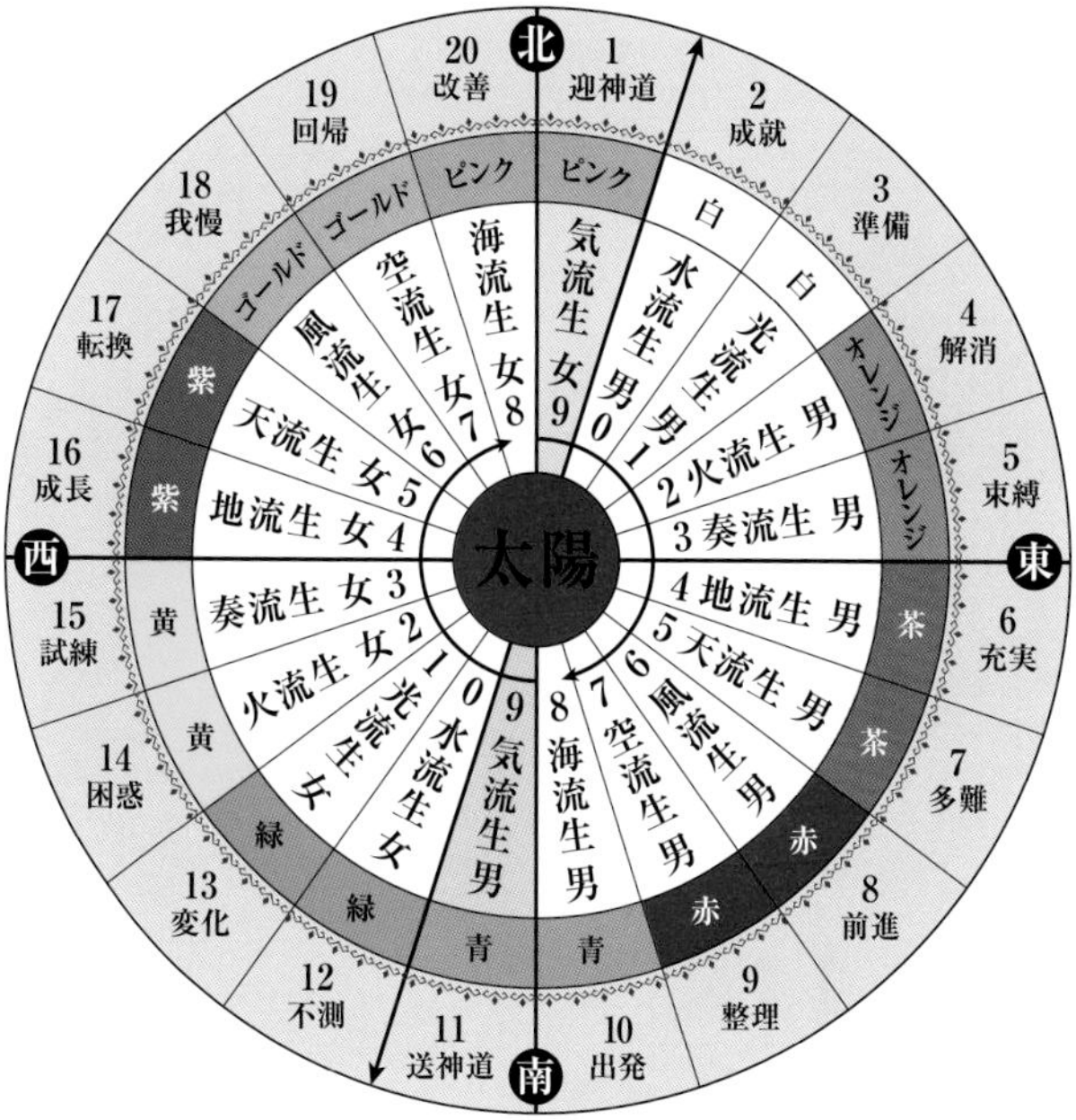

～2024年の守護色～

＜女 性＞

0・水流生	緑	5・天流生	紫
1・光流生	緑	6・風流生	ゴールド
2・火流生	黄	7・空流生	ゴールド
3・奏流生	黄	8・海流生	ピンク
4・地流生	紫	9・気流生	ピンク

＜男 性＞

0・水流生	白	5・天流生	茶
1・光流生	白	6・風流生	赤
2・火流生	オレンジ	7・空流生	赤
3・奏流生	オレンジ	8・海流生	青
4・地流生	茶	9・気流生	青

2025年・迎神道盤

【迎神道】8・海流生（女性）【送神道】8・海流生（男性）

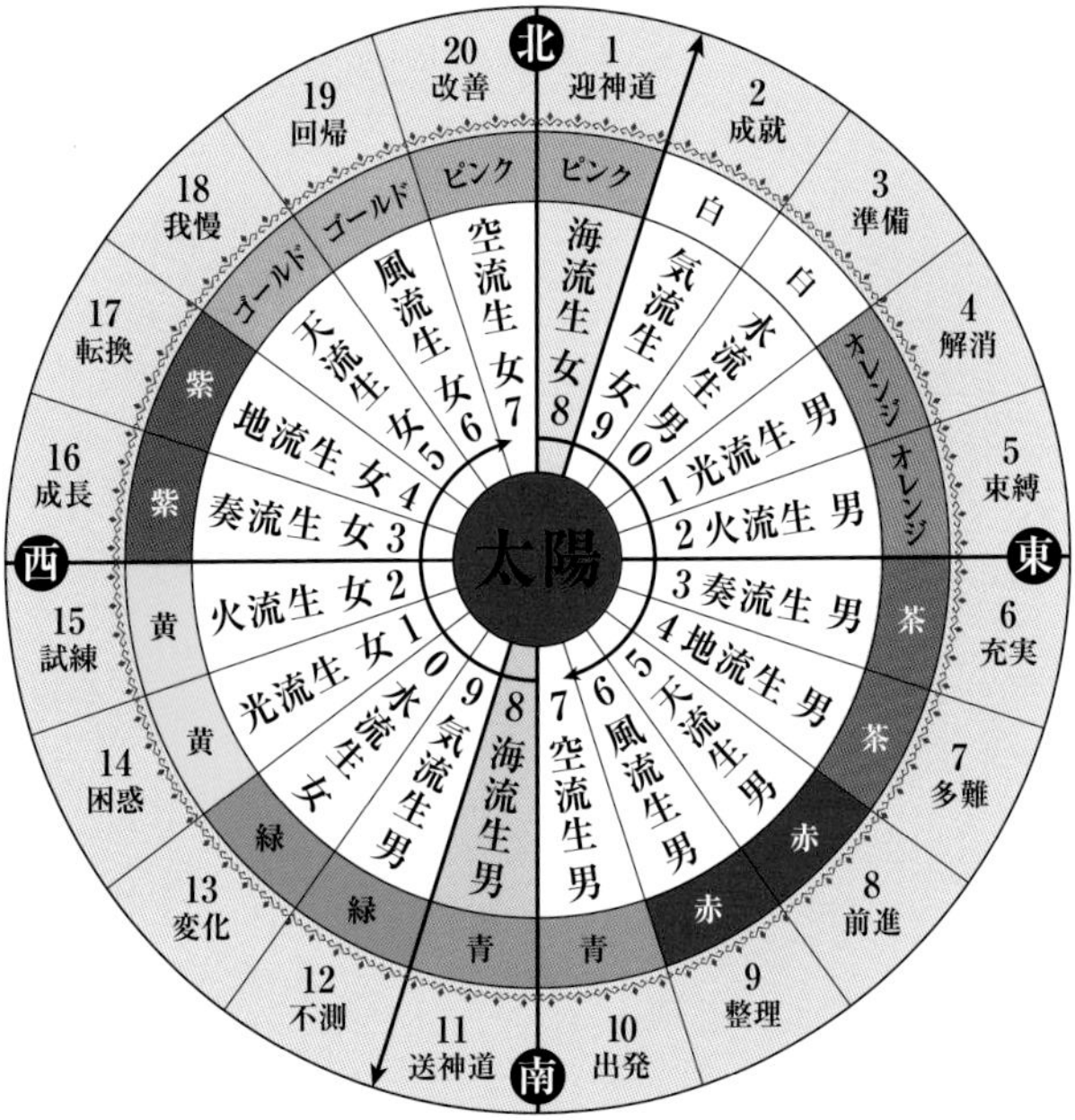

～2025年の守護色～

＜女 性＞

0・水流生　緑　　5・天流生　ゴールド
1・光流生　黄　　6・風流生　ゴールド
2・火流生　黄　　7・空流生　ピンク
3・奏流生　紫　　8・海流生　ピンク
4・地流生　紫　　9・気流生　白

＜男 性＞

0・水流生　白　　5・天流生　赤
1・光流生　オレンジ　　6・風流生　赤
2・火流生　オレンジ　　7・空流生　青
3・奏流生　茶　　8・海流生　青
4・地流生　茶　　9・気流生　緑